高等院校物流管理专业系列教材·物流企业岗位培训系列教材

物流经济学

（第3版）

王海文　詹　晖◎主　编
刘　华　刘徐方◎副主编

清华大学出版社
北京

内容简介

本书根据物流行业产业发展的新特点，结合物流经济学原理，系统介绍：物流与国民经济、物流经济分析、物流供需预测、物流生产管理、物流成本控制、物流创新效益分析、物流市场组织、循环经济与绿色物流、回收物流、全球物流经济等基本理论知识，并注重实践实训，强化获取最佳物流经济效果的途径和方法。

本书具有知识系统、案例丰富、注重创新、实用性强等特点，因而既可作为普通高等院校本科物流管理、工商管理、国际贸易等专业教学的首选教材，同时兼顾高职高专、应用型大学的教学，也可用于物流、外贸与工商企业管理者及员工的在职岗位培训，并可为广大中小微物流企业、大学生创业提供有益的学习和指导。

本书封面贴有清华大学出版社防伪标签，无标签者不得销售。

版权所有，侵权必究。举报：010-62782989，beiqinquan@tup.tsinghua.edu.cn。

图书在版编目（CIP）数据

物流经济学/王海文，詹晖主编. —3 版. —北京：清华大学出版社，2023.6
高等院校物流管理专业系列教材. 物流企业岗位培训系列教材
ISBN 978-7-302-63616-8

Ⅰ.①物… Ⅱ.①王… ②詹… Ⅲ.①物流经济学－高等学校－教材 Ⅳ.①F250

中国国家版本馆 CIP 数据核字（2023）第 094057 号

责任编辑：贺　岩
封面设计：汉风唐韵
责任校对：王凤芝
责任印制：宋　林

出版发行：清华大学出版社
网　　址：http://www.tup.com.cn，http://www.wqbook.com
地　　址：北京清华大学学研大厦 A 座
邮　　编：100084
社 总 机：010-83470000
邮　　购：010-62786544
投稿与读者服务：010-62776969，c-service@tup.tsinghua.edu.cn
质量反馈：010-62772015，zhiliang@tup.tsinghua.edu.cn

印 装 者：三河市少明印务有限公司
经　　销：全国新华书店
开　　本：185mm×230mm　印　张：18.5　字　数：378 千字
版　　次：2012 年 5 月第 1 版　2023 年 6 月第 3 版　印　次：2023 年 6 月第 1 次印刷
定　　价：59.00 元

产品编号：092937-01

高等院校物流管理专业系列教材·物流企业岗位培训系列教材

编审委员会

主　任

　　牟惟仲　　中国物流技术协会理事长、教授级高级工程师

副主任

　　翁心刚　　北京物资学院副院长、教授
　　冀俊杰　　中国物资信息中心原副主任、总工程师
　　张昌连　　中国商业信息中心原主任、总工程师
　　吴　明　　中国物流技术协会副理事长兼秘书长、高级工程师
　　李大军　　中国物流技术协会副秘书长、中国计算机协会理事

委　员

　　张建国　　王海文　　刘　华　　孙　旭　　刘徐方　　贾强法
　　孙　军　　田振中　　李耀华　　李爱华　　郑强国　　刘子玉
　　刘丽艳　　宋鹏云　　王　艳　　林玲玲　　赵立群　　尚　珂
　　张劲珊　　董　铁　　罗佩华　　吴青梅　　于汶艳　　郑秀恋
　　卢亚丽　　刘慧敏　　赵　迪　　刘阳威　　李秀华　　罗松涛

总　编

　　李大军

副总编

　　王海文　　刘徐方　　刘　华　　田振中　　孙　旭

Xuyan 序言

物流是国民经济的重要组成部分，也是我国经济发展新的增长点。2020年10月，党的十九届五中全会审议通过《中共中央关于制定国民经济和社会发展第十四个五年规划和二〇三五年远景目标的建议》，为我国物流产业发展指明了前进方向，并对进一步加快我国现代物流发展、提高经济运行质量与效益、实现可持续发展战略、推进我国经济体制与经济增长方式的根本性转变，具有非常重要而深远的意义。

国家"一带一路、互联互通"经济建设的快速推进和全球电子商务的迅猛发展，不仅有力地促进了我国物流产业的国际化发展，而且使我国迅速融入全球经济一体化的进程，中国市场国际化的特征越发凸显。

物流既涉及国际贸易、国际商务活动等外向型经济领域，也涉及交通运输、仓储配送、通关报检等多个业务环节。当前面对世界经济的迅猛发展和国际市场激烈竞争的压力，如何加强物流科技知识的推广应用、加快物流专业技能型应用人才的培养，已成为我国经济转型发展过程中亟待解决的问题。

针对我国高等职业教育院校物流教材陈旧和知识老化的问题，为了满足国家经济发展和社会就业需要，满足物流行业规模发展对操作技能型人才的需求，在中国物流技术协会的支持下，我们组织北京物资学院、大连工业大学、北京城市学院、吉林工程技术师范学院、北京财贸职业学院、郑州大学、哈尔滨理工大学、燕山大学、浙江工业大学、河北理工大学、华北水利水电学院、江西财经大学、山东外贸职业学院、吉林财经大学、广东理工大学等全国20多个省市应用型大学及高职高专院校物流管理专业的主讲教师和物流企业经理共同编写了此套教材，旨在提高高等院校物流管理专业学生和物流行业从业者的专业技术素质，更好地服务于我国物流产业和物流经济。

作为普通高等院校物流管理专业的特色教材，本套教材融入了物流运营管理的最新教学理念，注重与时俱进，根据物流业发展的新形势和新特点，依照物流活动的基本过程和规律，全面贯彻国家"十四五"教育发展规划，按照物流企业对人才的需求模式，加强实践能力训练，注重校企结合、贴近物流企业业务实际，注重新设施设备操作技术的掌握，强化实践技能与岗位应用能力培训，并注重教学内容和教材结构的创新。

本套教材根据高等院校物流管理专业教学大纲和课程设置，对帮助学生尽快熟悉物流操作规程与业务管理，毕业后顺利走上社会具有特殊意义，因而既可作为本科或高职院校物流管理专业的教材，也可作为物流、商务贸易等企业在职员工的培训用书。

中国物流技术协会理事长　牟惟仲
2022 年 10 月于北京

第3版前言

Qianyan

物流是国民经济的基础,是连接国民经济各个部分的纽带。物流经济学是一门应用性经济学科,也是物流经济理论与营运实践相结合的综合性学科。物流经济学对企业制定发展战略、预测决策、规范经营、完善服务、降低成本、减少损失、提高经济效益、提升物流品质、推动产业发展等各方面具有积极的促进功能和极强的理论指导作用,因而,越来越受到我国物流行业主管部门和物流企业的高度重视。

当前随着国家"一带一路、互联互通"经济建设的快速推进,面对物流市场国际化的迅速发展与激烈竞争,企业对从事国际物流运营人员素质的要求越来越高,社会物资流通和物流产业发展急需大量具有扎实的物流经济学理论知识与实际操作技能的复合型专门人才。

保障我国全球经济活动和国际物流服务业的顺利运转,加强现代物流经济宏观战略规划培训,强化从业者专业综合业务素质培养,增强企业核心竞争力,加速推进物流产业化进程,提高我国物流经济应用与管理水平,更好地为我国物流经济发展和物流教学实践服务,既是物流企业可持续快速发展的战略选择,也是本书出版的目的。

本书自2017年再版以来,因写作质量高、突出应用能力培养,深受全国高校广大师生的欢迎,目前已多次重印。此次第3次再版,作者审慎地对原教材进行了反复论证、精心设计,包括调整结构、压缩篇幅、补充知识、增加技能训练等相应修改,以使其更贴近现代国际物流产业发展实际、更好地为国家物流经济发展和教学服务。

本书作为普通高等院校物流管理专业的特色教材,共12章,以学习者应用能力培养为主线,坚持科学发展观,依照物流经济活动的基本过程和规律,系统介绍:物流与国民经济、物流经济分析、物流供需预测、物流生产管理、物流成本控制、物流创新效益分析、物流市场组织、循环经济与绿色物流、回收物流、全球物流经济等基本理论知识，并通过对实证案例的分析讲解，培养提高读者的应用能力。

本书由李大军筹划并具体组织，王海文和詹晖为主编，王海文统改稿，刘华、刘徐方为副主编，由田振中教授审定。作者编写分工：牟惟仲（序言），刘华（第一章、第三章、第十一章），刘徐方（第二章、第九章、第十二章），王海文（第四章、第六章、第十章），詹晖（第五章、第七章、第八章），李晓新（文字修改、教学课件制作）。

本书再版过程中，我们参阅了国内外有关物流经济学的最新书刊、网站资料、国家新颁布实施的物流法规及管理规定，并得到有关专家教授的具体指导，在此一并致谢！为配合教学，特提供电子课件，读者可扫描书后二维码下载使用。

因作者水平有限，书中难免有不足之处，恳请同行和读者批评指正。

编　者

2022 年 10 月

目录

第一章 物流经济学概论 1
第一节 物流概述 3
一、物流的定义 3
二、物流的作用 3
第二节 物流经济学概述 6
一、物流经济学的基本概念 6
二、物流经济学的作用及意义 8
三、现代物流的经济学价值 9
第三节 传统物流与现代物流的经济比较分析 11
一、物流活动的经济比较方法 11
二、"传统物流"与"现代物流"的竞争策略选择 12
三、"传统物流"与"现代物流"竞争优势选择的动因 13
第四节 研究物流经济学的意义 14
一、有利于提高物流企业管理者的管理水平 14
二、有利于实现我国物流业宏观管理的科学化 14
三、有利于我国物流业的发展 15

第二章 物流经济分析的基本原理及方法 18
第一节 物流经济学的基本原理 20
一、物流技术创新原理 20
二、资金报酬原理 21
三、供应链系统整体最优化原理 22
第二节 物流经济分析的基本要素 23
一、物流投资 23

　　　　二、物流成本与费用 …………………………………………… 23
　　　　三、物流税收与税金 …………………………………………… 25
　　　　四、利润 ………………………………………………………… 26
　　　　五、经济效果 …………………………………………………… 27
　　　　六、社会影响效果 ……………………………………………… 28
　　第三节　物流经济分析方法 ………………………………………… 29
　　　　一、边际分析法 ………………………………………………… 29
　　　　二、成本收益分析法 …………………………………………… 30
　　　　三、贡献分析法 ………………………………………………… 31
　　　　四、盈亏平衡分析法 …………………………………………… 32

第三章　物流的空间效益分析 ……………………………………… 35

　　第一节　空间效益及其内容构成 …………………………………… 37
　　　　一、物流空间效益的内涵 ……………………………………… 37
　　　　二、物流空间效益的内容 ……………………………………… 38
　　　　三、物流空间效益产生的原因 ………………………………… 40
　　第二节　物流空间效益的度量 ……………………………………… 41
　　　　一、物流空间价值相关的收益 ………………………………… 41
　　　　二、与物流空间效益相关的成本 ……………………………… 42
　　第三节　物流空间效益的实现方式及方法 ………………………… 43
　　　　一、采购优化 …………………………………………………… 44
　　　　二、优化交易环节 ……………………………………………… 45
　　　　三、优化网络 …………………………………………………… 45

第四章　物流的时间效益分析 ……………………………………… 49

　　第一节　物流时间效益概述 ………………………………………… 51
　　　　一、物流时间效益的内涵 ……………………………………… 51
　　　　二、物流时间效益的类型 ……………………………………… 52
　　　　三、物流时间效益计算 ………………………………………… 56
　　第二节　影响物流时间效益实现的因素 …………………………… 56
　　　　一、资金的时间价值 …………………………………………… 56
　　　　二、时机效益 …………………………………………………… 58
　　　　三、时间协调效益 ……………………………………………… 60
　　第三节　物流时间效益的挖掘 ……………………………………… 61

　　　　一、挖掘物流时间效益的原则 …………………………………………… 61
　　　　二、减少物流时间消耗，挖掘时间效益 …………………………………… 62
　　　　三、差异化市场营销挖掘物流时间效益 …………………………………… 65
　　第四节　仓储系统物流时间效益挖掘 …………………………………………… 67
　　　　一、仓储系统创造物流时间效益 …………………………………………… 67
　　　　二、仓储系统时间效益挖掘 ………………………………………………… 68

第五章　物流供需理论与预测 …………………………………………… 71

　　第一节　物流需求的内涵和市场特征 …………………………………………… 73
　　　　一、物流需求的内涵 ………………………………………………………… 73
　　　　二、物流需求的市场特征 …………………………………………………… 74
　　第二节　影响物流需求的主要因素 ……………………………………………… 76
　　　　一、GDP总量规模与经济增长速度 ………………………………………… 76
　　　　二、产业结构与产品结构 …………………………………………………… 76
　　　　三、经济空间布局 …………………………………………………………… 77
　　　　四、技术进步 ………………………………………………………………… 78
　　　　五、物流服务水平和物流价格 ……………………………………………… 78
　　　　六、企业竞争战略与经营理念的转变 ……………………………………… 78
　　　　七、市场环境 ………………………………………………………………… 79
　　第三节　物流供给 ………………………………………………………………… 79
　　　　一、物流供给的内涵 ………………………………………………………… 79
　　　　二、影响物流供给的主要因素 ……………………………………………… 79
　　　　三、物流市场供求均衡与均衡价格 ………………………………………… 80
　　第四节　物流需求预测 …………………………………………………………… 84
　　　　一、物流需求预测的原理 …………………………………………………… 84
　　　　二、物流需求预测的步骤 …………………………………………………… 85
　　第五节　物流需求预测方法 ……………………………………………………… 87
　　　　一、定性预测方法 …………………………………………………………… 87
　　　　二、定量预测方法 …………………………………………………………… 88
　　第六节　物流需求预测实例 ……………………………………………………… 91
　　　　一、简单平均法 ……………………………………………………………… 91
　　　　二、加权平均法 ……………………………………………………………… 92
　　　　三、移动平均法 ……………………………………………………………… 92
　　　　四、季节指数法 ……………………………………………………………… 94

　　　　　五、指数平滑法 ··· 95

第六章　物流市场组织分析 ·· 98

第一节　物流市场分析 ·· 100
　　　　　一、物流市场的含义 ·· 100
　　　　　二、物流市场的构成要素 ·· 101
　　　　　三、物流市场的分类与特征 ·· 102
　　　　　四、物流市场的功能 ·· 103
　　　　　五、发达物流市场的表现 ·· 104

第二节　物流业生产力要素特性分析 ·· 105
　　　　　一、生产力的要素构成 ·· 105
　　　　　二、现代物流业生产力要素特性 ·· 106

第三节　物流组织层的界定 ··· 107
　　　　　一、物流组织层的基本概念 ·· 107
　　　　　二、物流组织层的功能界定 ·· 108

第四节　物流组织层的培育 ··· 110
　　　　　一、物流组织层推进模式的选择 ·· 110
　　　　　二、物流组织层战略支持体系的构建 ·· 113
　　　　　三、物流组织层的培育策略 ·· 114

第七章　物流成本与控制 ·· 120

第一节　物流成本管理概述 ··· 122
　　　　　一、物流成本的概念 ·· 122
　　　　　二、物流成本的构成 ·· 122
　　　　　三、物流成本的分类 ·· 123

第二节　物流成本研究的目的和意义 ·· 123
　　　　　一、物流成本的几个重要学说 ··· 123
　　　　　二、物流成本的特征 ·· 127
　　　　　三、物流成本管理的意义和目的 ·· 128

第三节　物流系统的本量利分析 ·· 129
　　　　　一、本量利分析的基本原理与相关概念 ··· 129
　　　　　二、本量利分析图 ··· 130
　　　　　三、物流系统本量利分析的内容 ·· 131

第四节　物流成本控制的基本思路 ··· 133

		一、物流成本的控制原理 ………………………………………… 133
		二、物流成本控制的内容 …………………………………………… 134
	第五节	物流成本控制的具体方法 …………………………………………… 135
		一、弹性预算法 ……………………………………………………… 135
		二、目标成本法 ……………………………………………………… 136

第八章 物流投资的经济分析 ………………………………………… 141

    第一节 物流投资活动概述 ……………………………………………… 143
        一、物流投资活动的概念 …………………………………………… 143
        二、资金的时间价值 ………………………………………………… 143
    第二节 物流投资活动的静态评价法 …………………………………… 148
        一、静态投资回收期 ………………………………………………… 149
        二、投资利润率 ……………………………………………………… 151
    第三节 物流投资活动的动态评价法 …………………………………… 153
        一、动态投资回收期 ………………………………………………… 153
        二、内部收益率 ……………………………………………………… 155
    第四节 不确定性分析 …………………………………………………… 156
        一、不确定性与风险概述 …………………………………………… 157
        二、敏感性分析 ……………………………………………………… 163
        三、概率分析 ………………………………………………………… 170

第九章 企业物流绩效评价 …………………………………………… 180

    第一节 企业物流绩效评价概述 ………………………………………… 182
        一、物流绩效和物流绩效评价概述 ………………………………… 182
        二、物流绩效评价的三个层面 ……………………………………… 183
        三、物流绩效评价的原则 …………………………………………… 184
        四、物流绩效评价的设计要求和设计注意事项 …………………… 186
    第二节 企业物流绩效评价的步骤及指标 ……………………………… 187
        一、物流绩效评价的步骤 …………………………………………… 187
        二、物流绩效评价的指标体系 ……………………………………… 189
    第三节 企业物流绩效评价的主要方法 ………………………………… 196
        一、排列法 …………………………………………………………… 196
        二、等级法 …………………………………………………………… 196
        三、层次分析法 ……………………………………………………… 197

　　　　四、模糊综合评价法 198

第十章　物流产业与国民经济 202

　第一节　物流产业在国民经济中的地位与作用 205
　　　　一、物流在国民经济中的地位 205
　　　　二、物流对国民经济的作用 207
　　　　三、物流与国民经济的关系 208
　第二节　物流产业分析 209
　　　　一、中国物流业发展面临的经济环境 209
　　　　二、物流产业及其特征 209
　　　　三、物流产业结构 210
　　　　四、"新常态"下中国物流产业发展特征 211
　　　　五、现代物流业的发展趋势 212
　第三节　物流产业政策 213
　　　　一、物流产业政策的基本内涵 213
　　　　二、物流产业政策的内容 214
　　　　三、其他国家或地区的物流产业政策 220
　　　　四、中国物流产业政策体系 228
　第四节　物流产业发展中的制度因素 230
　　　　一、制度的定义及内涵 231
　　　　二、制度在物流产业发展中的作用 231
　　　　三、物流产业的重要制度因素 233

第十一章　物流创新效益分析 239

　第一节　物流服务创新概论 241
　　　　一、物流服务创新的含义及特点 241
　　　　二、物流企业服务创新的类型 243
　　　　三、物流创新效益内涵及内容 248
　第二节　物流创新效益的实现路径 249
　　　　一、物流企业服务创新必要性 249
　　　　二、物流服务创新的实现途径 250
　　　　三、我国流通产业物流创新的政策建议 252

第十二章　循环经济与绿色物流 257

　第一节　循环经济概述 259

　　　　一、循环经济思想的起源 …………………………………………… 259
　　　　二、循环经济的概念与内涵 …………………………………………… 259
　　　　三、循环经济、生态经济和传统经济 ………………………………… 261
　第二节　循环经济的国际趋势和中国实践 …………………………………… 262
　　　　一、循环经济的发展理念 ……………………………………………… 262
　　　　二、循环经济的发展途径 ……………………………………………… 263
　　　　三、循环经济的国际趋势 ……………………………………………… 264
　　　　四、循环经济在中国的实践 …………………………………………… 265
　第三节　循环经济与绿色物流概述 …………………………………………… 267
　　　　一、绿色物流的产生 …………………………………………………… 268
　　　　二、绿色物流的概念 …………………………………………………… 268
　　　　三、循环经济和绿色物流的关系 ……………………………………… 269
　　　　四、基于循环经济的绿色物流的特征 ………………………………… 270
　　　　五、循环经济下的绿色物流发展 ……………………………………… 271
　　　　六、循环经济下的我国绿色物流发展 ………………………………… 273

参考文献 ……………………………………………………………………… 278

物流经济学概论

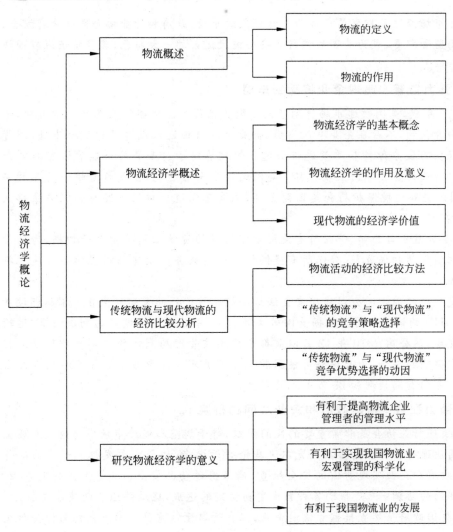

> **知识目标**
>
> 1. 了解物流经济学的基本概念,掌握传统物流与现代物流的经济比较方法;
> 2. 理解物流经济学的研究对象及其价值;
> 3. 掌握物流经济学的特点。

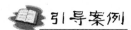

政府和行业协会共同监管的美国快递业

美国快递市场经过长期发展已成为非常成熟的市场,政府和行业协会通过紧密配合,共同行使行业监管职责,成为美国快递行业安全健康运行的一大特色,其经验值得我国快递行业借鉴。

1. 政府强力监管,违规企业将受到重罚

20世纪70年代,美国快递市场得到了大发展。目前美国快递行业已经非常成熟,市场是完全自由开放的,不存在企业准入门槛,企业可以自由进入或者退出这个市场,消费者根据企业提供的服务种类和质量进行筛选。但政府对于行业的安全监管依然非常严格。涉及这一行业的监管部门主要包括:美国运输安全管理局,主要负责快递物品的安全问题;美国海关和边境保护局和美国商务部,主要确保进出口的物品符合相关法律法规,并发现潜在安全隐患。

从2010年8月1日开始,美国所有使用航空运送的货物必须接受电子扫描,为此管理局开发了证实货物扫描流程,确保所有提供航空运输服务的快递公司在物品抵达机场前进行预扫描。

美国曾发生一起因快递公司违反安全法律法规而被严惩的大案发生在一家总部设在纽约的名为OHL的快递公司。根据美国司法部2012年2月8日披露的判决结果,运输安全管理局发现,该公司2010年12月以前都未按照该管理局制定的证实货物扫描流程扫描所有航空运输的货物,为此该公司被罚款100万美元。其中涉案的3名责任人每人将面临最长5年的有期徒刑和25万美元的罚金。

2. 协会强力配合,搭建政府和企业之间的桥梁

在美国,快递行业协会是非常重要的民间组织,对于规范和促进市场安全健康发展至关重要。美国快递行业协会负责人迈克尔·马伦告诉记者,协会主要发挥三个方面的作用,一是协助政府和企业实现所需的安全检查,确保快递物品安全;二是为企业服务,加强与政府各部门的协调;三是推动各种自由贸易协定的达成,促进快递业的快速发展。

据了解,美国政府虽然直接监管快递企业,但在听取反馈意见方面更愿意与协会打交

道。因为协会反映的情况更加全面,协会通过举办各种活动把会员反映的问题和意见及时反馈给政府和议员,使相关立法及政策针对性更强,更具有实际操作性。

在政府和行业协会的共同监管下,美国快递行业走上了持续健康发展道路。美国快递业的安全监管经验对中国有两点启示。一是政府要制定相关法律、政策以及从业标准并使之细化;二是对快递企业涉及的各个领域实施监管,确保企业依法经营,对于问题突出的领域,要配置充足的人力、物力、财力进行强化监管。

资料来源:中国物流与采购联合会. http://www.chinawuliu.com.cn/xsyj/201404/08/288561.shtml,2014-04-08.[2021-12-20]

引例思考:
1. 对比中国和美国快递业的规定,美国为什么对快递业实施严格的规定?
2. 严格的规定是否限制了快递业的发展?

第一节 物流概述

一、物流的定义

物流(logistics)活动伴随着人类的发展走过了几千年的历程,直到20世纪初,人们才将长期以来积累的物流观念进行了总结和升华,提出了物流的概念。

1. 美国物流定义

美国物流管理协会2002年给出的物流定义是:物流是供应链运作的一部分,是以满足客户要求为目的的,对货物、服务和相关信息在产出地和消费地之间实现高效且经济的正向和反向的流动和储存所进行的计划、执行和控制的过程。

2. 我国物流定义

中华人民共和国国家标准物流术语(GB/T 18354—2006)中指出:物流是指物品从供应地向接收地的实体流动过程。根据实际需要,将运输、储存、装卸、搬运、包装、流通、加工、配送、信息处理等基本功能实施有机结合。这个定义既参考了美国等其他国家的物流定义,又充分考虑了中国物流发展的现实。从中可以看出,物流是一个物的实体流动过程,在流通过程中创造价值,满足顾客及社会性需求。

物流概念的提出,揭示了物流的活动及其服务的实质。物流的产生是社会经济进步的结果,物流的发展同样随着社会经济的发展而不断深化。

二、物流的作用

物流早期发展的价值体现主要在军事后勤方面,因为基于时空节约的良好后勤保证是赢得一场战争必不可少的支撑性条件。在现代社会,物流除了传统意义上的军事价值,更重要的是体现在其经济活动的价值上。

从世界范围看,物流对经济发展的巨大贡献,已被许多国家的实践所证实。特别是近年来,物流的系统、集约作用,受到了社会的广泛关注。物流作为一种社会经济活动,对市场经济、国民经济、区域经济及企业经济都有着不同的作用。

1. 物流对市场经济的作用

物流是保证商流顺畅进行、实现商品价值和使用价值的物质基础,同时也是开拓市场的物质基础,决定着市场的发展广度、规模和方向。物流直接制约社会生产力要素能否合理流动,直接制约社会资源的利用程度和利用水平,影响着社会资源的配置。因而在很大程度上决定着商品生产的发展和产品的商品化程度。

2. 物流对国民经济的作用

物流在国民经济中能够发挥带动作用和支持整个国民经济的作用,能够成为国家或地区财政收入的主要来源,能提供主要就业领域,能成为科技进步的主要发源地和现代科技的应用领域。例如欧洲的荷兰、亚洲的新加坡和中国香港地区、美洲的巴拿马等,特别是日本以流通立国,物流的支柱作用更是显而易见的。

3. 物流对区域经济的作用

区域经济是一种聚集经济,是人流、商流、资本流等各种生产要素聚集在一起的规模化生产,以生产的批量化和连续性为特征。但是,聚集不是目的,要素的聚集是为了商品的扩散,如果没有发达的商业贸易作保障,生产的大量产品就会堆积在狭小的空间里,商品的价值和使用价值都难以实现,区域经济的基本运转就会中断。因此,在区域经济的发展进程中,合理的物流系统起着基础性的作用。

(1) 降低运行成本,改变区域经济增长方式

从市场运行成本的角度分析,物流业的突出作用是其对普遍降低社会交易成本所作的贡献。贡献的体现可以从对交易过程和交易主体行为的考察中得到进一步的证实。

一方面,从交易的全过程看,现代物流业的发展,有助于物流合作伙伴之间在交易过程中减少相关交易费用。由于物流合作伙伴之间经常沟通与合作,可使搜寻交易对象信息方面的费用大为降低;提供个性化物流服务建立起来的相互信任和承诺,可以减少各种履约风险;即便在服务过程中产生冲突,也会因为合同时效的长期性而可通过协商加以解决,从而避免仲裁、法律诉讼等行为所产生的费用。

另一方面,从交易主体行为看,现代物流业的发展将促使伙伴之间的"组织学习",从而提高双方对不确定性环境的认知能力,减少因交易主体的"有限理性"而产生的交易费用;物流联盟企业之间的长期合作将在很大程度上抑制交易双方之间的机会主义行为,这使得交易双方机会主义交易费用有望控制在最小限度。

（2）形成新的产业形态，优化区域产业结构

现代物流的实现方法之一就是通过培育并集中物流企业，使其发挥整体优势和规模效益，促使区域物流业形成并向专业化、合理化的方向发展。现代物流产业的本质是第三产业，是现代经济分工和专业化高度发展的产物。

物流产业的发展将对第三产业的发展起到积极的促进作用。发达国家的实践表明，现代物流业的发展，推动、促进了当地的经济发展，既解决了当地的就业问题，又增加了税收，促进了其他行业的发展。

现代物流还有利于对分散的物流进行集中处理，量的集约必然要求利用现代化的物流设施、先进的信息网络进行协调和管理。相对于分散经营、功能单一、技术原始的储运业务，现代物流属于技术密集型和高附加值的高科技产业，具有资产结构高度化、技术结构高度化、劳动力高度化等特征。从这个角度来说，建立现代物流有利于区域产业结构向高度化方向发展。

（3）促进以城市为中心的区域市场形成和发展

现代物流对于以城市为中心的区域市场的形成和发展的促进作用表现为：促进以城市为中心的区域经济形成，促进以城市为中心的区域经济结构的合理布局和协调发展，有利于以城市为中心的经济区吸引外资，有利于以城市为中心的网络化的大区域市场体系的建立，有利于解决城市的交通问题，有利于城市的整体规划，有利于减少物流对城市环境的种种不利影响。

4．物流对企业经济的作用

物流的企业经济价值主要体现在降低企业物流成本。物流领域有非常大的降低成本空间，当企业有效地利用物流系统技术和现代物流管理方式之后，可以有效地弥补原材料、能源、人力成本上扬的压力，从而使人们认识到，"物流"具备非常重要的降低成本的价值。

5．物流对顾客经济的作用

物流的顾客经济价值一方面体现为顾客在其所希望的时间和地点拥有所希望的产品和服务；另一方面体现为顾客所支付的价格低于其所期望的价格，即顾客获得了消费者剩余。简言之，创造顾客价值和满意是物流顾客经济价值的核心所在。如果产品或服务不能在顾客所希望消费的时间、地点提供给顾客，它就不存在价值。

当企业花费一定的费用将产品运到顾客处，或者保持一定时期的库存时，对顾客而言，就产生了以前不存在的价值。这一过程与提高产品质量或者降低产品价格一样创造价值。例如，联邦快递公司的顾客所获得的众多利益中，最显著的一个就是快速和可靠的包裹递送。

第二节 物流经济学概述

一、物流经济学的基本概念

物流作为社会经济活动,对各类经济形态起着重要的作用,因此,对于与物流活动有关的经济问题值得深入展开研究,于是产生了物流经济学。

1. 定义

物流经济学是研究一定的物流系统内与物流活动有关的经济关系,是综合运用宏观经济学、微观经济学、产业经济学、工程经济学、物流学、运筹学等相关学科理论,研究物流资源优化配置、物流市场的供给与需求、宏观物流产业的发展、物流产业组织形态演变规律、物流产业增长等问题的一门应用科学。

以宏观经济学、产业经济学和对中国宏观物流问题的关注为基础,以深度分析宏观物流发展趋势及物流产业发展政策为特色,致力于探索和建立经济发展中的物流理论体系,研究物流产业发展政策及其同国家宏观经济政策的关系,对物流业发展提出决策建议;同时以微观经济学、技术经济学等为基础,关注微观物流活动的经济问题,为企业微观物流活动的科学化、合理化、最优化提供理论指导。

物流经济学是物流学与经济学的交叉学科,其本质是经济学,是以物流为研究对象的经济学。它是主要研究物流活动中如何遵循经济规律,依据经济目标对物流行为进行优化的学科。物流经济学具有一般经济学的特点,即最佳配置有限的经济资源以取得最佳的经济效果。对于物流经济学而言,研究的是实施物流活动所必需的物流资源,包括人、财、物的合理配置,从而取得最佳的物流经济效果。

2. 对象

物流经济学是研究物流领域经济问题的一门具有综合性、交叉性的经济学科。物流经济学研究的核心内容是对各种物流实践(物流技术、物流管理、物流过程、物流政策等)的经济效果进行分析、评价、选优,其目标就是物流总成本最低;或者说是研究物流资源的优化配置、物流市场的供给与需求和宏观物流产业的发展与增长等问题,解决这些问题的主要理论是经济学理论,包括宏观经济学和微观经济学理论在物流研究中的具体应用。这就必须懂得物流的经济规律和经济分析方法。

随着科学与技术的持续发展,人们掌握的物流技术越来越成熟。此外,物流系统总成本最低的最终目标决定了有必要对众多的物流实现方案进行对比。所以,物流经济学的研究对象就是物流系统的经济规律以及对各种物流实践的经济效果进行技术、评价和优选的问题。

根据物流经济学的研究对象,可以将其定位在对两个方面内容的研究:一是对从事物流活动主体的研究,包括国家与企业、物流业与国民经济其他产业的相互关系;物流业对国民经济发展的影响等。二是对物流活动客体的研究,包括物流活动内在运行的规则、物流经济活动所反映的客观经济规律等。

3. 主要研究内容

（1）物流经济分析的方法

物流经济分析,是对物流业相关的各项活动可能产生的经济效益进行系统的分析,从经济上辨别物流活动的合理性。方法是进行物流经济分析的重要手段。出于物流经济活动的需要,本书主要介绍经济学的基本分析方法,以帮助学习者了解并会运用这些方法做好物流经营管理的决策。这些方法主要有边际分析法、成本收益分析法、贡献分析法和盈亏平衡分析法等。

（2）物流经济学的内容

物流经济学是一门应用经济学,是物流理论与物流实践相结合的经济学科。物流作为一种相对独立的经济活动,是随着市场经济的发展而产生的,也随着市场经济的发展而变化发展。物流经济学研究的内容就是发生在物流领域的各种经济现象所体现的经济与社会的关系、物流经济活动的特征以及发展趋势和运动规律。

具体包括以下几个方面:物流市场机制与供求关系分析、物流服务产品的生产决策分析、物流成本分析、时间效益分析、空间效益分析、规模效益分析、创新效益分析和物流宏观效果分析。

4. 物流经济学的特点

物流经济学具备多学科相互交叉的边缘学科的特征。相关学科有运输经济、物流管理与工程、技术经济、信息经济和会计学等。该学科的特点就是要紧密结合物流业改革和发展的要求,从经济学的视角对宏观和微观的物流问题进行理论探讨。从物流经济学研究对象的角度来看,物流经济学具有综合性、系统性、应用性和定量与定性分析相结合等四个特征。

（1）综合性

物流经济学的主要内容是从劳动消耗的观点来评价各种物流实践,而劳动消耗是经济学的研究范畴,因此物流经济学是一门经济科学。同时,物流经济学还要在物流技术开发、试验、完善、社会应用等过程中,指导物流前进方向,使其造福于人类,因此物流经济学又有自然科学属性。

这决定了物流经济学是根据现代物流技术和国民经济发展的需要,逐渐在自然科学技术和社会经济科学的发展过程中交叉地形成和发展起来的一门综合性的应用学科,是现代物流学和技术经济学、微观经济学、宏观经济学等经济学理论相融合的交叉性学科。它既要研究与物流有关的各种物流活动的特征,了解相关的物流技术,掌握物流活动的全过程，又要从经济的角度来研究物流过程，使物流活动成本最小，收益最大。

(2) 系统性

根据现代物理学的原理，物流系统是由采购、库存、运输、装卸和搬运、包装、配送等若干物流环节有机组成的复杂系统，所以物流经济学的研究对象应基于相互联系的单元组成的有机整体。同时在研究过程中要具备系统分析的思想方法和工作方法，着眼于总体，周密分析各个因素和环节，追求总体优化而非局部优化。

(3) 应用性

物流经济学的研究成果不仅是物流系统的客观发展规律，而且要为解决具体问题进行有针对性的分析研究，做出具体的评价，为将要采取的行动提出经济决策依据。

(4) 定量与定性分析相结合

物流经济学采取了定量分析方法，把分析的因素定量化，通过数量计算，进行分析比较。但是涉及政治、国防、环保等有关社会因素，定性分析显得更切合实际。

5. 与其他学科的关系

物流经济学同其他一些新兴学科一样，是社会科学、应用数学与自然科学的交叉学科（边缘科学），是科学技术的一个重要组成部分。此外，物流经济学还是一门综合性学科，它的综合性集中反映在两个方面：

(1) 它是自然科学与社会科学，运输、装卸、包装、储存等技术科学与经济学相结合的交叉科学，其理论与方法是在综合了多学科的理论基础上形成的；

(2) 在组织运作物流过程中有关经济管理的知识，如经济学、数理统计学、运筹学和数值分析及最优控制论等学科内容必然反映到物流管理之中。

同时，物流经济学也是一门进行系统分析的科学。物流系统本身就是一个复杂的社会系统，它同时又处于国民经济、世界经济这个比它更宏大、更复杂的大系统中，因此，系统的观点和方法是物流经济学研究中很重要的组成部分。

物流经济学又是一门应用性科学，研究、分析、解决每一个物流问题，都必须从实际出发，为社会经济和企业绩效服务。正因为如此，物流经济学具有极为实用、潜力巨大的价值，也是一个亟待挖掘的极具挑战性的研究课题。

二、物流经济学的作用及意义

1. 物流经济学的作用

(1) 可以加速物品周转，缩短流通时间，降低流通费用

社会再生产过程是生产过程与流通过程的统一。生产速度表现为再生产周期的长短，而再生产周期等于生产时间与流通时间之和。因此，物品流转的快慢，会直接影响再生产的速度，从而影响整个国民经济的发展。

(2) 对节约运输能力，消除迂回运输有重要作用

物品运输的节约是加速生产发展、缩短流通时间的一个重要因素。研究物流经济学，有利于利用经济学的观点对运输合理化问题进行解决，从而节约运输能力，降低运输成本。

(3) 提高对需求的反应速度，提高顾客满意程度

利用物流经济学，改善生产布局，优化生产流程，合理分配物品，理顺流通渠道，减少周转环节，协调好企业间的供需关系，从而达到通过协同计划、预测与补货(CPFR)来控制生产规模，提高企业服务的可靠性。

2. 物流经济学与传统产业经济学的区别

传统的产业经济学认为，企业的竞争优势可以用降低资源消耗、提高劳动生产率的成本优势来取得，而如今物流管理已被广泛认为是企业获取竞争优势的"第三利润源泉"。作为以创造最大利润为终极目标的企业，追求的是产品成本最低。

这时可采用世界最先进的技术和管理理论，由此产生了资本的全球性流动和全球性采购。全球性采购必然进行全球性大配套，这就意味着企业供应半径拉长、仓储时间加大、流通加工时间增多等。这说明提高企业利润的不仅是降低产品物耗和提高劳动生产率，也应包括降低物流管理过程产生的费用。

3. 物流经济学的意义

物流是国民经济的基础。物流不仅是国民经济的动脉系统，同时对实现资源配置具有重要的作用。物流还以本身的宏观效益和微观效果支持国民经济的运行，改善与优化企业运作方式和流程。因此，物流经济学的发展必将促使国民经济和企业绩效向更加合理、协调和高效的方向发展。

三、现代物流的经济学价值

一般而言，现代物流的经济学价值主要表现在以下七个方面。

1. 保值

任何产品从生产出来到最终消费，都必须经过一段时间、一段距离，在这段时间和距离过程中，都要经过运输、仓储、保管、包装、装卸搬运等多环节、多次数的物流活动。在这个过程中，产品可能会淋雨受潮、水浸、生锈、破损、丢失等。物流的使命就是防止上述现象的发生，保证产品从生产者移动到消费者的过程中的质量和数量，起到产品的保值作用，即保护产品的存在价值，使该产品在到达消费者手中时使用价值不变。

2. 节约

搞好物流，能够节约自然资源、人力资源和能源，同时也能够节约费用。例如，集装箱化运输，可以简化商品包装，节省大量包装用纸和木材；实现机械化装卸作业，仓库保管

自动化,能节省大量作业人员,大幅度降低人员开支。重视物流可节约费用的事例比比皆是,如海尔通过加强物流管理,一年时间将库存占压资金和采购资金从15亿元降低到7亿元。

3. 缩短距离

在郑州可以买到世界各国的新鲜水果,全国各地的水果也长年不断;邮政部门改善了物流,大大缩短了投递信件时间,全国快递两天内就可送达。美国联邦快递能做到隔天送达亚洲15个城市;日本的配送中心可以做到,上午10点前订货,当天到达。这种物流速度,把人们之间的地理距离和时间距离一下拉得很近。随着物流现代化的不断推进,国际运输能力大大加强,极大地促进了国际贸易的发展,使人们逐渐感到这个地球变小了,各大洲的距离缩短了。

城市里的居民也亲身享受到物流进步的成果。南方产的香蕉全国各大城市一年四季都能买到;新疆的哈密瓜、宁夏的白兰瓜、东北大米等都不分季节地供应市场。中国的纺织品、玩具、日用品等近年大量进入美国市场,除了中国的劳动力价格低廉等原因外,也是国际运输业发达、国际运费降低的缘故。

4. 增强企业竞争力

市场经济环境下,制造企业间的竞争主要表现在价格、质量、功能、款式和售后服务的竞争上,像彩电、空调、冰箱等这类家电产品在工业科技如此进步的今天,在质量、功能、款式及售后服务等方面,目前各企业的水平已经没有太大的差别,唯一可比的地方往往是价格。

在物资短缺年代,企业可以靠扩大产量、降低制造成本去攫取第一利润。在物资丰富的年代,企业可以通过扩大销售攫取第二利润。可是在新世纪和新经济社会,"第一利润源"和"第二利润源"已基本到了一定极限,目前剩下的一块"第三利润源"就是物流。

国外的制造企业很早就认识到了物流是企业竞争力的法宝,搞好物流可以实现零库存、零距离和零流动资金占用,是提高客户服务水平、构筑企业供应链、增强企业核心竞争力的重要途径。

5. 加快商品流通

以配送中心为例,配送中心的设立为连锁商业提供了广阔的发展空间。利用计算机网络,将超市、配送中心和供应商、生产商连接,能够以配送中心为枢纽形成一个商业、物流业和制造业的有效组合。

有了计算机网络迅速及时的信息传递和分析,通过配送中心的高效率作业、及时配送,并将信息反馈给供应商和生产商,可以形成一个具有高效率、高可靠性的商品流通网络,为企业管理决策提供重要依据。同时,还能够大大加快商品流通的速度,降低商品的零售价格,提高消费者的购买欲望和满意度,从而促进国民经济的发展。

6. 创造社会效益

实现装卸搬运作业机械化、自动化,不仅能提高劳动生产率,而且能解放生产力。例如,日本多年前开始的"宅急便""宅配便",国内近年来开展的"货拉拉",都是为消费者服务的新行业,它们的出现使居民生活更舒适、更方便。

例如,当你去滑雪时,那些沉重的滑雪用具,不必你自己扛、自己搬、自己运,只要给"宅急便"打个电话就有人来取,人还没到滑雪场,你的滑雪板等用具已经先到了。再如,在超市购物时,那里不单单是商品便宜、安全、环境好,而且为你提供手推车,你可以省很多力气,轻松购物。手推车是搬运工具,这一个小小的服务,就能给消费者带来诸多方便,这也是创造了社会效益。

7. 追求附加价值

关于物流创造附加值,主要表现在流通加工方面,如把钢卷剪切成钢板、把原木加工成板材、把粮食加工成食品、把水果加工成罐头,名烟、名酒、名著、名画都会通过流通中的加工,使装帧更加精美,从而大大提高了商品的欣赏性和附加价值。

第三节 传统物流与现代物流的经济比较分析

一、物流活动的经济比较方法

美国经济学家迈克尔·波特在其《竞争优势》一书中提出了"价值链"的概念,将企业的纵向链条上的各种活动从价值的角度给予定义与描述。他认为,企业的纵向链条就是一系列增加价值的活动。

这些活动包括企业的基本活动(如进货后勤、生产操作、出货后勤、营销与销售以及服务)和支持性活动(包括企业财务、人力资源管理、技术开发和采购等)。其中,进货后勤和出货后勤也就是指物流活动,所以物流是企业创造价值的重要活动。

通过物流活动的有效组织与管理,不仅能为企业节约成本,同时也能为消费者和企业带来收益。对"传统物流"与"现代物流"的经济比较,可采用常规成本收益分析和消费者剩余理论相结合的分析方法。其中,消费者剩余理论的分析方法也称为附加价值的分析方法。

在分析方法确定后还要给出一个关键性的概念,即消费者剩余。消费者剩余是指消费者可察觉收益与商品或服务市场价格的差额部分。其中,消费者可察觉收益是指商品或服务对消费者而言的"可察觉毛收益"(这依赖于其特性,如性能、可靠性、耐久性、美观性和消费者偏好)"减去"商品或服务的使用成本(如安装、学习使用、操作、保养和处置的成本)以及交易成本(如寻找、运输、签约等)。消费者剩余的具体表示如图1-1所示。

消费者在选择商品或服务时,只有当消费者剩余为正时,他们才会购买,而且如果可

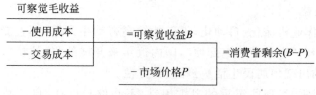

图 1-1 消费者剩余的组成

以在两个或更多的竞争性商品或服务中选择,消费者无疑将购买消费者剩余最大者。

二、"传统物流"与"现代物流"的竞争策略选择

如果说"传统物流"是以降低物流成本作为提高企业竞争优势的主要手段的话,那么"现代物流"则是以最大限度满足消费者需求,并为之创造更多附加值作为提高企业竞争优势的主要措施。企业竞争优势是指企业在特定的市场环境下,不仅企业能获得更高的利润,而且能比竞争对手更多地将净收益转移给消费者的能力。

企业创造价值的构成如图 1-2 所示。

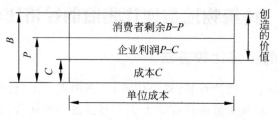

图 1-2 企业创造价值的构成

从图 1-2 可知,企业创造的价值由消费者剩余和企业利润两部分构成。所以企业要实现竞争优势必须从企业创造价值的主要环节入手,确定企业应采取的措施。通常而言,企业要获得竞争优势可以采用两种方法,一是在保持类似于竞争对手的收益 B 时追求成本优势,即追求降低成本 C;二是追求差异性优势,即寻求更大的可察觉收益 B,而保持与竞争对手类似的成本 C。

从上述分析可以看出,"传统物流"是选择前一种模式,而"现代物流"是选择后一种模式。采用成本优势的"传统物流"是基于如图 1-3 所示的方式为自己和消费者创造价值的。

图 1-3 中假设行业现存的企业以质量 Q_E、价格 P_E、单位成本 C_E 提供产品或服务。其中企业 F 通过降低物流费用,以相当低的成本 C_F 提供产品或服务,而服务质量与原来相同。这样企业 F 就能比竞争者创造更多的价值。

如果价格不变,企业增加的价值将全部由企业获得;如果通过在无差异曲线下方确

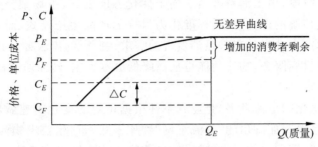

图 1-3 成本优势的经济学表示

定价格 P_F,企业 F 将创造高于竞争对手的消费者剩余。而采用差异优势的"现代物流"是基于如图 1-4 所示的方式为自己和消费者创造价值的。

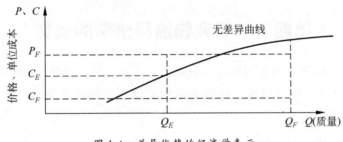

图 1-4 差异优势的经济学表示

图 1-4 中假设行业现存的企业以质量 Q_E、价格 P_E、单位成本 C_E 提供产品或服务。其中企业 F 通过增加物流服务,使产品或服务的质量提高到 Q_F,同时通过"供需综合平衡"的物流运作(如开展 JIT 采购、JIT 配送和 JIT 分拨等)而使单位成本不变,这样企业 F 就能比竞争者创造更多的价值。通过在实线(无差异曲线)下方确定价格 F_E,企业 F 就可以为自己和消费者创造更多的价值。

三、"传统物流"与"现代物流"竞争优势选择的动因

"传统物流"将追求最低成本作为主要目标,"现代物流"则将追求最大收益作为主要目标。从本质上看,两者并没有区别。但由于面对消费者的不同态度,使"传统物流"和"现代物流"在竞争方式选择上产生了很大的差异。其根本原因是"传统物流"与"现代物流"所面对的消费群体的变化引起的。

在"传统物流"阶段,虽然社会上多数产品供过于求,但消费者的可支配收入有限,对价格的变化比较敏感,所以,生产企业多采用规模化生产模式,试图通过降低产品成本来满足消费者的需求和企业自身赢利的要求,物流活动也就必然要以最大限度地降低成本作为目标。

在"现代物流"阶段,由于消费者需求向个性化方向发展,市场细分越来越细,因此生产企业不得不改变传统的以大规模、标准化为目标的产品生产模式,而采取所谓的"柔性化"生产模式,以生产个性产品来满足消费者的需求。所以物流服务也必须以更加灵活的方式为企业的整体目标服务,物流功能也从以降低成本为主,转而通过提供个性化物流服务的方式去满足需求。

同时,由于信息化的迅速发展,企业有条件根据市场的变化迅速做出反应,因此许多企业采用了"实时系统"(如海尔的"一流三网"物流模式),这就要求物流服务必须以供需综合平衡为目标实施管理。这样做的结果,是使物流成本随着产品数量的降低相应地减少了。因此,虽然个性化的物流服务增加了一部分物流费用(如运输、配送、包装等环节),但同时随着产品批量的减少,另外一部分物流费用(如仓储、搬运等环节)却降低了,所以总的费用没有增加。

第四节　研究物流经济学的意义

物流的经济问题可分为宏观经济问题和微观经济问题:前者主要研究物流与国民经济和产业发展的关系;后者侧重于研究企业物流管理中的经济决策问题。因此,研究物流经济学有如下意义。

一、有利于提高物流企业管理者的管理水平

从微观的角度来看,物流经济学以微观经济学、技术经济学等为基础,关注微观物流活动的经济问题,为企业微观物流活动科学化、合理化、最优化提供理论指导。它可以提高企业管理者在决策过程中的理性思考和理性创新的能力与水平。

物流企业管理者要充分意识到现代企业物流已不是单纯的产品在空间上的移动,而是以客户服务为中心,通过集成化的生产与流通,合理安排生产供应物流活动。在兼顾供应商、分销商、零售商、顾客等多重复杂关系的基础上,通过从供应商到消费者供应链的运作,建立起现代化物流管理系统,使商流、物流、信息流达到最优化,以最快的速度响应市场需求。

二、有利于实现我国物流业宏观管理的科学化

现代物流具有很高的产业关联度和很强的产业联动效应,不仅涉及第一、二、三产业中的所有行业,还涉及国家财政、税收、海关、检疫等管理部门。

目前,我国物流业作为一个独立产业的建设还很不完善。国家在财政预算、税务规划、产业投资、产业发展政策、产业法规、国家建设与规划等方面,有关物流业发展的内容还不够充分,从统计的角度看,还没有把物流作为一个独立的产业来对待。

因此,从宏观的角度来看,物流经济学以宏观经济学、产业经济学和对中国宏观物流问题的关注为基础,深度分析宏观物流发展趋势及物流产业发展政策,致力于探索和建立经济发展中的物流理论体系,研究物流产业发展政策及其同国家宏观经济政策的关系,对物流业发展提出决策建议,从而有利于实现我国物流业宏观管理的科学化。

三、有利于我国物流业的发展

从物流业本身来看,物流业不仅涉及水路、公路、铁路、航空、管道五大运输方式的经营企业,而且还涉及交通、运输、仓储、包装、通信等设备制造商和供应商经营的企业。目前,我国对物流经济运行的客观规律还没有一个科学的、全面的、系统的阐述,在实践中遇到的各种问题和物流经济活动中出现的各种现象,还不能从理论上提供准确的答案。这就难免出现用传统的运输、仓储理论解释在新的市场环境中发展着的物流,从而导致人们对物流认识上的偏差。

因此,我国物流业的发展亟须现代物流经济理论的指导,研究物流经济学有利于我国物流业的发展。

复习思考

1. 物流对各类经济有哪些作用?
2. 物流经济学的概念是什么?
3. 物流经济学的研究对象是什么?
4. 物流经济学的特点有哪些?
5. 简述现代物流的经济价值有哪些。
6. 简述传统物流与现代物流的经济比较方法。

案例分析

沃尔沃汽车的物流信息化案例

瑞典的沃尔沃汽车集团曾有这样的苦恼:由于生产与物流环节不畅,出现了多年库存积压的现象。近年来,由于引入信息化管理手段,建立了一个全新的信息化物流管理系统,沃尔沃将过去的"缺陷"变成了"特长"。

一、自己量身定造电子系统

在新物流构架的建造过程中,沃尔沃汽车集团潜心研究本集团的汽车生产和销售全过程,按照自己的计划付诸物流实践。沃尔沃物流公司看到,汽车全球物流运作过程中大量的原材料、半成品、零部件和产成品均承受沉重的费用负担,大幅度降低成本是当务之急。同时客户对汽车物流提出越来越高的标准,迫切要求供应商随时提供有关订货情况和所需货物的实时信息。解决这些问题的关键因素,在于提供实物分销或者供应运作的信息,还有就是传递这种信息的能力。

沃尔沃集团自己设计开发的配送应用信息系统 A4D 是一种全新的、覆盖面非常广泛的出口物流信息系统网站,从汽车生产流水线车间到交货地点,出口链上的所有部门和外商合伙人都能访问该网站的电子商贸平台,确保供应链的透明度。

二、解决方案

提供一个从头到尾与客户保持紧密联系的解决方案,是提高物流效率的必要手段。通过 A4D 信息系统和数字交换系统,沃尔沃物流公司不仅要与新老客户保持密切的联系,而且还要提供沃尔沃汽车从订货到交货的一条龙服务。

沃尔沃物流公司目前使用的 A4D 电子信息系统的商贸平台主要包括:

(1) 确保向消费者提供精确的交货信息。

(2) 缩短汽车从订货到交货的时间。

(3) 为客户提供灵活、优先和便捷的交易操作。

(4) 能够同时进行沃尔沃品牌以及其他汽车品牌的交易。

(5) 降低管理成本、产品库存量和经营成本。

(6) 明确显示产品的详细情况,包括开始生产、完成生产和从订货到交货的时间,物流配送操作和周边成本,以及交货时汽车的质量。

(7) 及时参与新产品的物流规划。

通过电子数字交换或者通过 A4D 系统互联网,可以对每辆汽车进行跟踪和监督,取得有关数据。这一套系统可以实际应用到客户订货合同中规定的每一个细节,把生产厂商提供的产品、客户的订货和市场销售系统有机地结合起来,使得汽车零售商能够通过 A4D 系统互联网络,清楚地了解新型汽车产品的信息。

现在沃尔沃汽车集团基本上都由网络信息系统指导,以产定销,过去曾有过的库存积压的现象已经不复存在。在过去的几年中,沃尔沃物流公司在联合承包和提供物流等方面积极发展与其他汽车生产厂商的合作,如美国的福特汽车公司、日本的陆虎(兰德罗孚)汽车公司、法国雷诺汽车公司和美国的麦克货车有限公司。但是沃尔沃物流公司本身并不拥有对外运输的承运工具,所有的对外运输车辆全部是租用的。由于沃尔沃物流公司必须通过签订协议和合同,与远洋承运人的货运代理和其他运输公司的物流部门和运输部门保持密切的业务联系,随时通过他们提供的运输服务,把出厂的沃尔沃汽车送到每一个汽车销售点。因此,信息化的物流管理系统,无疑为沃尔沃良好监控与合作伙伴的业务联系,提供了良好的基础。

资料来源:CIO 时代.http://www.ciotimes.com/ProCase/73615.html,2012-11-03.[2021-12-20]

问题思考：
1. 说明沃尔沃物流公司的配送应用信息系统 A4D 的运作方式。
2. 沃尔沃物流公司 A4D 电子信息系统的性能有哪些？

扩展阅读 1-1

"一带一路"对物流的要求

扩展阅读

第二章

物流经济分析的基本原理及方法

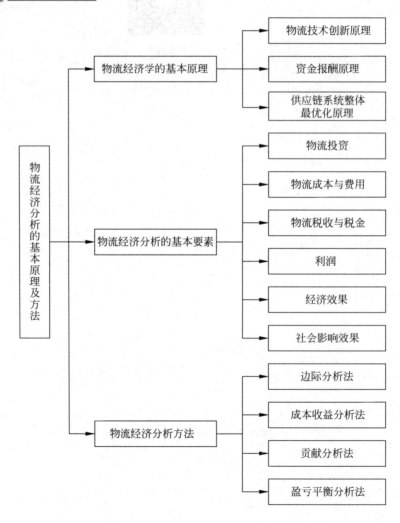

知识目标
1. 了解经济学的基本理论，熟悉物流经济学的基本原理；
2. 熟悉物流经济分析的基本要素，理解并掌握物流经济分析的基本方法。

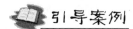
引导案例

日本食品物流管理的做法

在日本，越来越多的公司开始重视在物流过程中的食品安全管理问题，而不少提供食品运输的物流公司将能提供对应 HACCP 体系标准的服务作为宣传的一大亮点。

以日本道原运送公司为例，该公司通过诸如在运输车辆的轮胎附近安装可以喷射消毒液的装置，入库前会对车辆进行消毒处理，在车辆内部装有杀菌灯，运输途中防止细菌滋生等措施，建立了一套适应 HACCP 标准的杀菌物流系统。而按照 HACCP 标准执行，在保障食品安全的同时，也相应地会增加设备投资成本。因此，日本物流公司也在试图寻找降低食品物流成本的方法。

1. 温度管理成主流

在日本物流行业，有一套自己的温度标准体系。在运送、保管过程中需要对温度进行指定的物流，分为冷冻、冷藏、常温三类，统称为"3 温度带"。而在实际配送中，根据商品的特性有更为精准的温度划分，按照更为精细的温度区间分为加温品、常温品、定温品，$C3$ 级～$C1$ 级、$F1$ 级～$F4$ 级等 10 种。

2. 降低食品物流成本

从日本企业物流成本占产品销售额的比重数据来看，2013 年，需要通过低温运输的食品行业，该比重为 8.57%，排在第二位，而可以常温运输的食品行业比重为 6.01%，仍然位列第七。由此可见，食品物流尤其是通过低温的方式进行温度管理控制的冷链物流，面临成本偏高的难题。

究其原因，首先，进行低温运输的车辆和物流中心需要具备冷冻冷藏设备，食品物流的设备成本很高，且预冷、冷藏、冷冻过程对能源的消耗非常大，能源成本很高，所以如何用较低的成本开发这些设备，以及开发节能型设备是日本物流领域当下关注的课题之一。其次，阻隔从低温到高温过渡的绝热材料的开发也深受关注，比如通过保冷箱和冷冻剂的使用可以让冷冻食品在冷藏的环境下保存，减少冷冻费用的消耗，且有助于避免外界温度对食品本身的影响。

3. 完善食品物流跟踪系统

在物流跟踪系统的建立方面，具有变革性的一个是应用 RFID，即射频识别。以已经开始使用该技术的日本富士物流为例,使用了 RFID 技术的物流不仅有利于对食品的流转进行跟踪,还为物流行业提供了极大的便利,在没有使用该技术之前,富士物流采用的是条码的方式。应用了 RFID 技术之后,富士物流的盘货时间大幅缩短,只需要原来的 1/7 左右的时间,让物流作业变得迅速起来,提升了物流中心的运转效率。

资料来源:中国物流与采购联合会. http://www.chinawuliu.com.cn/xsyj/201411/26/296010.shtml,2014-11-26.[2021-12-20]

引例思考:
1. 日本对食品物流进行管理的举措有哪些?
2. 分析日本在物流技术方面的投入和产出之间的关系。

第一节　物流经济学的基本原理

一、物流技术创新原理

技术创新已越来越成为世界各国政府首脑、企业家或学术界关注的热门课题,人们从世界经济发展的历程中深切感受到技术创新在经济发展中的作用。特别是近 200 年来的经济发展史有力地证明了这样一个事实:世界经济发展的中心总是随着技术创新的中心而转移。一个自然资源贫乏的国家可以因技术创新的活跃而发达繁荣,反之,一个原来富饶的国家也可以因技术创新活动的沉寂而落后。国内外的无数事实得出了一个结论:技术创新是经济增长的根本动力,经济的持续增长来源于技术创新的持续活跃。

熊彼特认为,所谓创新就是要"建立一种新的生产函数",即"生产要素的重新组合",就是要把一种从来没有的关于生产要素和生产条件的"新组合"引进生产体系中,以实现对生产要素或生产条件的"新组合";作为社会经济"灵魂"的"企业家"的职能就是实现"创新",引进"新组合"。他提出,"创新"是社会经济增长和发展的动力,没有"创新"就没有社会经济的发展。创新包括以下五种情况:

(1)采用一种新的产品,也就是消费者还不熟悉的产品或某种产品的一种新的品质。

(2)采用一种新的生产方法,也就是有关制造部门在实践中尚未知悉的生产方法。这种新的方法也可以存在于在商业上对一种商品进行新的处理。

(3)开辟一个新的销售市场,也就是相关国家的相关制造部门以前不曾进入的市场,这个市场以前可能存在,也可能不存在。

(4)获得原材料或半制成品的一种新的供应来源,同样不论这种供应来源是否业已存在,而过去没有注意到,或者认为无法进入,还是需要创造出来。

(5)实现一种新的组织,比如造成一种垄断地位(例如通过"托拉斯化"),或打破一种垄断地位。

创新能使产品、市场、生产程序超越目前的边界和能力,创新是新思想的产生和开发,创新也为企业提供了在竞争中领先的条件。创新有风险,但风险与收益并存。如果创新取得了成功,回报就相当可观。

制造业创新是先于服务业创新的。工业革命时期,工业部门在产值和就业方面迅速上升,并在比重上逐渐超过农业,但对于服务业尚未重视。几乎在工业这个新部门规模迅速扩张的同时,服务业也经历了质的飞越。20世纪八九十年代以来,伴随着服务业在规模上的扩展,服务创新特别是物联网、3D打印等物流技术创新日趋深化和多样化。

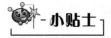 小贴士

物 流 技 术

物流技术是指物流活动中所采用的自然科学与社会科学方面的理论、方法,以及设施、设备、装置与工艺的总称。物流技术概括为硬技术和软技术两个方面。物流硬技术是指组织物资实物流动所涉及的各种机械设备、运输工具、站场设施及服务于物流的电子计算机、通信网络设备等方面的技术。物流软技术是指组成高效率的物流系统而使用的系统工程技术、价值工程技术、配送技术等。

按技术的应用范围划分,物流技术包括运输技术、仓储技术、装卸技术、搬运技术、包装技术、配送技术、流通加工技术、物流管理技术和物流信息技术等。按技术思想来源或科学原理分类,物流技术源于机械技术、电子技术、信息及通信技术、自动控制技术、计算机技术、管理学理论和方法、应用数学方法等。

物流技术与物流发展紧密相关。在物流发展的过程中,不断有新的技术产生,例如:运输技术,包括轮船和铁路、汽车、飞机和管道、集装箱;托盘与叉车技术;条形码技术;无线射频识别技术(RFID);产品电子代码技术(EPC);全球定位系统(GPS);互联网与电子商务;智能交通系统等。这些重要技术推动并影响物流运作和物流管理的效率。物流技术的改进和创新,是推动物流发展的重要动力源。

二、资金报酬原理

资金报酬原理可以从两个方面理解。

1. 货币时间价值观念

货币的时间价值是指货币的拥有者因放弃对货币的使用而根据其时间的长短所获得的报酬。例如,企业将所拥有的货币存入银行、购买债券、出借给其他单位而获得的利息,在假设没有通货膨胀和风险的情况下,就是企业因放弃对这笔货币的使用而根据时间长短所获得的时间价值。

货币的时间价值就是货币所有权与货币使用权相分离后,货币使用者向货币所有者支付的一种报酬或代价,因而借贷关系的存在是货币时间价值产生的前提。西方财务理

论认为,货币时间价值是对出让货币使用权而对货币拥有方的一种补偿,它是天然的,是货币拥有者推迟现时消费而取得的一种价值补偿。

货币时间价值原理,正确地揭示了在不同时间点上货币之间的换算关系以及在一定时空条件下运动中的货币具有增值的规律性。为了便于研究问题,计算中,一般用利息额和利率或折现率分别代表货币时间价值的绝对量和相对量。

2. 投资回报率

投资回报率是一个比较简单的概念,它指企业所投入资金的回报程度。

$$投资回报率=年利润或年均利润/投资总额\times 100\%$$

从以上公式可以看出,企业可以通过降低销售成本提高利润率,提高资产利用效率来提高投资回报率。投资回报率的优点是计算简单;缺点是没有考虑资金时间价值因素,不能正确反映建设期长短及投资方式不同和回收额的有无等条件对项目的影响,分子、分母计算口径的可比性较差,无法直接利用净现金流量信息。只有投资利润率指标大于或等于无风险投资利润率的投资项目才具有财务可行性。

如果资金用于物流项目投资,则可用投资利润率来衡量对该物流项目的回报率。当然,同其他投资项目一样,物流项目的投资效益可以用不同的指标来度量,投资利润率仅是考察项目单位投资赢利能力的一种静态指标。计算公式为:

$$物流项目投资利润率=物流项目年利润总额或年平均利润总额/项目总投资\times 100\%$$

其中,年利润总额=该项目年营运收入-年应纳税金及附加-年总营运成本费用

物流项目的投资利润率也可称为该项目的投资效果系数,此时,年利润总额表示该项目年纯营运收入。

三、供应链系统整体最优化原理

物流系统具有七种功能,即商品的包装、运输、储存、装卸搬运、流通加工、配送和物流信息服务。单个环节上最优的仓储方案、最优的运输方案、最优的配送方案不等于整体的最优。物流系统的整体功能也不是这几种功能的简单相加,而是通过系统要素间的协调和配合。

例如,综合仓储方案、运输方案、配送方案,必须考虑在整个网络的基础上进行物流运作方案的整体设计,选择最优的整体方案,产生出新的功能来达到系统整体最优化,即以物流系统总成本最低来实现一定的物流服务。

物流的供应链管理思想认为,从采购开始经过生产、分配、销售,最后到达用户,不是孤立的行为,而是一定数量的环环相扣的"链",物流活动是受这一供应链决定和制约的,供应链各个环节有不同的利益和观念,各功能之间存在天生的冲突也是难以避免的。但由于现代管理和现代技术可以提供全面的信息使各个链接共享,因此可以大大地扩展视野,使人们可以从总体上管理整个链条,而不是如同过去那样直接管理各链节之间的"接

口",或者管理其中一部分链节。

供应链系统是包含物流系统、制造系统、销售系统等子系统的复杂大系统。物流系统是指物流活动中包装、运输、存储、装卸搬运、流通加工、配送等诸要素相互联系、相互制约、相互结合共同组成的一个有机的整体。系统中的每一个要素既有其特定的功能,又协调于系统整体中,在系统功能的基础上开展各要素及其相互之间的流动,从而形成系统整体的有机活动,共同产生新的总功能。

供应链管理实际上就是把物流和企业全部活动作为一个统一的过程来管理。这样可以解决大的、复杂的系统中各功能要素的效益背反问题,降低成本,提高效益。

整个供应链系统达到最优的目标就是供应链整体最优化。在物流经济管理学上整体最优化的概念就是在一定人力、物力和财力资源条件下,使供应链整体经济效果(如产值、利润等)达到最大,并使投入的人力和物力达到最小的系统科学方法。

第二节　物流经济分析的基本要素

在对一个物流系统方案进行技术经济分析时,首先要有物流系统的项目方案,这是物流技术经济分析的具体对象。在此基础上,来考虑物流项目的投入和产出,并加以比较,以评价其经济效果的高低,同时还需要考虑项目的社会影响。一般地,物流项目投资、物流成本属于项目投入的内容,而物流项目的净收益则是产出的主要内容。

一、物流投资

投资一词具有双重含义:一是指特定的经济活动,即为了将来获得收益或避免风险而进行的资金投放活动。二是指投放的资金,对于物流投资而言即是为了保证物流项目投产和生产经营活动的正常进行而投入的活劳动和物化劳动价值的总和,主要由物流固定资产和流动资产投资两部分构成。在实际经济生活中,投资的这两种含义都被人们广泛地应用着。本节着重于后一概念的阐述。

物流固定资产投资是指用于建设或购置物流固定资产所投入的资金。物流固定资产是指使用期限超过一年的房屋、建筑物、机器机械、运输工具以及其他与物流生产经营有关的设备、工具、器具等。物流固定资产投资由工程费用、其他费用、预备费用等组成。

物流流动资产投资是指物流项目在投产前预先垫付、在投产后营运过程中周转使用的资金。物流流动资产是指可以在一年或者超过一年的一个营运周期内变现或者耗用的资产,它由应收及预付款项、存货、现金等项组成。

二、物流成本与费用

成本通常是指为获得商品和服务所需支付的费用。这似乎是明确的,但事实上成本的含义非常广,不同的情况需要不同的成本概念。

物流成本指产品在空间位移(含静止)过程当中所耗费的各种劳动和物化劳动的货币表现。具体地说,它是产品在实物运动过程当中,如包装、装卸、储存、运输、流通加工等各个活动中所支出的人力、财力和物力的总和。物流成本可按以下标准进行分类。

1. 按物流成本的范围分类

物流成本就其范围而言有广义和狭义之分。狭义的物流成本是指由于物品实体的场所或位置移动而引起的有关运输、包装、装卸等成本。广义的物流成本是指包括生产、流通、消费全过程的物品实体与价值变换而发生的全部成本,具体包括从生产企业内部原材料协作件的采购、供应开始,经过生产制造过程中的半成品存放、搬运、装卸、成品包装及运送到流通领域,进入仓库验收、分类、储存、保管、配送、运输,最后到消费者手中的全过程发生的所有成本。

2. 按实体的经营性质分类

按实体的经营性质不同,可将物流成本分为生产企业物流成本和流通企业物流成本两大类型。流通企业的经营活动是组织现有商品进行销售来获取利润,其业务活动以进、存、销活动为主,不涉及复杂的生产物料组织,物品实体也较为单一,其基本构成有:企业员工工资及福利费;支付给有关部门的服务费,如水电费等;经营过程中的合理消耗费,如储运费、物品合理耗损及固定资产折旧等;支付的贷款利息;经营过程中的各种管理成本,如差旅费、办公管理费等。

3. 按物流过程分类

按物流流动过程的先后顺序,物流成本可分为物流筹备费(物流计划费、预测费、准备费),供应物流费(采购、仓储物流费),生产物流费,销售物流费,退货物流费和废弃物流费。

供应物流费包括企业为生产产品购买各种原材料、燃料、外购件等所发生的运输、装卸、搬运等成本;生产物流费是指企业在生产产品时,由于材料、半成品、成品的位置转移而发生的搬运、配送、发料、收料等方面的成本;销售物流费是指企业为实现商品价值,在产品销售过程中所发生的储存运输、包装及服务成本;退货物流费是指产品销售后因退货、换货所引起的物流成本;废弃物流费是指因废品、不合格产品的物流所形成的物流成本。

4. 按物流成本显现性的分类

根据物流成本在生产经营过程中的显现性,可以将物流成本划分为显性成本和隐性成本。显性成本是指厂商在生产过程中购买或租用所有生产要素的实际支出,在中国现行会计报表中所能体现的"物流成本"即为显性成本。

物流显性成本主要包括仓库租金、运输费用、包装费用、装卸费用、加工费用、订单清关费用、人员工资、管理费用、办公费用、应交税金、设备折旧费用、设施折旧费用、物流软件费用等,大部分的显性成本可以通过原始凭证反映和计算。

5. 按物流成本归属方式的分类

物流成本按其归属方式可以分为直接物流成本、间接物流成本和日常费用。直接物流成本是指为完成物流工作而特别发生的费用；间接物流成本是指投在房地产、运输、设备和库存的资本成本,通常由管理判断来决定其归属方式；日常费用则是伴随着企业的所有组织单位和物流活动所发生的费用。

三、物流税收与税金

税收是国家凭借政治权力参与国民收入分配和再分配的一种形式,具有强制性、无偿性和固定性三大特点。

我国目前的工商税制分为流转税、资源税、收益税、财产税、特定行为税等几类。其中与经济分析有关的主要税种是：从收入中扣除的增值税、营业税、资源税、城市维护建设税和教育费附加；计入总成本费用的房产税、土地使用税、车船使用税、印花税等；计入固定资产总投资的固定资产投资方向调节税；从利润中扣除的所得税等。

物流企业所提供劳务的范围比较广泛,所适用的税收政策散见于营业税、企业所得税、房产税、印花税等暂行条例之中。

1. 营业税

《中华人民共和国营业税暂行条例》规定,物流企业提供运输、配送、装卸、搬运等劳务取得的收入,按"交通运输业"缴纳营业税,税率为3%；物流企业提供货代、仓储、包装、物流加工、租赁等业务按"服务业"税目征税,税率为5%。

《国家税务总局关于试点物流企业有关税收政策问题的通知》(国税发〔2005〕208号)明确规定,从2006年1月1日起,全国37家试点物流企业开展物流业务应按其收入性质分别核算。提供运输劳务取得的运输收入按"交通运输业"税目征收营业税并开具货物运输业发票。

凡未按规定分别核算其营业税应税收入的,一律按"服务业"税目征收营业税。《中华人民共和国营业税暂行条例》规定,纳税人将承揽的运输业务分给其他单位或个人的,以其取得的全部价款和价外费用扣除其支付给其他单位或者个人的运输费用后的余额为营业额。

2. 企业所得税

《国家税务总局关于物流企业缴纳企业所得税问题的通知》(国税函〔2006〕270号)规定,物流企业在同一省、自治区、直辖市范围内设立的跨区域机构(包括场所、网点),凡在总部统一领导下统一经营、统一核算,不设银行结算账户、不编制财务报表和账簿,并与总部微机联网、实行统一规范管理的企业,其企业所得税由总部统一缴纳,跨区域机构不就地缴纳企业所得税。

凡不符合上述条件之一的跨区域机构,不得纳入统一纳税范围,应就地缴纳企业所得税。

3. 房产税

《中华人民共和国房产税暂行条例》规定,物流企业适用的房产税包括两类:一是就其拥有的房产按房产原值一次减除10%~30%(江苏减除30%)的余值后按1.2%税率计征房产税;二是按房产出租的租金收入计征,应就其取得的租金按12%的比率征收房产税。

4. 印花税

对于印花税,《中华人民共和国印花税暂行条例》规定,印花税是一种具有行为税性质的凭证税,凡发生书立、使用、领受应税凭证的行为,就必须依照印花税法的有关规定履行纳税义务。就物流企业而言,与客户签订的财产租赁合同、货物运输合同、仓储保管合同就合同金额的一定比率缴纳印花税。

四、利润

如果不能获得利润,企业就不能生存,因而不管企业家是否以利润最大化为首要目标,利润在企业做出决策时至关重要地位是不容怀疑的。企业的利润应当是企业的总经营收益减去企业投入的总成本,正因为成本有不同的含义,那么利润也就有着不同的含义。

要想让一个企业继续在原行业经营,企业主所有投入的自有要素必须得到最低报酬,否则,企业就会关门,自有资金就会投入他用,企业家也会另谋他业。对于隐性成本的报酬是正常利润。

利润是物流企业在一定期间的经营成果,是物流企业的收入减去有关的成本与费用后的差额。收入大于相关的成本与费用,物流企业就可获取盈利;收入小于相关的成本与费用时,物流企业就会发生亏损。

物流企业的利润一般包括营业利润、投资收益和营业外收支净额三个部分。如果物流企业能够按规定获取补贴收入,则也应作为当期的利润总额的组成部分。

用公式表示即:

利润总额=营业利润+投资收益+营业外收支净额+补贴收入

1. 营业利润

营业利润是物流企业利润的主要来源,可分为主营业务利润和其他业务利润两个部分。具体来讲,营业利润等于主营业务利润加上其他业务利润,再减去有关的期间费用后的余额。用公式表示即：

营业利润＝主营业务利润＋其他业务利润－营业费用－管理费用－财务费用

主营业务利润又称基本业务利润，是指物流企业的主营业务收入减去主营业务成本与营业税金及附加后的余额。用公式表示即：

主营业务利润＝主营业务收入－主营业务成本－主营业务税金及附加

其他业务利润是指物流企业主管业务以外的其他业务活动所产生的利润，它等于其他业务收入减去其他业务支出。其中，其他业务支出包括物流企业在经营其他业务过程中所发生的成本费用以及由其他业务收入所负担的流转税等。

2. 投资收益

投资收益指物流企业在对外投资过程中所获投资收益扣除投资损失后的数额。

3. 营业外收支净额

营业外收支净额是指与物流企业生产经营活动没有直接关系的营业外收入减去营业外支出后的余额。虽然营业外收支净额与物流企业的生产经营活动没有直接联系，但是，从物流企业主体来看，它同样要影响到物流企业的盈利。

4. 补贴收入

补贴收入是指物流企业按规定应收的各种补贴。

净利润是物流企业当期利润总额减去所得税以后的余额，即物流企业的税后利润。用公式表示为：

净利润＝利润总额－所得税

五、经济效果

我们把"成果与消耗之比""产出与投入之比"称为经济效果，而将经济活动中所取得的有效劳动成果与劳动耗费的比较称为经济效益。

对上述经济效果概念及表达式的理解，必须注意以下三点。

1. 成果和劳动耗费相比较是理解经济效果的本质所在

在现实生活中，较常见的大致有三种对经济效果的误解：第一类，属于传统观念较深的人，他们将数量（产量、产值）的多少视作经济效果，产量大、产值高就说经济效果好。第二类，把"快"和"速度"视作经济效果。第三类，认为企业利润就是经济效果。"钱"赚得多，就是经济效果好。

为了防止出现对经济效果概念的误解，必须强调将成果和劳动消耗联系起来综合考虑的原则，而不能仅使用单独的成果或消耗指标。不将成果与消耗、投入与产出相联系，就无法判断其优劣、好坏。当然，在投入一定时，也可以单独用产出衡量经济效果，产出越多效果越好；在产出一定时，投入越少越好。

2. 项目的不同方案实施后的效果有好坏之分

比如,环境污染就是生产活动造成的坏的效果,或者叫负效果。经济效益概念中的产出是指有效产出,是指对社会有用的劳动成果,即对社会有益的产品或服务。不符合社会需要的产品或服务,生产越多,浪费越大,经济效益就越差。反映产出的指标包括三方面:

① 数量指标,如产量、销量、销售收入、总产值、净产值等;

② 质量指标,如产品寿命、可靠性、精度、合格率、品种、优等品率等;

③ 时间指标,如产品设计和制造周期、工程项目建设期、工程项目达产期等。

3. 经济效果中的劳动消耗包括的内容

经济效果中的劳动消耗,包括项目方案消耗的全部人力、物力、财力,即包括生产过程中的直接劳动的消耗、劳动占用、间接劳动消耗三部分。直接劳动的消耗指技术方案在生产运行中所消耗的原材料、燃料、动力、生产设备等物化劳动消耗以及劳动力等活劳动消耗。这些单项消耗指标都是产品制造成本的构成部分,因而产品制造成本是衡量劳动消耗的综合性价值指标。

劳动占用通常指技术方案为正常进行生产而长期占用的用货币表现的厂房、设备、资金等,通常分为固定资金和流动资金两部分。投资是衡量劳动占用的综合性指标。间接劳动的消耗是指在项目方案实施过程中社会发生的消耗。

六、社会影响效果

在项目的国民经济评价中,除了采用一些主要的经济效果评价指标作为项目取舍的基本判别标准以外,还需对项目的社会影响效果进行评价。对此,设置了一些衡量项目对社会贡献大小的社会效果评价指标。

效果评价指标,按其衡量方式可分为两类。

1. 用定量的价值形式表示的社会经济效果指标

主要有劳动就业效果、收入分配效果、产品国际竞争能力、综合能耗、节能效果、土地利用以及相关投资等效果指标。

2. 用非定量化的定性指标表示的社会效果指标

例如,先进技术的引进、社会基础设施的改善、环境保护、生态平衡、资源利用、地区开发和经济发展、城市建设的发展、人口结构和工业经济结构的改变,以及人民科学文化水平的提高等方面的社会经济效果指标;还有产品功能质量、审美效果与政治、军事等方面的其他因素的定性分析指标。

第三节 物流经济分析方法

一、边际分析法

边际的含义本身就是因变量关于自变量的变化率,或者说是自变量变化一个单位时因变量的改变量。

1. 边际分析方法的两个重要概念

一是边际成本,即每增加一个单位的产品所引起的成本增量;

二是边际收益,即每增加一个单位的产品所带来的收益增量。

企业在判断一项经济活动对企业的利弊时,不是依据它的全部成本,而是依据它所引起的边际收益与边际成本的比较。若前者大于后者,这项活动就对企业有利,反之则不利。

2. 边际分析法主要应用方向

边际分析法体现向前看的决策思想,是寻求最优解的核心工具。边际分析方法主要应用方向是:确定企业规模、制定价格策略、确定要素投入量、产品结构分析等。

3. 确定企业规模

规模的大小直接影响到企业的生产效益。当一个企业要扩大规模时,它就要分析每增大一个单位的规模,所可能带来的产出的增量,这就是边际分析。科学的边际分析方法可以使企业的规模确定在一个最合理的范围内。公式:$\pi = MR - MC$,其中,π代表边际利润,MR 代表边际收益,MC 代表边际成本。

当 $\pi > 0$ 时,增加一个单位的产品,获得的收益增量比引起的成本增量大,说明企业还没有达到能够获得最大收益的产量规模,此时,企业应该扩大产量。

当 $\pi < 0$ 时,增加一个单位的产品,所引起的成本增量比所能获得的收益增量要大,说明企业应该减小产量。

当 $\pi = 0$ 时,企业达到最优的产量规模。

4. 制定价格策略

每提高(或降低)一个单位的价格,对总收益会产生什么样的影响,这实际上也要用到边际分析方法,它可以帮助企业制定具有竞争力的价格战略。

5. 确定要素投入量

在确定生产中需要投入的各个要素的量时,我们需要分析每增加一个单位的某种要素时,对总的收益会产生什么影响。这也是边际分析。

6. 产品结构分析

多数企业都不只生产一种产品,各种产品生产的比例就是产品结构。确定各种产品生产多少的比例关系可以运用边际分析方法——对各种产品的边际效益进行分析。所谓边际效益,就是对一种产品的生产增加一个单位的资金投入所引起的收益的变化量。

如果把资金增量投入各种产品,所能产生的边际效益是相等的,那么这个企业的产品结构就是合理的;否则,其中必定有某种产品值得扩大规模,以带来更多的收益。针对产品结构进行边际分析,可以明确哪些产品需要增加投入,哪些产品需要缩小生产规模。

二、成本收益分析法

成本收益分析是一种量入为出的经济理念,它要求对未来行动有预期目标,并对预期目标的概率有所把握。经济学的成本收益分析方法是一个普遍的方法,成本收益分析方法的前提是追求效用的最大化。从事经济活动的主体,从追求利润最大化出发,总要力图用最小的成本获取最大的收益。在经济活动中,人们之所以要进行成本收益分析,就是要以最少的投入获得最大的收益。

1. 成本收益分析法的基本原理

成本收益分析法的基本原理是:针对某项支出目标,提出若干实现该目标的方案,运用一定的技术方法,计算出每种方案的成本和收益,通过比较方法,并依据一定的原则,选择最优的决策方案。

2. 成本收益分析法的步骤

(1) 确定购买新产品或一个商业机会中的成本;
(2) 确定额外收入的效益;
(3) 确定可节省的费用;
(4) 制定预期成本和预期收入的时间表;
(5) 评估难以量化的效益和成本。

3. 成本收益分析的具体方法

(1) 净现值法(NPV)

净现值是一项投资所产生的未来现金流的折现值与项目投资成本之间的差值。净现值法是利用净现金效益量的总现值与净现金投资量算出净现值,然后根据净现值的大小来评价投资方案。净现值为正值,投资方案是可以接受的;净现值是负值,投资方案就是不可以接受的。净现值越大,投资方案越好。净现值法是一种比较科学也比较简便的投资方案评价方法。

(2) 现值指数法

现值指数法是通过计算比较现值指数指标判断决策方案好坏的方法。所谓现值指数是指未来收益的现值总额和初始投资现值总额之比,其实质是每一元初始投资所能获取的未来收益的现值额。

(3) 内含报酬率法

内含报酬率,指能够使未来现金流入现值等于未来现金流出现值的贴现率,或者说是使投资方案净现值为零的贴现率。内含报酬率法是根据方案本身内含报酬率来评价方案优劣的一种方法。内含报酬率大于资金成本率则方案可行,且内含报酬率越高方案越优。

这三种方法各有各的特点,具有不同的适用性。一般而言,如果投资项目是不可分割的,则应采用净现值法;如果投资项目是可分割的,则应采用现值指数法,优先采用现值指数高的项目;如果投资项目的收益可以用于再投资,则可采用内含报酬率法。

三、贡献分析法

贡献分析法是增量分析法(边际分析法的变形)在成本利润分析中的应用,通过对贡献的计算和比较,来判断一个方案是否可以被接受。

贡献是指一个方案能够为企业增加的利润,所以贡献也就是增量利润,等于由决策引起的增量收入减去由决策引起的增量成本。即:

$$贡献(增量利润)=增量收入-增量成本$$

如果贡献大于零,说明这一决策能使利润增加,因而是可以接受的。如果有两个以上的方案,它们的贡献都是正值,则贡献大的方案就是较优的方案。由于贡献可以用来补偿固定成本和提供利润,贡献也被称为"对固定成本和利润的贡献",有时,也称为"利润贡献"。

在产量决策中,常常使用单位产品贡献这个概念,即增加一个单位产量能给企业增加多少利润。用贡献分析法进行决策分析时,不必考虑固定成本的大小。因为固定成本不受决策的影响,属于沉没成本。如果产品的价格不变,增加单位产量的增量收入就等于价格,增加单位产量的增量成本就等于变动成本。此时,增加单位产量的贡献就等于价格减去单位变动成本。即:

$$单位产品贡献=价格-单位变动成本$$

由于价格是由变动成本、固定成本和利润三部分组成的,因此,贡献也等于固定成本加利润,意思是企业得到的贡献,首先要用来补偿固定成本的支出,剩下的部分就是企业的利润。当企业不盈不亏(利润为零)时,贡献与固定成本的值相等。

贡献分析法主要用于企业的短期决策。所谓短期是指期间很短,以至在诸种投入要素中至少有一种或若干要素的数量固定不变。在这里设备、厂房、管理人员工资等固定成本,即使企业不生产,也仍然要支出,所以属于沉没成本,在决策时不应加以考虑。正因为这样,在短期决策中,决策的准则应是贡献(增量利润),而不是利润(利润是长期决策的根据)。区分利润和贡献对企业的生产经营和管理决策是至关重要的。

贡献是短期决策的根据,但这并不等于说利润不重要了。利润是长期决策的根据。如果问,要不要在这家企业投资,要不要新建一家企业,就属于长期决策。在亏损的情况下,接受订货,即使有贡献,也只能是暂时的,企业如果长期亏损得不到扭转,最终是要破产的。

四、盈亏平衡分析法

盈亏平衡分析又称保本点分析或本量利分析,是根据对产品的业务量(产量或销量)、成本、利润之间的相互制约关系的综合分析,来预测利润,控制成本,判断经营状况的一种数学分析方法。

一般说来,企业收入=成本+利润。如果利润为零,则有收入=成本=固定成本+变动成本,而收入=销售量×价格,变动成本=单位变动成本×销售量,这样由销售量×价格=固定成本+单位变动成本×销售量,可以推导出盈亏平衡点的计算公式为:

$$盈亏平衡点(销售量) = 固定成本/每计量单位的贡献差数$$

盈亏平衡分析的分类主要有以下方法:
(1) 按采用的分析方法的不同分为图解法和方程式法。
(2) 按分析要素间的函数关系不同分为线性和非线性盈亏平衡分析。
(3) 按分析的产品品种数目多少,可以分为单一产品和多产品盈亏平衡分析。
(4) 按是否考虑货币的时间价值分为静态和动态的盈亏平衡分析。

盈亏平衡分析是通过盈亏平衡点(BEP)分析项目成本与收益的平衡关系的一种方法。各种不确定因素(如投资、成本、销售量、产品价格、项目寿命期等)的变化会影响投资方案的经济效果,当这些因素的变化达到某一临界值时,就会影响方案的取舍。

盈亏平衡分析的目的就是找出这种临界值,即盈亏平衡点(BEP),判断投资方案对不确定因素变化的承受能力,为决策提供依据。盈亏平衡点越低,说明项目盈利的可能性越大,亏损的可能性越小,因而项目有较大的抗经营风险能力。因为盈亏平衡分析是分析产量(销量)、成本与利润的关系,所以称为量本利分析。

平衡点是对某一因素说的,当其值等于某数值时,恰使方案决策的结果达到临界标准,则称此数值为该因素的盈亏平衡点。这里所说的某一因素就是影响投资项目风险的不确定因素,可以是产量,也可以是经济寿命、利率等。从这个意义上说,内部收益率就是项目关于利率这一不确定因素的动态盈亏平衡点。虽然可以广义地理解盈亏平衡分析,但关于产量、成本、利润的分析的确是盈亏平衡分析的主要内容和出发点。

盈亏平衡点的表达形式有多种。它可以用实物产量、单位产品售价、单位产品可变成本以及年固定成本总量表示,也可以用生产能力利用率(盈亏平衡点率)等相对量表示。其中产量与生产能力利用率,是进行项目不确定性分析中应用较广的。根据生产成本、销售收入与产量(销售量)之间是否呈线性关系,盈亏平衡分析可分为线性盈亏平衡分析和非线性盈亏平衡分析。

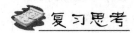

1. 物流经济学包括的基本原理有哪些？
2. 物流经济分析的基本要素主要是什么？
3. 物流经济分析包括哪几种分析方法？
4. 简析盈亏平衡分析主要的分类方法。
5. 简述物流投资的内涵。

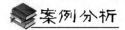

智能仓配共创电商物流新局面

一、仓配拣一体化的专业物流配送体系

浙江网仓科技有限公司专业为电商提供仓配拣一体化服务。公司建立了1万平方米的仓配一体化中心，借助网仓科技自主研发的智能仓储管理系统，电商企业只需通知生产企业把货发到仓库，通过与天猫、淘宝等大型电商平台直接对接的数据软件系统，网仓提供包括验货、上架、拣选、包装、配送、退换货等的一体化服务。

网仓还与快递企业合作，在仓配一体化中心特别规划建设了自动分拣流水线及高效建包中心，货物在出仓前就已经完成分拣及包装，快递企业接货后不用再分拣，可直接进入干线配送，为电商企业有效节约了仓储和快递成本。

杭州有22家快递企业参与仓配一体化项目，集聚600余家网商，初步统计有3 600余万件快递由分散寄件改为集中寄件，降低快递成本20%左右，在拣选方面效率至少提高了40%。传统电商仓库打包时需要三个步骤——清点、包装、核对，网仓科技则把三个人的步骤完全合成一个人的步骤，由于快递订单和托盘是绑定的，员工只需要扫描一下托盘上的条码，这个包裹所有的信息都可以显示到电脑屏幕当中，这样扫描的过程就是一个核对的过程。通过这个方法可以减少两个人的人工成本，效率可以至少提高一倍，差错率降到最低，只有万分之一。

二、高效协同的B2B2C采购新模式

浙江云之涞网络科技有限公司正在创新和实践一种电商与物流高效协同的B2B2C的新模式。通过自主研发的管理系统和自建的物流仓储配送体系，采用网格化布局，云之涞为杭州超过8200家便民小店提供全新的采购服务，因此出现了我们在杭城大街小巷经常看到的一只红色的小蚂蚁——"云蚂蚁"便利店。

云蚂蚁项目以云蚂蚁购物商城为线上服务平台,以加盟形式进行云蚂蚁服务站铺设,并通过转运平台的搭建来打通物流转运环节,使线上购物消费和线下服务体验得到融合。云蚂蚁不仅仅是一个网上购物商城,同时还是一个大型综合服务平台,目前在云蚂蚁便利店和社区服务点已基本开通代收快递、网订店取和送货上门等服务。

在订货方面,小店只要通过云之涞公司的"云蚂蚁"网络平台进行网上订货,所有在当天下午4点前下单的货品,都会经由生产厂家的大物流配送到平台的分拣中心,并在三小时内配送到中转仓,第二天即可配送至散布在城区各个角落的小店。

该模式的高效运作,使这些小店进货更快更方便,而通过直接向上游供应商集中采购,进货价格比原有渠道下降20%左右。进货渠道做到了可追溯,既方便政府监管,又能保证居民消费品质。另外,该平台提供面向消费者的网上商城,依托这些小店提供网订店取或送货上门服务。

资料来源:中国物流与采购联合会。http://www.chinawuliu.com.cn/xsyj/201604/12/311204.shtml,2016-04-12.[2021-12-20]

问题思考:
1. 网仓科技体系的优势体现在哪里?
2. 云蚂蚁项目模式的运营方式是什么?

扩展阅读 2-1

物流经济学分析

扩展阅读

第三章

物流的空间效益分析

📖 **学习导航**

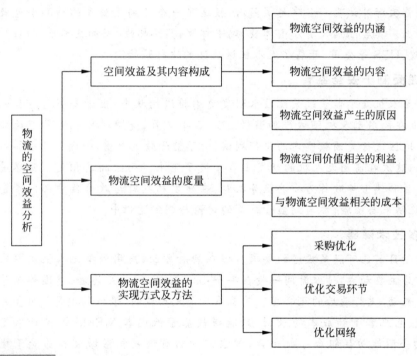

知识目标

1. 了解空间效益产生的原因、内涵,理解物流空间效益的度量;
2. 理解与物流空间效益相关的收益与成本;
3. 掌握空间效益的实现方式及方法。

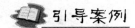 引导案例

无人机送快递还有多远

我国快递业务量从2014年首次突破100亿件并超越美国,成为"世界第一快递大国"以来,2015年全国快递业务量又突破200亿件,2020年我国快递总量达到创纪录的830亿件,当之无愧地稳占世界第一这个位置。无人机送快递近年开始成为人们关注的话题。那么,从世界范围看,无人机送快递到底发展到哪一步了?

1. 概念引入

2013年11月底,美国电商巨头、亚马逊创始人兼首席执行官杰夫·贝索斯,首次在电视节目上把无人机投递的概念告诉公众。德国邮政DHL在当年的12月9日,完成了第一代无人机的首次野外试飞——飞越莱茵河,投送了一个不到1公斤的药品小包裹到公司总部的草坪上。其后陆续又有法国邮政、瑞士邮政、芬兰邮政、新加坡邮政、西班牙邮政、澳大利亚邮政、UPS等公司,开展了无人机送快递的飞行试验。

2. 电商快递受制于安全监管

美国的商用无人机处于监管政策比技术研发更难推进的状态,出于安全与隐私的考虑,美国政府一直在民用无人机领域严加监管。2015年4月,美国联邦航空管理局才批准亚马逊在农村地区进行美国领空内的飞行测试,由于监管政策严格,一向作为世界科技研发中心的美国,这次在商用无人机的研发上步子慢了下来。而欧洲的相关监管环境较为宽松,德国、芬兰和瑞士邮政作为公共服务机构,在研发初期就与政府监管部门紧密合作,依托实际试验结果与经验,参与到监管政策的讨论与制定过程中。

3. 克服诸多技术障碍

无人机载重量目前已可满足投递的要求。但在续航方面,民用小型无人机主要采用锂聚合物电池作为主要动力,续航时间一般在半个小时以内,所以亚马逊、美国邮政等考虑无人机随邮车流动,飞行最后的几公里。导航系统是无人机的"眼睛",但是非大型无人机因受自身负载、电池容量和成本的限制,只能搭载基于低成本MEMS惯性传感器和GPS定位系统的小型低功耗组合导航平台,但它们分别有误差积累增大和易受干扰的缺点。

4. 前景展望

世界主要研究机构、咨询公司和应用企业目前形成的一点共识是,在实际商用初期,农村和山区、海岛等偏远地区,是无人机投递最有可能的应用场景。目前,国内外无人机投递的实地试验也都在农村和偏远地区进行。

中国邮政2016年9月在浙江西北部山区安吉县开通的3条无人机测试邮路,就是明

确针对山区农村的试运营。因为农村居民住家分布稀疏,单点运货量又少,不满载的长距离车辆运输很浪费资源。无人机可在夜间充电,实现供电的削峰填谷。试点的安吉七管村原先需开车半小时的17里山路,无人机15分钟就可到达。无人机载重5公斤,最长续航里程20公里,试运营测算每公斤货物的运输成本才3元人民币。

在民用无人机研发和生产领域,"中国制造"正在成为"进击的巨人"。目前,国内共有约400家无人机制造商,占据了全球70%的民用无人机市场,也就是说,全球每卖出10架民用无人机,就有7架来自中国。中国企业尝试无人机应用,在技术支撑上有得天独厚的条件。

资料来源:中国物流与采购联合会。http://www.chinawuliu.com.cn/xsyj/201611/24/317198.shtml,2016-11-24.[2021-10-18](部分内容有修改)

引例思考:
1. 无人机的应用是否可以有效扩展物流的空间效益?
2. 当前哪些因素影响了无人机在快递领域的发展?

第一节 空间效益及其内容构成

一、物流空间效益的内涵

物流空间效益是指在"物"的流动过程中由于"物"的空间转换所产生的效益。供给者与需求者之间往往处于不同的空间,也就是说,供给者与需求者所处的空间位置不同,物从供给者到需求者之间有一段空间差,由改变位置创造的价值称作空间价值。运输承担了改变空间状态的主要任务,实现"物"的空间位移。运输再配以搬运、配送等活动,就能圆满完成改变空间状态的全部任务。

从供给方的角度来看,空间效益就是"物"从供应源到需求源的空间转移进程中给供给方带来的收益的差额,如产品在A地的销售价格高于B地销售价格所带来的收益、C地的原材料价格低于D地原材料价格所带来的收益等,以及通过物流环节得以实现的新市场的开发而获得的收益。从需求方的角度来看,空间效益则是由于"物"的空间转移所带来的效用满足或者消费者剩余的增加。效用满足是指某地短缺的商品通过位移满足了用户的需求而产生的效用,实现了商品的"从无到有"的功效。

以假发行业为例:从全球假发制品行业的消费趋势看,北美是全球发制品最大的消费市场。美国是世界著名的发成品批发市场和消费市场,发制品消费群体大,一直是发制品的热点消费市场,经营规模全球第一,佩戴习惯早已渗透到不同肤色、阶层和年龄阶段人群。

产品主要来自中国内地、印度尼西亚、中国香港、意大利、加拿大等国家和地区。而从人种特点方面分析,黑人原生发鬈曲、贴头皮、不易长长,不佩戴发制品很难区分性别,出于这一功能性需求,黑人女性只要经济条件允许,即从少年时期佩戴发制品;黑人男性也喜欢通过发制品追求形象个性化,发制品的消费欲望也远高于其他人种男性。

非洲黑人人口较多,这些自然特性将使非洲成为全球发制品需求增长最快的市场。亚洲发制品行业消费情况不到全球消费总额的20%,尽管亚洲是发制品生产中心,但其80%~90%的发制品用于出口。

河南瑞贝卡发制品股份有限公司正是看到这样的国际市场需求状况,大力开发海外市场,2014年上半年营业收入中,超过84%,共计1 552万元,来自海外市场,这部分货物都需要依赖物流服务实现其价值。

在这一过程中,从瑞贝卡公司的角度来看,将发制品从国内运输到国外,能够得到高于国内的价格,还从开发远远大于国内的市场机会中获得收益;对于美洲和欧洲的消费者,来自中国的发制品价格低于韩国和其本地产品价格,消费者剩余增加,对于非洲的消费者,则可购买到本地无法生产的优质产品,体验了"从无到有"的效用,这些都是借助物流而产生的空间效益。

二、物流空间效益的内容

物流的空间效益伴随着"物"的实体流动得以实现,内容十分丰富。从"物"的流动方向与流动过程来看,可以从四个方面来理解空间效益的具体内容,即基于分散生产所创造的空间效益、基于集中生产所创造的空间效益、基于中间集散所创造的空间效益以及基于弥合生产需求分散所创造的空间效益。

1. 基于分散生产所创造的空间效益

由于受到自然条件、产品生产方式、产品技术经济特征以及社会分工深化等因素的影响,现实中还广泛存在分散生产的情况。这种生产方式需要完善的物流体系的支撑,能够使与之相关的"物"实现顺利流动。

分散生产的情形在现实中有很多。例如:粮食生产是在一亩地一亩地分散生产出来的,而且也必然是在适宜的耕地上分散进行的。这是由粮食生产的技术经济特征和自然条件的不同所决定的,不可能出现将其他的土壤、化肥、种子等集中于某一块地进行集中生产的情况。

例如2021年全国粮食总产量13 657亿斤,分布在17.64亿亩的粮食播种面积上。然而相对于粮食的生产,其需求地却显得集中得多,大城市居民、酒类酿造企业、饲料加工企业等对粮食的需求相对大规模集中。

以酿酒企业对粮食的需求为例,按照2021年我国白酒的产量,假若换算成500毫升一瓶的白酒产品,大约是14万亿瓶白酒。按照一斤粮食大约能造出半斤50°以上的白酒计算,相当于耗费近300亿斤的粮食,而酿酒企业相对于耕地的集中度要大得多。再如,一个大汽车生产系统的零配件通常也是典型的分散生产方式,往往一个大汽车厂的零配件生产协作厂家成百上千,地域分布相当分散,各个零件协作生产厂家在当地生产某一零部件,最后集中在一个集装厂进行装配,这是由汽车制造的技术经济特征决定的。

在这一过程中,物流活动需要克服原材料、零配件等生产投入品的分散生产和需求地的相对集中之间的矛盾,将其配置到所需的企业和地方,实现生产和生活所需的各种物资的顺利流动,创造空间效益。

2. 基于集中生产所创造的空间效益

由于资源、分工和需求等的差异,随着时间的推移,各个区域的区域特征日益显现,各区域间在经济大系统中的功能分工出现异化。综合考虑人力、资源、基础设施等生产要素的差异,其中必然会出现较之其他地区更适合生产某种产品、具有比较优势的地区。要充分利用这种比较优势,生产出特定产品,就需要相关的原材料、资本、信息、人力、管理等生产要素不断从其他地区流入,形成产业集聚区。

在此过程中,构建和维持产业集聚区的各种生产要素需要通过物流的运输、搬运装卸、储存、流通加工、信息管理等环节得以集中,同时集聚区的产品需要通过物流环节流向各个需求地。由此而产生的效益就是物流基于集中生产所创造的空间效益。

如基于资源优势形成的集中生产,中东地区约占世界 2/3 的石油储量及 2/5 的天然气储量,是全球的一座大"油库",石油的可采储量占全球的 80%,大量的原油出口到世界各地。基于大规模的生产以提高生产效率,降低成本,享受产业集聚效益的产业集聚区——美国硅谷,其中约 60% 的企业是以信息为主的集研究开发和生产销售为一体的实业公司,约 40% 是为研究开发、生产销售提供各种配套服务的第三产业公司,包括金融、风险投资等公司。这些企业在此聚集,形成了一个互相支撑、彼此关联的产业群,形成了巨大的竞争力和经济效益。而其产品需求市场却相对分散,据称,2021 年中国苹果手机产量约占全球九成,只郑州富士康约承担了八成 iPhone 14 的产能。如此集中出产的手机产品都需要通过物流流向一个个分散的个人消费者手中。这种物流通过各作业环节将产品从集中生产地转移到分散的需求地的过程中创造了空间效益。

3. 基于中间集散所创造的空间效益

社会分工的深入和细化,使得生产环节变得越来越繁多,需要资源、能源、人力等经济要素的频繁流动予以支持。由于消费者对"物美价廉"的追求和生产者对利润的追求,再加上信息不对称的影响,会大大增加交易成本。如果需要的产品种类繁多,那么所产生的流通成本可能会超出交易本身所带来的收益。通过中间集散地的方式,在众多供应者和消费者之间加入一个中转环节,可以大大降低流通成本,提高流通效率。

中间集散地就是在市场交易的过程中,为了解决信息不对称带来的交易双方交易的困难,而出现的不以最终消费为目的,而是主要以中间集散为目的的集中交易市场(也可能包括一部分最终消费,但不占主要部分,这也是中间集散地区别于一般的市场的重要特征)。

中间集散地的功能是为交易双方提供一个中间交易的平台,集中交易双方的需求,促使交易信息在平台上得到较好的流动与利用,避免交易双方在寻求交易对象的过程中由于信息的不对称而发生的额外费用,从而降低商品的交易成本。如农产品交易市场、贵金属交易市场和各类规模各异的商贸中心等就是常见的商品集散地。

在产品供给地和需求地之间存在中间集散地的情况下,产品需要由集中或分散的原产地首先集中到集散地,再由中间集散地流向实际需求地,产品集和散的过程中,都需要物流来实现产品的实体移动,从而实现资源的合理配置,创造了空间效益。

4. 基于弥合生产需求分散所创造的空间效益

现代社会中生产与需求的空间差十分普遍,而现在消费者对商品的需求也日益多样化。除了大生产决定的供应分散之外,自然地理、产业集群和社会发展因素等也造就了产品生产的分散。例如,南方生产的荔枝、桂圆等水果在全国都有广泛的市场;农村生产的粮食、蔬菜也被运输到远方的城市消费;东北大米、木耳等特产被端上了南方消费者的饭桌等。现代人每天消费的物品几乎都是相隔一定距离甚至十分遥远的地方生产的。生产与消费的关系由过去的一对一、一对多或多对一,变成多对多的关系。

每种商品的生产者面临众多的消费者,每种商品的消费者也面临着对众多生产者所生产产品的选择。这么复杂交错的供给与需求的空间差都是依靠物流来弥合的,物流也从中取得了利益。这就是物流这种经济活动创造的空间效益。

三、物流空间效益产生的原因

运输的作用是将商品使用价值进行空间移动,物流系统依靠运输作业克服商品生产地和需要地点的空间距离,创造了商品的空间效益,所以运输和配送环节是物流创造空间效益的直接来源。而物流创造空间效益的主要原因是供给和需求之间的空间差,这是由现代社会产业结构、社会分工所决定的。商品在不同地理位置会有不同的价值,通过物流将商品由低价值地区转移到高价值地区,便可由不同空间的价值差获得利益,即取得了价值。

物流创造空间效益的前提是产品供需地间存在差异,需要借助物流完成产品由供给地向需求地的实体流通以完成产品价值和使用价值的实现。产品供需地之间的差异主要源于两类原因。

1. 客观动因

基于自然资源形成的原产地产品,比如中东的石油、巴西和哥伦比亚的咖啡、中国的丝绸、科特迪瓦的黄金、秘鲁的白银、玻利维亚的盐湖等这些都是基于自然资源的客观动因形成的原产地产品,和消费者天然存在地区差异。

另外，由于长期形成的产业发展惯性，比如瑞士的钟表、荷兰的瑞贝卡发制品、巴黎的时装等，都是由于长期产业发展的惯性而形成的产品，其原产地也和遍布全球的消费者存在地区差异。这种需要物流服务克服基于自然资源和产业发展惯性形成的产品供求地间的差异而创造的空间效益，应将其归类为物流创造空间效益的客观动因。

2. 主观动因

在人类经济活动过程中，出于交易便利、降低交易成本和需求分散等方面的考虑，必然要求经济活动在一定区域内集中。进入 21 世纪以后，经济全球化进程加快，市场范围不断扩大，社会分工日益深化和细化，企业的采购、生产与销售日益国际化，市场需求也越来越分散，再加上资本逐利性的驱使，要求企业在全球范围内寻求资源的最优配置，如将产品设计环节布局在科技发达、高校密集的发达国家，产品生产环节布局在劳动力成本低廉的欠发达国家，以降低企业整体成本。

人类主观意识的资本逐利性会驱动经济资源在区域间的合理流动，形成新的国际分工和世界产业格局，从而不断出现新的产品供给地和需求地的差异，或拉大了物品供应地与消费地之间的空间距离和地域范围，由此需要通过物流服务完成产品在供求地之间的流动，本书将其归类为物流创造空间效益的主观动因。

第二节 物流空间效益的度量

一、物流空间价值相关的收益

物流的空间效益是"物"实现空间转换前后给供给方带来的收益的差额，它直接来源于实现"物"的空间转换所产生的相关收益大于所发生的相关成本费用的部分。因此，度量空间效益的关键就是对实现"物"的空间转换所产生的相关收益和所发生的相关成本费用的考察，两者的差额就是空间效益。

与空间价值相关的收益可以从两个方面加以考察，即收益的显性部分与隐性部分。显性部分是产品在异地实现的销售收入，可以用 I_x 表示。这部分主要受商品的销售量、市场的空间位置及相关市场环境等因素的影响。收益的隐性部分是指因产品空间转换而给供给方带来的、不容易直接计量的那部分收益。

例如：借助物流服务体系的连接使供给方的销售渠道得到拓展，营销网络进一步完善，市场范围不断扩大，能够在更大的市场空间内搜寻获利机会或者合作伙伴等。这些无疑都将给供给方带来潜在的收益，有时这一潜在收益还很大。

虽然这部分收益不容易计量，因为它可能是诸多因素共同作用的结果，很难将产品空间转换的因素单独剥离开来，但是这部分收益显然又是对供给方十分有诱惑力，企业应该给予足够的关注。在计量的过程中，可以依据实践经验，或者通过与供给方的协商来量化收益的隐性部分,也可以通过专家打分确定一个权数赋予 I_x 加以量化,用 I_y 表示。

二、与物流空间效益相关的成本

与物流空间效益相关的成本费用就是在借助物流服务实现产品空间转换、创造空间效益过程中所发生的一切成本损耗。

1. 机会成本

由于产品实现空间转换,流向异地以较高的价格进行交易,从而丧失了在当地或者原交易地以原有价格进行交易的机会。从经济学意义上来说,这其中包含了产品的机会成本,可以归于空间效益的成本部分,用 $C_{机}$ 表示。

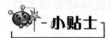

机 会 成 本

机会成本是指为了得到某种东西而所要放弃另一些东西的最大价值;也可以理解为在面临多方案择一决策时,被舍弃的选项中的最高价值者是本次决策的机会成本;还指厂商把相同的生产要素投入到其他行业当中去可以获得的最高收益。

机会成本泛指一切在作出选择后其中一个最大的损失。机会成本会随付出的代价改变而作出改变,例如被舍弃掉的选项之喜爱程度或价值作出改变时,而得到的价值是不会令机会成本改变的。

2. 流动成本

为实现产品空间转换所进行的物流活动需要投入人力、物力、财力,这会发生一定的成本消耗,它与物流服务的品质相对应。物流活动的成本消耗主要是在运输、包装、搬运装卸过程中发生的相关的人、财、物的投入,其成本构成可以表示如下:

$$C_{流} = C_{人} + C_{物} + C_{资}$$

式中:$C_{流}$——物流活动的总成本;

$C_{人}$——物流活动发生的人力成本(包括作业人员的工资、福利、奖金等);

$C_{物}$——物流活动耗费的物料成本(包括燃料的消耗、包装材料的投入等);

$C_{资}$——物流活动投入的资金成本(包括资金的投入及其占用成本等)。

国内外亦有相关研究理论将上述成本称为流动成本,即为了实现物从供应地向消费地流动的成本。

3. 时间成本

物流活动实现期间还会发生一定的时间成本。在物流创造"物"的空间效益过程中,用以消除空间差异的活动必然消耗一定的额外时间,从而相对于本地或原交易地交易而言,由于物流作业环节的存在,使产品交易延迟,"物"的价值不能立即实现。而在这段时期内所发生的产品占用资金的机会成本以及包括货物潜在损失在内的其他成本等就是与空间效益创造相关的时间成本,其成本构成可以表示如下:

$$C_{时} = C'_{资} + C_{潜}$$

式中:$C_{时}$——时间成本;

$C'_{资}$——产品占用资金的机会成本;

$C_{潜}$——包括货物潜在损失在内的其他相关时间成本。

需要指出的是,上述时间成本与$C_{流}$不一样,它不是由物流服务提供商承担,而是由货物供应方(即物流服务购买者)来承担。因此,当物流服务提供商所承担业务为外协物流时,物流的时间成本往往被忽略。但是对自营物流和具有远见并能与客户共享利益的物流服务提供商来说,时间成本是企业进行物流服务选择决策中一个必须考虑的因素。

物流企业在对相关收益与成本进行计量的基础上,物流空间效益可以用下面的公式最终加以度量。

$$V_{空} = I_{显} + I_{隐} - C_{机} - C_{流} - C_{时}$$

式中:$V_{空}$——物流空间效益;

$I_{显}$——产品在异地销售的收入;

$I_{隐}$——无法用量化指标衡量的收益;

$C_{机}$——机会成本。

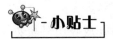

时间成本

时间成本准确地说,叫"货币时间价值",是指一定量资金在不同时点上的价值量产差额。众所周知,在商品经济条件下,即使不存在通货膨胀,等量资金在不同时点上价值量也不相等,今天的1元和将来的1元不等值,前者要比后者的经济价值大。资金在使用过程中随时间的推移而发生的增值,即为资金的时间价值。

第三节 物流空间效益的实现方式及方法

物流空间效益是指改变"物"从供给者到需求者场所存在位置所创造的价值。由于不同区域的商品有不同的价值,集中生产地区通过专业化、规模化生产,提高生产率,可以以较低的成本生产较多的产品,然后再通过物流活动将商品由低价值区转运到布局分散的高价值区销售,即可获得相应的价值差。物流企业就是要为物流服务的需求方创造更大的空间效益,以此来不断拓展自己的业务空间与获利空间。

空间效益的实现方式要解决的是以什么方式、通过什么途径来为物流服务需求方创造更大的空间效益的问题，这是物流企业的主要职能之一。运输、配送等是实现空间效益的主要活动，高效地对这些物流活动进行安排和规划，是提升空间效益、成功拓展业务的根本落脚点，也是物流企业实现持续经营的基本保障。从系统的角度看，单一物流活动的优化离不开对整个物流系统乃至整条供应链的通盘考虑。因此在对其进行优化的时候，要综合考虑各方面因素。

一、采购优化

采购优化包括两方面的内容，即采购点的优化与采购批量的优化。

1. 采购点的优化

一般说来，物流空间效益的创造过程直接表现为不同区域间经济资源的流动以及与之伴随的经济利益的产生，而流动的起点就是采购。企业所采购的产品一般地理分布较广，因此工商企业对采购点的布局、规模、数量等将直接影响到企业的成本控制、生产运作以及最终利润，是空间优化应该关注的重要方面。

采购点的优化既可以立足于自身进行优化，也可以通过与专业物流公司的合作，对采购点进行广泛深入的优化。采购点距企业的距离、采购数量及产品运输方式等是采购点优化的主要考虑因素。除此之外，采购点的选择涉及法律、法规、地区发展规划、企业自身物流业务种类、可选采购点的物流设施限制、交通环境因素、自然条件等诸多因素，但最后归结到一点：采购点优化的标准就是采购点的综合经济性。

在对采购点进行优化的时候需要注意劳动力资源。例如，我国经济开放吸引外资办厂的一个重要原因就在于：与发达国家相比廉价的劳动力资源，在弥补了增加的物流运输成本和劳动力成本后，在中国投资建厂还可以获得的利润。这正是优化劳动力资源的采购点为生产企业带来的物流空间效益。

2. 采购批量的优化

供应商经常采用批发折扣的方式鼓励需求者大批量购买，即采购量越大，就可以享受越低的购买价格。这是因为大批量采购可以使供应商获得规模效益，从而降低成本。比如：法国的家乐福公司曾经在很长一段时间都是实行分散采购，由于其单店规模巨大，同样也有效。但完全分散采购的最大弊端在于不能发挥规模采购的优势，不利于压低价格，不利于控制采购，因此就连家乐福这样的超市公司也逐渐向集中采购模式转变。

对于购买者来说，大批量采购可以获得较低的价格、降低运输成本和交易成本，但是同时意味着增加了仓储成本和库存资金持有成本。因此，就存在一个使采购成本、运输成本、交易成本、仓储成本和库存持有成本五部分总和达到最低的采购批量，确立这个合理的采购批量可以有效降低企业成本，增加企业的物流空间效益。

二、优化交易环节

在获取空间效益的过程中,必然会伴随着商品的转移。这种转移一般不会完全由一个企业来完成,而是由多个企业分别负责其中某一个或某几个环节。从经济效益的角度看,冗余的交易环节阻碍了流通效率,增加流通成本的同时,也是对资源的浪费。通过对交易环节的精简和优化,可以提高交易效率,提高流通环节的增值度,为企业带来可观的效益。

优化空间交易环节的途径可通过减少交易环节、交易环节一体化等途径来获取,典型的如企业间的标准互认,海关的报关、检疫、通关一体化等。

三、优化网络

1. 企业物流网络的优化方法

(1) 静态设施选址模型

基本设施选址模型是静态模型,这类模型假设厂商产量和顾客需求都是固定不变的,也就是说只考虑单期问题。一般来说,此类模型主要是单目标模型,最优化目标是成本最低,此外也有不少多目标模型,在成本目标之外还考虑了顾客满意度、供应链柔性等问题。

虽然静态设施选址模型已经取得了丰硕的成果,但是在当今社会快速变化的市场条件下,动态模型更加具有实际意义。动态设施选址模型中的决策问题包括了设施的扩张、建设与关闭的时间安排,追求在满足客户需求的同时使得物流费用最低。

(2) 运输路径的优化

根据时间相关和最小费用的原则选择最合适的运输路径,同时,为了简化问题的分析,在研究最小费用原则下最优路径选择的问题时,涉及的费用主要有人员工资、燃油费、轮胎费和过路费。时间相关的运输网络最优路径问题其实是一个多目标最优路径问题,此类问题的一般处理方式是把多目标转化成单目标去求解。

针对目前我国物流行业存在的问题,可以通过学习国外先进的物流管理理念,并加以创新,找到解决问题的最好的方法,制定出具体方案在国内实施,提高我国物流行业的整体水平,壮大我国经济实力,使我国的国际地位得到进一步提升。

2. 优化网络的意义

(1) 企业可以以较低的成本采购最合适的原材料

网络体系(即渠道,包括采购、营销、服务网络等)是现代市场竞争中至关重要的因素之一,成为企业市场竞争中依赖的重要条件之一。依托广泛、扎实的采购网络,企业能以较低的成本,采购最合适的原材料。通过广泛的营销网络,企业可以最大限度地以合理价位销售产品;而良好的服务网络可以为企业赢得良好的信誉,对于增强客户满意度、产品美誉度具有重要作用。

（2）有利于企业的成长和发展

网络的畅通和运行效率对企业经营具有重要意义。良好的网络体系有利于企业的成长，因而有人提出"网络为王"的口号。一方面，通过物流、资金流和信息流畅通的网络体系，企业可以在最大范围内控制成本，提升经营效益。但是网络并非越广越好、越深越好。庞大网络的维护运营需要庞大的开支费用。另一方面，营销网络过广、过深，也会带来管理与控制上的问题，网络的失控将会给企业带来灾难性的后果。如果企业对网络的掌控能力不够，就会使得网络中各环节逐渐分离，最终影响企业的发展。

（3）有利于抵制竞争者

网络的铺建是一个漫长的过程，对于一些行业的新进入者，在人员、管理、资金上都会存在较大压力。随着竞争日益激烈，网络渠道的延伸和控制逐渐成竞争的着眼点。因此，如何优化网络，用最低的成本、最优的网络完成对企业运作的支持也成为创造空间效益的一个源泉。

（4）有利于现有网络体系的撤并、扩建与合作利用

网络体系的优化包括对现有网络体系的撤并、扩建与合作利用等。从物流角度看，网络可以理解为一张流动着商品、信息、服务内容的网，网络的变动是"牵一发而动全身"，某个点的变动会影响整个系统的稳定。因此，对网络的优化应慎重，坚持"平稳、安全、有利"的原则。此外，通过利用合作方现有网络以附加新的内容来进行合作，是省时省力的方式，成为众多跨国公司的市场竞争选择。

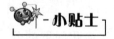

互联网让物流变得更"聪明"

物流的过程，是社会产成品从厂商转移到消费者的过程，互联网改变的不仅是物流的"动"，更重要的在于如何"少动"甚至"不动"，这背后是商品流通体系潜移默化的转型升级。首先，智能分仓技术将改变现有物流模式，做到货物"不动"数据"动"，大幅提高物流效率，降低物流成本。大数据预测将指导商家进行库存前置，包括品类、规模、地域，以成本最低的方式提前运输到消费地，待消费者下单后，再从最近的电商仓储完成最后一公里配送，做到"订单未下，物流先行"。

其次，互联网带来产业布局、城镇化的改变。C2B模式、淘工厂等新事物的出现，标志着由消费者驱动的个性化制造正在崛起。近两年，全国出现了200多个淘宝村、19个淘宝镇，培育了大量的网商、服务商，带动了当地制造业的兴起，吸纳了周边大量劳动力就业，形成了新的产业聚集、新型的城镇化，也标志着工业经济下，大零售、大生产为基础的产业布局正在改变。

最后，互联网带来三四线城市、农村消费的变化，扩大了物流覆盖半径和纵深。电子

商务缩小了城乡差距,使农村用户在网上也可以买到与大城市居民同样的商品、快递送到家门口。互联网带来生产、消费、物流的改变会构筑新的商业流通体系。

复习思考

1. 物流空间效益产生的原因是什么?
2. 物流空间效益的内容有哪些?
3. 空间效益的实现方式有哪些?
4. 简述优化物流路径的原则。
5. 简述企业物流网络优化的意义。
6. 与空间效益相关的成本费用有哪些?

案例分析

中国石油企业间集中采购

2014年10月29日,中国石油物资公司与中石油云南石化有限公司在北京签署《招标、采购、运输代理框架服务协议》。这是中国石油所属企业间第一个物资采购一体化服务协议,也是集团公司进一步启动集中采购工作的重要举措。

一体化、全流程物资采购服务主要是指采购人制订采购计划后,由被委托人负责按照采购计划进行招标、签约、物流等相关服务,最终把物资在指定地点交付采购人。在整个过程中,采购人只需要适时监督管理,采购过程的业务衔接大部分在被委托人内部,流程规范清晰,可以做到无缝衔接,传递速度快,将大大提高供应链的效率。一体化、全流程物资采购服务有利于企业节约采购成本,提高采购效率,规避采购风险,是国际化、现代化大公司物资采购工作的发展方向。

为实现物资采购的一体化、全流程服务,近年来,物资公司加大"采购中心、招标中心、境外采购中心、仓储物流中心"打造力度。在推进招标中心建设方面,物资公司以专业化、规范化为导向,不断提升工作水平,被中国招标投标协会和中国国际招标网评选为5A级诚信招标代理机构和"2013年度十大诚信招标代理机构";在推进采购中心建设方面,以扩面增量为中心,不断增强集团公司授权集中采购的主力军排头兵地位,并有序开展直接采购业务,保障用户企业物资需要;在境外采购中心建设方面,以建立全球统一的采购平台为目标,牵头协调推进集团公司境外项目物资采购工作;在仓储物流中心建设方面,以重点工程建设项目为重点,有序推进境内外仓储物流服务,强化集中储备管理、集采业务支持与交易管理以及供应商动态管理。

按照中国石油优化资源配置、加大集中采购工作力度的部署,物资公司将进一步发挥在招标、采购、物流和现场服务等方面的优势,不断强化与集团公司各所属企业的沟通融合,大力推进一体化、全流程服务,持续推动"四个中心"建设,为集团公司打造国际一流能源企业做出新贡献。

资料来源:张舒雅,薄颖.中国石油企业间首个物资采购一体化服务协议签署.http://news.cnpc.com.cn/system/2014/11/03/001514406.shtml,2014-11-03.[2021-12-20]

问题思考:

1. 中国石油天然气集团公司是如何进行采购优化的?
2. 企业间集中采购如何体现物流空间效益?

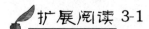

西部电商发展的短板——冷链物流

扩展阅读

第四章

物流的时间效益分析

学习导航

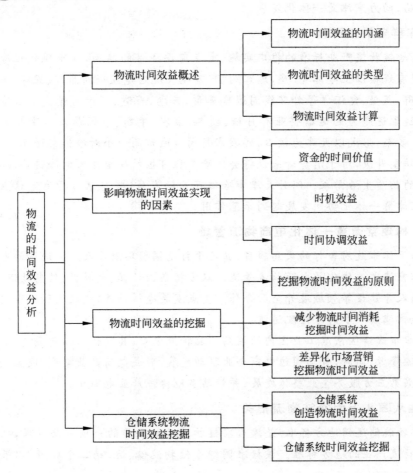

> **知识目标**
>
> 1. 理解物流时间效益的内涵；
> 2. 掌握物流创造时间效益的类型并了解其计算方法；
> 3. 掌握仓储系统与物流时间效益之间的关系。

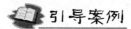

京津冀实施物流标准化 天津打造冷链物流大本营

建立冷库集群，构建"菜鸟"集中营……2015年，商务部、财政部、国家标准委在天津、石家庄、唐山开展了物流标准化试点，天津冷链物流产业借此次试点契机，打造京津冀冷链物流配送新格局，助力京津冀一体化发展。

1. 三大冷库群辐射京津冀

据了解，随着冷链物流产业标准的推广实施、重点建设项目的启动，本市现代化冷库建设正在加快，现有规模以上冷库43座，库容约76万吨。规划建设一洲鼎鲜、五洋、中渔等中心渔港冷库群，蓝玺、鑫汇洋等外环线周边冷库群，三惠、百肯、环渤海等武清区冷库群。培育具有冷链配送能力的运输企业有月坛、顺丰、康农、康新、中恒鼎森等十几家企业，配送网点650多个，形成以天津为核心，辐射京冀周边城市的一小时冷链配送体系。

冷链产业的转型升级，对于消费者来说将会体验全程可控的安全生鲜的冷链商品，满足人们不断提高的物质生活需求。同时天津市冷链产业的发展，将与京冀两省市试点工作同步进行，对京津冀一体化协同发展起到示范作用。

2. "菜鸟"构建京津冀一体化电商物流营地

据悉，阿里与天津市政府合作的菜鸟项目，立足于打造辐射环渤海及北方地区的电商产业城，构建支撑京津冀一体化的电商物流营地。双方将在云计算、大数据、信息物流、跨境电子商务、电商人才建设等领域展开全面合作。重点发展冷链物流，建设区域性冷链物流配送中心，打造京津冀一小时冷链配送链。

目前位于天津市武清区京滨工业园内的菜鸟华北物流中心，其定位为以仓聚货，不仅要整合社会化物流资源，同时，带动周边电商企业联动发展，形成电商产业集群，促生一批围绕该平台的新兴第三方服务企业整体发展，并带动当地传统产业电商化。

3. 地方标准从源头上为冷链物流把关

《天津市冷链物流储运销地方标准》是津台准链物流产业合作的一项重要成果，也是我国第一部冷链物流产业的地方标准。该标准围绕冷链物流储、运、销三个环节，以果蔬品、水产品、畜禽肉品、加工食品为主要冷链管理目标，以安全、卫生、秩序为主要要求，面向关键作业环节，规范了冷链物流主要硬件标准，包括节能高效多温层冷库标准、车辆载体要求标准、保鲜容器应用标准；冷链物流作业规范与标准作业流程，包括生产、储存、运输、销售、加工、检验检疫等环节。

资料来源：中国物流与采购联合会. http://www.chinawuliu.com.cn/xsyj/201509/28/305592.shtml, 2015-09-28. [2021-12-20]

引例思考：
1. 物流标准化是如何挖掘物流中的时间效益的？
2. 讨论中国物流标准化的现状。

第一节 物流时间效益概述

随着经济的发展、科技的进步，人们的时间观念也越来越强，生活节奏越来越快。现代物流强调的是5R，即right time（适时）、right place（适地）、right quality（适质）、right quantity（适量）、right price（适价）。其中首先强调的就是适时。时间在物流活动各个环节中是一个极其关键的控制因素，直接影响到整个价值创造系统运行的效率。本节对时间效益进行一般性的介绍，使读者对时间效益有个概括的了解。

一、物流时间效益的内涵

时间效益，从形式上看，是通过调整事物的运行时间，包括延长和缩短时长和把握时机，从而形成的效益；从构成实质上看，包括缩短时长以提高资金使用效率和把握时机抓住商机获得增量效益。物流过程中实物由供应地到消费地的实体流通过程必然存在一段时间，期间不仅是时间的变化，还有为完成这一位移过程而占用和消耗的各种资源，包括人力资源消耗、原材料消耗、固定资产消耗、库存资金占用和其他流通资金消耗及占用等。

物流时间效益形式上表现为物品经过物流过程后获得的收入减去在此过程中消耗的各类资源的成本总和，所以追求物流时间效益的提升不是单独追求物流过程中某一个单独的变量的变化，而是要合理安排物流过程的时间及期间发生的作业活动，以提升相关收入，控制及减少各项资源消耗和支出。简单地说，物流时间效益是指"物"（物流商品）从供给者到需求者之间存在时间差，由改变这一时间差所创造的价值。

物流时间效益形成的根本原因是通过把握最佳的物流时机实现最佳的整体效益。在网络化、专业化、信息化、正确的服务理念等条件的支撑下，物流企业比工商企业在把握物流时机方面具有明显的优势，这也是物流企业挖掘时间效益的前提条件。时间效益是物流企业赖以生存和发展的重要利益源之一。

物流系统功能整合的基本目标之一就是能协调物流各环节，以减少各环节衔接时的空隙,实现无缝连接。在实践中许多物流服务如多式联运、协调运输和仓储的关系以及配送的协调与合作等,都是以缩短物流过程、提高物流整体效率、为客户带来更高价值为基本目标的。

二、物流时间效益的类型

从物流时间效益获取的基本方式上对其进行分类,主要包括以下几种。

1. 弥补时间差创造的效益

供给与需求之间存在时间差,可以说这是一种普遍的客观存在。许多商品的生产有严格的季节性和周期性,而消费者对这些商品的需求却未必仅在商品的产出时间。如粮食,粮食秋季集中产出,但人们对粮食的消费是一整年时间。这种集中产出所形成的供给和分散的需求必然会出现时间差。

与之相反,羽绒服生产企业一整年生产的产品却集中在北方的冬季销售,这种分散、持续产出和集中需求之间也必然存在时间差,类似情况不胜枚举。即使生产和消费几乎同步的物品也会因为克服空间矛盾进行必要的运输而形成时间差。

正是有了这些时间差,商品才能取得自身最高价值,才能获得十分理想的效益,才能起到"平丰歉"的作用。但是商品本身是不会自动弥合这个时间差的,如果没有有效的方法,集中生产出的商品除了当时的少量消耗外,就会损坏掉,丧失其使用价值。而在非产出时间,人们又会寻求该商品。物流便是以科学的、系统的方法弥补,以实现其"时间价值"。

物品在从生产部门到消费者的流通过程中存在一段时间的静止状态通常是必需的,通过储存期间的保管养护,可以保持物流的使用价值不被损害,这是商品价值实现的基础,同时也是衔接几种运输方式时必需的阶段。克服商品生产与消费在时间上的差异,创造物资的时间效用,以保证流通和生产的顺利进行。这就是物流弥补时间差创造出的时间效益。

2. 缩短时间创造的效益

据英国的一项研究表明,在制造领域,物流时间几乎占到整个产品从生产到消费时间的 95%。这一方面说明在制造领域物流时间的重要性;但另一方面,也说明了物流过程具有巨大的优化空间。通过优化物流时间,可能会给企业带来巨大的利益,从而确立竞争优势。

在现代生产条件下,市场竞争日趋激烈,各个生产厂商面临着众多竞争对手,各企业技术水平、组织方式的水平在一定时间内大致在同一水平上,因此,要提高资金利润率,对于企业来说绝非易事。但是,提高资本周转率却可以通过缩短物流时间来获得。

企业通过控制和压缩物流非增值时间,缩短没必要的物品静止时间,并通过优化减少物品在途时间,甚至实现无滞留时间,同时配合减少库存,实现无产成品积压、提高操作人员的积极性,对企业流程从采购、生产到销售、配送全程实现优化,可实现提高资本周转率,提高资金利润率,进而提高企业整体效益,这就是缩短物流时间创造的效益。

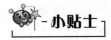

作业无纸化,通关进入"秒速时代"

通关作业无纸化是指海关以企业分类管理和风险分析为基础,按照风险等级对进出口货物实施分类,运用信息技术对企业联网申报的报关单及随附单证的电子数据进行审核、征税、验放的通关作业方式。

2013年9月秦皇岛口岸将通关无纸化改革试点放开到所有通关的海关管理类别为B类(指海关在企业分类管理中,适用于常规管理措施的企业)及以上企业。试点工作放开以来,通关环境取得明显改善:签约实行通关无纸化的本地企业数量由原有的10家扩大到目前的160家;通关时间由原来的几小时缩短至十几秒;进出口企业和报关行不再需要往返于海关业务现场和监管场所报关,节省了大量人力和时间成本,货物通关真正步入"秒速时代"。

3. 延长时间差创造的效益

在经济一体化和强调速度、效率的经济社会中,物流遵循"加速物流速度,缩短物流时间"这一规律,以尽量缩小物流时间间隔来创造效益,尤其在电子商务物流中,争分夺秒更是常见的商家竞争手段。但在某些具体的物流作业中也存在着人为的、能动的延长物流时间来创造效益,这是因为通过延迟物流时间,使得商品能在更好的时点上获得更高的市场价值,也即为了把握更好的商机,人为延长物流的时间。这种利用时间差来创造时间效益的方法成为物流服务的又一效益创造手段。

通过延长时间差来创造时间效益现象的存在,一方面,是由于产品生产的特征和自然条件、生产方式等的限制,造成生产与消费之间存在时间差所致。这种现象在农产品中最为典型。例如:粮食只能集中一两个月产出,而粮食的消费是全年的每一天都有需求。这种时间差是由产品生产的技术经济特征决定的,在现有科学技术条件下不可能通过即时生产、配送来消除,这种情况下需要采取专门的储存手段,人为延长农产品储存时间,供给和需求的时间差因此增加。另一方面,是在市场经济环境下,商家出于对未来市场形势的判断,有意识在物流过程中,囤积某种物品,延长储存时间,以期在最好的市场机会中销售,获得更好的收益。比如一些产品供过于求时,在市场规律"无形的手"的调节下,势必引起价格的下降,使得同样的产品收益大大减少。而假如通过仓储等物流活动做针对性的存储,当出现供不应求的情况,在市场规律的调解下,产品的价格势必上涨,企业因此获得更多的效益。

4. 错位时间效益

错位时间效益的创造是建立在市场调节的基础之上的，遵循市场"无形的手"的调节规律，利用供需之间的不平衡时机，通过相应的物流活动，努力塑造时间效益。其基本思路就是在市场竞争中采取"人无我有，人有我优"的竞争策略，使得自己的产品在市场上总是处于供不应求的状态，以求得较好的经济效益。这种思想在一些季节性的农产品中应用得尤为广泛，如蔬菜的"抢早市"、日本鱼市的早拍卖等。

一般来说，早上市的蔬菜比晚上市的蔬菜实现的效益高。早上市的蔬菜与晚上市的蔬菜价值应该一样，但是获得的实现价值，即生产者取得的经济效益，显然有很大的差别。微观经济组织关注的就是这种能够流入经济组织内的经济效益，这点对于企业来说尤为重要。通过物流活动，人为地争取物流时间差，可以创造这种错位时间效益。这种经济效益仅仅通过相关的物流活动就可以获得较高的效益，是值得探讨的一种时间效益。

5. JIT 效益

随着科学技术的进步，一些先进的生产技术、管理理念被引入生产领域，进而影响到物流领域。JIT(Just-in-Time)物流管理于 20 世纪 50 年代首创于日本丰田汽车公司，1972 年后被广泛应用于日本汽车和电子工业。准时制物流是伴随制造业准时生产而产生的，随着准时生产的发展与普及，准时制物流得到了迅速发展和广泛应用。它的运作特征是"为生产数量和质量都适当的产品，在适当的时间，将适当种类和数量的原材料送达适当的生产地点"。

JIT 物流是精益思想的表现，是一组活动的集合，其目的在于原材料、中间制成品及产成品保持最小库存的情况下，能保持连续、高节奏的大批量生产。零件从上道工序准时到达下道工序，并被下道工序迅速加工和转移。"准时制"是基于任何工序只在需要时才生产必要制品的逻辑。

JIT 理念就是在整个物流系统活动之间寻求一个有效的平衡，强调的是无缝连接。其原则是并不严格要求供应原材料时间最短或者运输费用最省，只是强调整个系统的平衡、无缝连接，整个系统最优化。在此种理念的指导下，仓储系统不追求完全的零缺货成本或完全的零库存成本，放下这种负担后，可以大幅度降低仓储水平；运输系统也是不要求片面地追求满载运输、回程实载等，在特定的条件下，适当地进行迂回运输、重复运输，显得必要和经济，这种经济带来的是总体效益的最优化。

基于 JIT 的思想而采取的物流措施，在保障生产和经营按序进行的前提下，还减少了整个生产链和供应链中不必要的库存，由此在时间效益的创造上又有了新的突破，形成一种新的时间效益——JIT 效益，也就是准时制或适时制效益，即由物流的准时或适时为准则所创造的效益。

6. 通过流通加工创造的时间效益

根据《中华人民共和国国家标准物流术语》,流通加工是为了提高物流速度和物品的利用率,在物品进入流通领域后,按客户的要求进行的加工活动,即在物品从生产者向消费者流动的过程中,为了促进销售、维护商品质量和提高物流效率,对物品进行一定程度的加工。

流通加工通过改变或完善流通对象的形态来实现"桥梁和纽带"的作用,因此流通加工是流通中的一种特殊形式。目前,在世界许多国家和地区的物流中心或仓库经营中都大量存在流通加工业务,在日本、美国等物流发达国家则更为普遍。

随着经济增长,国民收入增多,消费者的需求出现多样化。在商品储存期间,根据客户要求对物品进行流通加工可以获得以下收益:

一是提高原材料利用率。通过流通加工进行集中下料,将生产厂商直接运来的简单规格产品,按用户的要求进行下料。例如将钢板进行剪板、切裁;将木材加工成各种长度及大小的板、方等。集中下料可以优材优用、小材大用、合理套裁,明显地提高原材料的利用率,有很好的技术经济效果。

二是方便用户。用量小或满足临时需要的用户,不具备进行高效率初级加工的能力,通过流通加工可以使用户省去进行初级加工的投资、设备、人力,方便了用户。目前发展较快的初级加工有:将水泥加工成生混凝土,将原木或板、方材加工成门窗,钢板预处理、整形等加工。

三是提高加工效率及设备利用率。在分散加工的情况下,加工设备由于生产周期和生产节奏的限制,设备利用时松时紧,使得加工过程不均衡,设备加工能力不能得到充分发挥。而流通加工面向全社会,加工数量大,加工范围广,加工任务多。这样,可以通过建立集中加工点,采用一些效率高、技术先进、加工量大的专门机具和设备,一方面提高了加工效率和加工质量,另一方面还提高了设备利用率。

流通加工在物流中的重要作用体现在有效地完善了流通。流通加工在实现时间效用和场所效用这两个重要功能方面,确实不能与运输和保管相比,因而,流通加工不是物流的主要功能要素。另外,流通加工的普遍性也不能与运输、保管相比,流通加工不是对所有物流活动都是必需的。但这绝不是说流通加工不重要,实际上它也是不可轻视的,它具有补充、完善、提高与增强的作用,能起到运输、保管等其他功能要素无法起到的作用。所以,流通加工的地位可以描述为:提高物流水平,促进流通向现代化发展。

流通加工同时是物流的重要利润来源。流通加工是一种低投入、高产出的加工方式,往往以简单加工解决大问题。实践中,有的流通加工通过改变商品包装,使商品档次升级而充分实现其价值;有的流通加工可将产品利用率大幅提高 30%,甚至更多。这些都是采取一般方法以期提高生产率所难以做到的。

实践证明,流通加工提供的利润并不亚于从运输和仓储保管中挖掘的利润,因此我们说流通加工是物流业的重要利润来源,称为通过流通加工创造的时间效益。

三、物流时间效益计算

物流时间效益(价值)V_T是指因物流时间占用的节约而增加的价值。它由两部分组成:一是缩短物流时间而增加的商品本身的时间效益(价值)V_{T1};二是缩短物流时间而减少的商品占用资金产生的时间效益(价值)V_{T2}。

物流时间效益(价值)的计算公式表示为:

$$V_T = V_{T1} + V_{T2}$$

其中:

$$V_{T2} = M \cdot T \cdot R$$

式中:

M为被运送商品占用的资金额;

T为商品物流全程节约的时间数(全程指从物品离开供应地进入物流环节直至送达目的地);

R为单位时间资金的机会成本(可简单处理,取值为商品处于物流期间的市场平均利率,或同期对于商品货主的资金利润率)。

第二节 影响物流时间效益实现的因素

一、资金的时间价值

1. 资金时间价值的内涵

资金的时间价值是指货币经过一定时间的投资和再投资所增加的价值。资金的时间价值不产生于生产与制造领域,产生于社会资金的流通领域。专家给出的定义:资金(货币)的时间价值就是指当前所持有的一定量货币比未来获得的等量货币具有更高的价值。

对资金的时间价值理论的理解,目前较有代表性的是把资金时间价值的内涵定义为资金的机会成本。资金被某一项经济活动占用后必须放弃其他投资机会的获利可能,这一获利可能就是资金的机会成本。资金被占用时间越长,则放弃的其他获利机会就可能越多。如一笔资金用于购买国债或存入银行,可在无任何风险的情况下得到国债或存款的利息收入,若将这笔资金投到产业上,就不得不放弃利息收入。利息收入随时间的增加而增加,被认为是最低限度的资金价值。

资金的时间价值另一常规解释是资金周转时效的收益。一笔资金投入某一产业活动后,在其他条件不变的情况下,资金周转速度越快,则获利效果越好。周转使用的次数越多,时间越长,所获得的利润也越多,所实现的增值额就越大。所以时间价值的实质,是资金周转使用后的增值额。若一定时期内资金周转为 n 次,获利额为 f,当周转次数提高到 $2n$ 次时,获利额将大于 $2f$。

例如某企业的资金利润率为 10%,一年周转 1 次,则其全年的资金利润就为资金的 10%。而当周转次数提高到 2 次,即使资金利润率降低到 6%,企业仍能获得较高的资金利润率:$6\%+(1+6\%)\times 6\%=12.36\%$。资金周转次数越多,则意味着资金完成其既定的流转过程占用的时间越短。有关资金时间价值的理论在经济学、财务管理学、管理会计学等理论中有较多的论述。

2. 影响资金时间价值的因素

(1) 资金的使用时间

在单位资金和利率(或利息 $i>0$,现实中利率或利息总是大于 0)一定的条件下,资金使用时间越长,则资金的时间价值越大;反之,资金使用时间越短,则资金的时间价值越小。

(2) 资金数量的多少

在单位时间和利率(或利息 $i>0$,现实中利率或利息总是大于 0)一定的条件下,资金数量越大,资金的时间价值就越大;反之,资金的数量越小,资金的时间价值就越小。

(3) 资金投入和回收的特点

在总投入资金一定的情况下,前期投入的资金越多,资金的时间价值越小;反之,后期投入的资金越多,资金的时间价值越大。在资金回收额一定的情况下,前期回收的资金越多,资金的时间价值越大;反之,后期回收的资金越多,资金的时间价值小。

(4) 资金周转的速度

在单位时间、单位资金和利率(或利息 $i>0$,现实中利率或利息总是大于 0)一定的条件下,资金周转得越快,资金的时间价值越大;反之,资金周转得越慢,资金的时间价值越小。

3. 物流过程中资金的时间价值

物流产业是以物的流动过程为主线建立起来的服务体系。在市场经济的条件下,物的流动过程本质上是相关利益主体为实现价值增值而引发的价值创造及价值实现的过程,物流服务的对象就是流通领域中价值的载体,借助物流过程完成实物的位移,从而传递了使用价值,实现了物流的价值,同时赢得交易过程中资金的时间价值。

此外,物流作业过程的实现,物流服务效果的完成是以各种类型的物流设施、设备、其他投入品的使用和消耗和大量人力资源为基础的,这些生产资料的投入都是资金的占用,其占用时间的长短会明显影响资金时间价值的实现。所以物流过程中资金时间价值的实现,也即物流时间效益的实现不仅与物流过程作业对象的资金占用有关,也和该过程中资源的占用密切相连。

有的学者将现代物流系统运作的主题内容表述为对商流(交易过程)、物流(实物的流动过程)、信息流、资金流(特指资金支付过程与方式)在时空上进行优化组合。本节研究的主题是物流企业从时间优化的角度挖掘实物流动过程可能存在的利益空间,为物流企业拓展业务提供有效的指导。

二、时机效益

1. 时机的本质和特性

时机可以看成时间和机会的统一体,是多种因素积累的结果,包括季节、气候等自然因素,也包括政治、经济、文化、体育、科学、教育等社会因素。这些因素相互作用,经过一定的量变积累过程,就形成了对某一事物或某些事物起着积极影响作用的有利事态和形势,这就是时机。时机也可以看成是事物发展中具有转折意义的关键时刻。

事物的发展过程中呈现出一系列不同的发展阶段,每个阶段的作用和价值的大小不相同。有的阶段虽然持续的时间不长,但是能够对事物的发展起到转折性的意义。这个阶段就可以被看成是时机。例如,宝供在建立初期,由于抓住了宝洁提供的一个机会,在为大型跨国公司提供物流服务的过程中,锻炼和提升了公司的业务能力,铸就了现在的宝供。

时机具有瞬逝性和稀缺性的特点。瞬逝性是指时机稍纵即逝,这是时机的显著特点。在企业的运行过程中,要及时准确地把握时机,不能让机会随意地溜走。稀缺性表现在无论对于个人还是经济组织,天时地利人和等多项因素都完备的时机往往非常难得,随着因素的变化,此时的机会可能就失去了价值,错过了某次机会,即使还有机可乘,却不得不付出更多代价。因此,重复出现的时机不是完全雷同的,所以时机实质上是一次性财富,具有稀缺性,企业需要在这一定的时间内及时准确地把握住这笔财富。

2. 时机效益的形成机理

时机效益,又称为商机效益,是指由于商品交换的时机不同所形成的综合交易效益差异。所谓综合交易效益,就是指实现交换过程企业获得的综合效益,包括交换价格、交易成本费用、因交易时机不同所引起的资金时间价值的差异等。在不同的交易时机,商品交易价格和交易成本会不同,这时就会形成不同的综合交易效益。

在需求量大和需求量小这两种情况下提供相同的产品,交易价格会不一样;储存商品的时间长短会对交易成本产生影响。所以,企业要对交易时机有一个很好的预判。

时机效益的形成机理,主要有两个方面:

(1) 消费行为

不同的消费者有不同的消费者偏好,即消费者受所处环境或自身的特殊爱好的影响而对某些商品或服务有强烈的需求。物流企业可以在商品提供的时间点上,采取提前、推迟、准时、错位时间等多种形式,来更好地满足消费者求新、求异的心理,进而满足不同消费者的不同偏好,赢得消费者,从而提高市场占有率,取得经济利益。

（2）价值规律

当市场上商品供不应求时,价格会升高,而供过于求,价格就会降低。物流企业要在了解此市场经济基本规律的基础上,对交易时机能够有更好的把握。物流企业也要充分利用其大范围、灵活、快捷的反应,为相关的工商企业提供捕捉商机的最佳服务,并与之共享商机效益。

3. 时机效益的基本类型

从形式上看,交易时机效益有两个基本类型,一是单纯的商机因素效益,二是消费时差效益。

（1）单纯的商机因素

所谓单纯的商机因素效益,即物流企业在商业活动中把握最佳交易时间而获得的时间效益。物流企业的主要服务对象是生产企业和销售企业。生产企业和销售企业在不同的交换时机,会产生不同的综合交易效益。最佳的交易时机,就是实现综合交易效益最大的时机。要想获得最大综合交易效益,物流企业要及时、准确地获取信息,包括用户信息、商机信息等。

网络化经营的物流企业能够比生产企业和销售企业掌握更多的信息渠道,充分利用信息分析商机,与物流企业自身的服务能力结合起来,然后通过给生产企业和销售企业提供更好的物流服务来完成整个交易,最终实现时机效益,使合作双方通过分享时机效益获得各自的收益。

（2）消费时差效益

所谓消费时差效益,是指通过物流储运系统,快速反应,缩短或延长生产与消费上的时间差异而获得的时间效益。消费时差效益通常由两部分组成,一部分为"先机效益",即以最快的速度将产品推向市场,抢占交易的先机所形成的效益。物流企业应快速及时地为鲜活商品、新产品服务,使它们的上市时机越早越好,以实现"先机效益"。

另一部分为"延时效益",即将某些商品置放一段时间后待市场时机更好时再上市所形成的效益。对于在产出淡季仍有消费需求的商品,如冬季的水果蔬菜,通过物流储运部门的服务,延长生产与消费上的时间差异,通过高价获取更大的经济效益,这时获得的就是"延时效益"。市场上打击的"囤积"行为,是一种过分追求时差效益的行为,这种行为是不可取的。

从经济范畴上说时机就是商机。在市场经济条件下,如果能够及时准确把握时机对于保证企业的发展是积极有益的,它已成为决定企业经营成败的关键因素。在物流业的发展过程中,抓住时机也就是抓住商机对于推动物流企业的发展起着非常重要的作用。所以,时机效益已成为现代物流企业发展的重要导向。

三、时间协调效益

1. 时间协调效益的内涵

时间协调效益,是指通过协调相关物品的流动时间而获得的效益。从该效益形成的机理上看,时间协调效益的本质仍是资金时间价值。但从其获得方式上看,时间协调效益并不是缩短物流过程中某个环节的时间占用,而是通过协调相关的若干物品的流动时间,缩短由这类物品组合而成的产品的生产周期。

生产企业在生产过程中会用到数十种、上百种甚至更多的原材料、零配件,协调各种原材料、零配件的流动时间,对于减少资金占用、提高资金周转效率具有非常重要的作用,目的是实现协调效益的最大化。

流通类企业,如大型零售超市有成千上万种商品,每一种商品都需要进货、入库、上架等物流环节,需要协调各类物品的进货时间,减少进货次数,尽量不影响销售,从而提高流通企业经营效率,减少成本支出。这些都是由物流过程中对时间进行协调所带来的效益,不完全等同于缩短资金的时间占用获得的收益。

2. 时间协调效益的种类

从时间协调效益的挖掘对象来看,时间协调效益分为三类。

(1) 纯流动协调效益

纯流动协调效益是指以物的纯流动过程为挖掘对象形成的时间协调效益。即协调好运输过程中各环节,如装卸搬运和车辆的调度、不同运输方式间的衔接、订单的处理和拣货等,避免不合理运输造成的货物在途时间延长。

(2) 加工流动协调效益

加工流动协调效益是指以被加工物的流动过程为挖掘对象形成的时间协调效益。很多工业产品是通过将多种原料或材料经过不同的工艺流程加工后再组合装配而成,而任何厂家的生产组织方式及工艺流程都是基于一定水平的物流服务支撑建立起来的。

以某一厂商为例,如果其现有生产组织方式及工艺流程没有多大的优化空间,但得到更高水平、更低消耗的物流服务支撑后,情况就可能发生变化。

如汽车总装配厂中 JIT 物料供应和零配件的成套配送就大大减少了生产过程不必要的时间浪费,加快了产品上市的时间。或在现有物流服务的支撑下,将原来的生产组织方式和工艺流程进行调整,时序作业尽可能分解为平行作业,也可以缩短产品的加工过程,同时缩短原材料占用资金时间,达到获利的目的。

(3) 综合协调效益

综合协调效益即将上述两个分析对象结合起来,作为一个挖掘对象形成的协调效益。在实践中,寻求综合协调效益在企业运作中更具有普遍性和可操作性。

第三节 物流时间效益的挖掘

一、挖掘物流时间效益的原则

物流企业是通过向物流服务对象即客户(企业自营物流的物流服务对象即为企业本身)提供服务实现发展的。只有将自身的利益建立于客户的获得利益基础之上,才有可能与客户建立持久、稳定的合作关系。因此在挖掘时间效益的原则上,应把握好以下几个方面。

1. 提供差异化市场服务

在物流服务市场中,各种物流技术、管理理念的发展日新月异,而传统的物流技术与管理理念与之并存。它们有着各自的目标客户。物流服务提供商在确定好自己的目标市场,寻找自己的定位后,决定提供什么样的物流服务,这是赢得客户的关键所在;并不是最好的最新的物流技术、管理方法对于客户就是最好的。

最高水准的物流服务往往意味着高昂的费用,而由于需求的层次性,是无法向所有的客户提供的。例如 JIT 采购、JIT 生产、JIT 配送被认为是 20 世纪中期生产、销售领域的一次革命,它能够较好地协调采购、生产、销售时间上的连续,能够实现无缝连接,大大缩短原材料、半成品、产成品的等待时间,减少库存,加速资金的流转,大大提高生产效率;但是,这种广为应用的技术,也并不是对每种企业都适用的,不同的企业有不同的服务层次需求。

2. 具体的客户具体对待,努力提供增值服务

所谓增值服务,就是指通过物流服务使交易的商品产生增值。对于不同的商品,可能实现的增值服务的内容和方式往往有所不同。增值服务通常与客户的生产流程紧密结合在一起,因而能够巩固与客户的合作关系,并最终形成对物流服务的依赖。

针对客户开发的具体的服务项目都是针对该客户专门设计的,通常还有专门的人员、使用专用的设施,按照专门的程序来完成,竞争对手无法像在其他的竞争领域一样参与竞争。这样,物流企业实际上与客户形成了紧密的战略合作关系,竞争对手无法模仿。基于这样的特征,许多物流企业面向重要客户起初是免费提供增值服务的,将由此导致的收益减少及费用增加视为战略投资,着眼于未来的长远利益,谋求与重要客户建立持久、稳定的合作关系。

3. 寻求共赢

从时间效益挖掘的层面上寻求双赢,首先要全面、系统、准确地了解客户物流与实效相关的信息,再结合物流企业自身的服务能力(包括现有的服务能力及可能形成的服务能力),通过与客户的反复沟通,在获得客户支持、至少得到客户认可的情况下,拟定可能双赢的服务方案。

这一过程的实施不是一件容易的事,不仅需要有通晓客户生产过程的专门技术人员和物流专业人才,还涉及合作双方的商业道德、诚信、互信、企业实力等方面的因素,也正是在这些方面企业应该做出不懈的努力。

二、减少物流时间消耗,挖掘时间效益

(一) 物流时间消耗分类

从货物在物流过程中的运动状态分类,物流时间消耗可以分成运动与静止两大类。再根据运动和静止的不同性质,可以获得下一层次的分类,如图 4-1 所示。

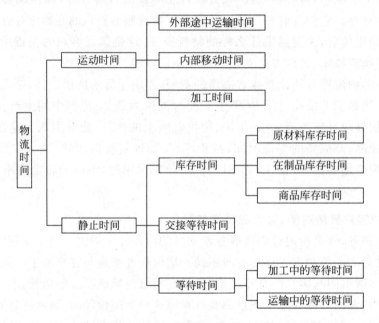

图 4-1 物流时间分类

在运动时间中,外部途中运输又可分为两类,采购物品的途中运输和销售物品的途中运输。内部移动时间主要包括库内的运输,仓库与生产地点之间的运输和生产过程中作业地之间的运输。运输使物体在空间位置上产生移动,需要消耗时间,其时间量由距离和速度求得,其中途中运输消耗的时间较长。

物体加工时并没有发生空间位置转移,但它的消耗时间计算方法与运输时间相似,由加工量和加工速度求得,所以归入运动时间。在静止时间中,库存时间占绝大部分,它又有原材料库存、在制品库存和商品库存三种形态。其中商品库存较为复杂,在被最终消费以前可能存在于制造商仓库、代理商仓库和零售商仓库。

等待时间发生在制造现场或者运输过程中,在设备前等待加工和加工完毕等待运送,运输设备由于种种原因发生的等待,如果计划不当,这类等待时间可能会很长。交接时间指物流过程中相邻两环节之间在交接时发生的等待,具体表现为验收时的点数、质量检验等,以及发货时的复查与等待。

(二) 采用时间定额管理,减少物流时间消耗

1. 物流时间定额的含义

物流时间定额,是指企业对物流过程中的每一个物流作业的时间消耗制定标准,从而为加强物流过程每个环节的控制与管理提供有力依据。要制定物流时间定额,首先要对物流过程中不同状态的时间构成有较全面的了解,分析其影响因素,结合自身的物流技术和管理水平,科学地计算出物流各阶段、各状态下每一项作业的合理时间,成为物流的时间定额,形成物流的作业标准。

2. 制定物流时间定额

(1) 物流的运动时间

运动是物流的最基本特征,运动时间也占据了物流过程中主要时间构成,这主要包括外部途中运输时间、内部移动时间及产品加工时间。

① 外部途中运输时间

外部途中运输是指在企业外部原材料、制成品的运输过程,其时间消耗主要由路线长度和运输速度直接决定。此外,外部运输中的装卸作业是必不可少的,其中也包括无法直接控制的办理手续、等待及排队时间,这与运输距离无关,可在运输时间中加入这些时间,即:

$$T = \frac{s}{v} + T_{ass}$$

式中:T 为标准运输时间;

s 为运输距离;

v 为平均行驶速度;

T_{ass} 为装卸作业、办理手续、等待及排队时间的总和。

② 内部移动时间

内部移动是指在企业内进行的必要运输。相对于外部运输,内部运输的影响因素要简单得多,整个过程几乎都在企业的直接控制之下,不可预知因素的发生机会很小,可以不必考虑。这样内部移动时间可表示为:

$$T = \frac{s}{v} + T_{ass}$$

式中字母含义与外部途中运输时间公式中的相同。

③ 产品加工时间

产品加工、包装、分拣等作业时,没有发生空间位置转移,但其消耗时间可由作业量和作业速度计算求得,这一点与运输时间相似,因此计算公式可表示为:

$$T = \frac{q}{u} + T_{ass}$$

式中:q 为作业量;

u 为平均作业速度,可以按照劳动定额的通用方法进行计算;

T_{ass} 为与作业量无关的准备工作以及必要的等待过程所需要的时间。

(2) 物流的静止时间

物流中的静止时间,在多数情况下是不产生价值的,延长了物流消耗时间,占用有限的资金,更为重要的是极大地降低了物流服务水平,掩饰了物流系统的管理问题,必须加以严格控制。

制定物流的静止时间定额,首先要对物流静止时间产生的原因和影响因素有深入的了解,认识和辨别其中包含的合理因素,对不合理的部分加以控制,结合自身物流系统的实际情况,制定出行之有效的物流静止时间定额标准体系。

① 库存时间

影响库存时间的因素很多。库存经常作为物流系统的缓冲,承担和消化系统中众多不确定因素影响的任务,同时由于经济订货批量的存在产生了决定库存时间的基本因素。库存的时间定额也主要由这两方面组成,再加上库存手续和信息处理所需要的时间,即:

$$T = T_{ess} + T_{unc} + T_{ass}$$

式中:T_{ess} 为由经济订货批量决定的基本库存时间;

T_{unc} 为消化物流系统不确定因素需要的库存时间;

T_{ass} 为手续及信息处理的时间。

制定库存时间定额时,手续及信息处理的时间——T_{ass} 可以通过劳动定额的方法直接给出,经济订货批量决定的基本库存时间——T_{ess} 根据成本数据计算得出,消化物流系统不确定因素需要的库存时间——T_{unc} 则需要根据物流系统实际,利用统计资料和历史数据制定出最佳值。

② 等待时间

绝大多数的生产过程都是由多个环节组成的,而且不同环节的工序经常在空间上存在距离,需要一定的运输工具把在制品输送到下一个环节或者进行必要的仓储。由于除了生产流水线以外,加工速度与运输工具充分运行时的工作速度和批量经常存在一定差异,而且生产过程中前后工序的加工速度可能存在差异,所以加工中的等待时间经常发生。

此外,物品运输过程中也有等待时间,包括在运输过程中由于通关、装卸、信息处理、必要手续的办理等原因带来的物流停顿。在多种运输方式联运中，物品在不同运输方式间的转移过程，等待占用时间较多。

加工中等待时间的具体时间定额，主要包括由合理的加工及运输批量决定的必要等待时间、信息及手续处理的时间，同时考虑整个系统在运行过程中误差的影响，以及出现设备故障等可以预料的不确定因素，结合物流系统的现实情况制定出合理的加工中的等待时间定额，即：

$$T = T_{ess} + T_{ass} + T_{unc}$$

式中：T_{ess} 为由合理的加工及运输批量决定的必要等待时间；

T_{ass} 为手续及信息处理的时间；

T_{unc} 为可以预料的不确定因素引起的等待时间。

运输中等待时间定额与加工中等待时间定额类似，主要包括物流系统自身的信息及手续处理的时间，以及物流组织者无法控制的通关、手续处理、排队等外部因素带来的等待时间，同时考虑物流自身整个系统在运行过程中误差的影响，以及出现设备故障等可以预料的不确定因素，结合物流的现实情况制定的运输等待时间定额，即：

$$T = T_{ass} + T_{out} + T_{acc}$$

式中：T_{ass} 为手续及信息处理的时间；

T_{out} 为无法控制的外部因素带来的等待时间；

T_{acc} 为可以预料的不确定因素引起的等待时间。

③ 交接时间

交接时间指物流过程中相邻两环节之间在交接时发生的等待，表现为验收时的点数、质量检验等，以及发货时的复查与等待。交接时间定额，以交接过程的合理工作时间为主要依据，兼顾信息传递和管理手续所需的必要时间。可采取现场测定方法获得定额时间。

3. 物流时间定额管理

在制定了物流运动和静止中各部分作业的时间定额后，利用时间定额管理，物流管理者能够准确、迅速地发现物流系统中效率低的环节，并利用定额的时间细分组成查找具体原因，督促不断改进工作，减少超过定额标准的发生概率，从而提高系统效率和物流速度，缩短物流时间消耗。

三、差异化市场营销挖掘物流时间效益

1. 物流服务水平、服务成本和物流效益的关系

一般来讲，物流服务水平与物流成本是一种效益背反的关系，在服务水平较低的阶段，如果追加 X 单位的成本，服务水平将提高 Y，而在服务水平较高的阶段，同样 X 单位的成本，提高的服务质量只有 Y'（$Y' < Y$）。

所以无限度提高服务水平，成本上升的速度会加快，而服务效率则没有多大提高，甚

至下降。物流服务水平的上限指的是在市场需求限定的前提下,在接近市场需求极限的范围内投入大量的成本,也不可能使顾客服务水平达到市场所需的物流服务水平。

采用作业成本法来确定物流成本,首先任意找到一个物流服务水平点,然后根据这个物流服务水平设计服务方案,将这个服务方案分解为各项物流作业,将各项物流作业发生的物流费用计算出来,或者按比例提取出来,然后加总后就得出总的物流成本。

同理,再求出不同的物流服务水平点的物流成本,再根据实际图形用曲线去拟合这些点,形成了物流服务水平与物流成本、收益以及利润的关系曲线,如图4-2所示。

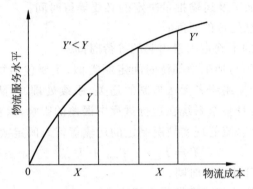

图4-2 物流服务水平和成本的关系

由图4-2可知,在物流成本和物流服务水平之间存在正相关关系,但在接近市场需求极限后,过多的物流成本投入不能得到同前期一样增速的服务水平增加幅度。随着物流服务水平的提升,物流成本和收益都会持续增长,存在一个服务水平的临界值,二者相等;超过该服务水平后,边际物流成本开始高于边际物流收益,利润减少。由此可见,在一定的服务水平范围内物流成本和物流收益间存在正相关关系。

2. 需求层次、服务水平和物流成本的关系

现代经济学在分析消费者行为时认为,具有不同支付能力的消费者其对于服务的要求层次也各有异,而消费者只愿意为自己需要的那部分服务付费。从物流市场的发展来看,需求者希望服务水平不断增加,物流成本越来越低,于是物流服务水平和物流服务成本之间的矛盾日益尖锐,即物流服务提供方遇到的压力越来越大,如图4-3所示。

如果物流服务提供方不能满足客户的这种需求,就会丢失客户。从市场竞争的角度看,物流服务提供方主观上愿意为所有客户提供高水平的服务以扩大市场份额,但从服务资源的绝对稀缺性来看,在物流成本的制约下,又不可能做到这一点。考虑到不同的客户对企业利润的贡献不同,故可以对客户进行重要程度的区分,采取差异化营销策略,针对不同层次的客户,提供不同水平的物流服务。

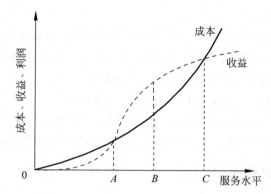

图 4-3　物流成本、收益、利润、服务水平间的关系曲线图

3. 通过差异化营销挖掘物流时间效益

在物流活动的时间效益创造中,由于时间效益的创造具有不同的类型,而不同的类型分属于不同的服务层次,其目标客户不一样。因而物流服务提供者应充分考虑消费者的需求层次,提供最适合的物流服务,创造最大的物流时间效益,这完全符合物流服务营销理念中按需量身定制物流服务的原则。

比如对于一些附加值高、实效性较强的商品,JIT 服务、最大程度缩短时间,创造时间效益应是一个正确的选择,而对于一些大宗、低附加值、时效性不强的货物,选择 JIT 或者选择快速运输,则会影响其经济性,反而会降低其时间效益的塑造。

确定需求者的需求层次,选择目标客户,这应是物流服务提供者在进行服务提供时首先关注和谨慎决定的一个问题。因为其涉及物流服务提供商的市场定位、目标市场的选定等有关企业长远发展的战略层次的问题,处理得好坏将直接影响到企业未来的发展。同时,物流需求层次的确定也是时间效益优化探寻中的一个基本出发点,只有在此大前提下,企业物流时间效益的优化探寻才会显得现实和可行。

第四节　仓储系统物流时间效益挖掘

一、仓储系统创造物流时间效益

仓储是指利用仓库及相关设施设备保护、管理、储存物品的一系列活动。仓储系统存在是因为生产供应与消费需求之间不同步,进行合理的仓储就可以弥补、改变这种时间差,通过减少物流时间,创造时间效益。因此,仓储系统与物流时间效益存在着紧密的联系,协调好仓储和其他物流活动之间的关系,可以更大程度地提高物流的时间效益。

所以仓储系统的一项重要作用是调整生产与消费之间的时间差别,使物品发挥时间上的效能。仓储的时间管理意义重大,因为它直接与企业资金使用密切相关,库存时间过长会造成资金长期占用。

因此仓储时间管理的要求在于保持合理的库存,尽量缩短库存时间,以最经济的投入,获得最好的效益。其关键是做到快进快出,加速周转,实现仓储时间的合理性。为此,一方面,物流企业要加大市场调研力度,准确掌握需求信息,科学决策经营方案,加强库存管理,实现快进快出。另一方面,在实际作业中,入库时能够以最快的速度进行物品的接运、验收和入库作业;出库时,能及时迅速地完成备货、复核、交接等出库作业。加快周转速度,做到资金周转快、资本效益高、仓库吞吐能力增强以及降低成本。

二、仓储系统时间效益挖掘

仓储系统的物质基础主要由仓库、进出库设备、搬运装卸设备等组成。仓库是物流的一个中心环节,是物流网络的节点。在物流大系统中,仓储子系统也是许多货运枢纽场站、物流中心(配送中心等)不可或缺的重要组成部分。仓库按照其设立功能的出发点可分为两种类型。一种是为了创造时间效益,而有意对商品进行长期保管的存储型仓库。如在生产旺季过后再提供水果存储仓库,其就是为了获得较高的时间效益而有意对水果进行存储。另一种是用以支撑物流活动、为了顺利实现商品流通,以物流合理化为目的的流通型仓库。这种仓库是在商品的物流活动过程中,为了满足市场需求波动或者流通要求而进行的以支撑物流活动为目的的仓库。如为了应对生产需求的变化,而存储一定数量的预备产品的仓库。当然,还有出于国家战略上的考虑,为应付战争、潜在的自然灾害等而专门设立的国家战略储备仓库,但这类仓库是不用考虑其经济性的,因此不在我们的讨论范围内。

在我们主要讨论的两类仓库中,前者创造物流时间效益,后者是为顺利实现商品的价值而设置的。对应于两类仓库,物流仓储系统管理的目标也有不同指向。对于第一类仓库,其仓储管理的目标主要在于如何更好地关注商品价值的实现时机,采取相关的销售准备活动,在最好的价值实现时机实现商品的价值;而对于第二类仓库,仓储管理的作用是在满足物流生产和销售需要、包装服务质量的基础上降低物流总费用。随着经济和物流的发展,为了节省成本和更好地提高效益,上述两种类型的仓库也出现结合的趋势,在仓储管理的过程中,要综合考虑仓储管理的目标。

复习思考

1. 物流时间效益的内涵是什么?它包括哪些类型?
2. 影响资金时间价值的因素有哪些?
3. 简述物流时机效益的形成机理。
4. 简述挖掘物流时间效益的原则。

5. 仓储合理化是通过哪几个方面体现的?

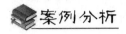 案例分析

FedEx 在中国的成功之道

随着全球经济一体化的深入,国际物流企业加快了在中国的发展,而像 FedEx(美国联邦快递)、UPS(美国联合包裹)这样的物流业巨头,则在之前就已悄悄地完成了在中国的战略部署。从 1995 年起,UPS、DHL、FedEx 等国际速递巨头在国内的营业额增长率都保持在 20% 以上。FedEx 在中国通过先进的运作模式、管理理念及信息管理、在线系统的经营,创造了极大的物流时间效益。这在一定程度上对中国物流企业的发展起到极大的推动作用。

1. 提供一体化的物流服务

一体化物流服务是根据客户需求,整合上游企业与下游企业及客户自身的生产经营流程;是一种附加值最高的物流服务。FedEx 作为全球大型快递企业之一,在提供门对门、一体化供应链物流服务方面有着先进的管理理念及运作模式。

2. 加快网点建设

表面上看来,FedEx 在中国只有深圳、上海、北京的第五航权,而实际上,FedEx 通过其中国的合作伙伴——大田集团,已经完成了以北京、上海、深圳为中心的中国物流网络的布局。这样,FedEx 实际上已经开通了中国京、津、沪、穗、深圳及周边城市等 15 个亚洲城市和美国、加拿大各个城市的"亚洲一日达"和"北美一日达"快递服务。

3. 加强物流标准化建设

FedEx 实现了物流工具、物流设施和物流流程的统一标准,大大降低了物流系统运转的难度,从而大大加快了物流速度、降低了物流成本,进一步影响了物流的效益、快速反应能力和竞争力。同时,FedEx 已经在全球物流运营过程中积累了丰富的知识与经验,各项安全、环保标准及其他技术指标都能符合国际要求。

4. 利用物流信息化提升服务质量

现代物流企业服务质量的好坏,在很大程度上取决于企业的信息化程度及对信息的运用能力。FedEx 的成功,在一定意义上取决于其快捷、便利的信息系统及自动化的物流设备,几乎应用了世界上最先进的各类物流信息技术和运作模式。

5. 物流运作的高度专业化

物流服务有很强的专业性,因此一方面要求有配套的运输工具和仓储设备,另一方面也需要有了解货物属性的专业人士。FedEx 能用飞机为大熊猫、赛马、跑车、钢琴等各种

货物提供跨地区的运输服务,既满足安全、环保的要求,又可确保服务质量。

FedEx这些先进的运作模式、管理理念及信息管理、在线系统为中国的物流企业提供了一个示范,从而可以缩短广大物流企业的成长过程,加速企业走向成熟,增强中国物流企业的竞争力。

资料来源:蒋长兵.现代物流学导论[M].北京:中国物资出版社,2016.

问题思考:

1. FedEx挖掘物流时间效益的途径有哪些?
2. 缩短物流时间会给FedEx带来哪些效益?

扩展阅读 4-1

生鲜电商如何突破冷链物流的制约

扩展阅读

物流供需理论与预测

学习导航

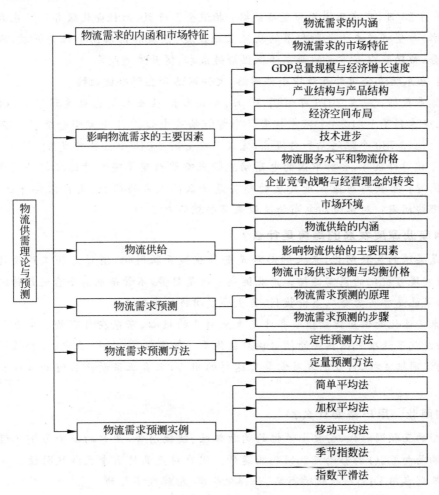

> **知识目标**
>
> 1. 掌握物流市场的供给与需求的概念；
> 2. 熟悉物流市场的供需均衡；
> 3. 了解物流供给价格弹性与需求价格弹性；
> 4. 掌握物流需求预测的基本方法。

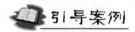

京东物流开放对电商物流的驱动变革

2016年11月23日，京东集团发布重要战略：物流全面开放，为社会化服务。京东开放物流的新战略，希望将过去十年所积累的物流基础设施、经验和价值向全社会开放，服务中国商业社会，帮助数以百万计的商家降低供应链成本、提升流通效率。

开放范围：京东物流会对外开放中小件网络、大件网络和生鲜冷链网络。

京东物流体系数据：截至2016年9月30日，全国物流从业人员已经达到了3 000万，物流园区已经达到了1 210个；京东拥有7个智能物流中心、254个大型仓库、550万平方米的仓储设施、6 780个配送站和自提点，完成了对全国2 646个区县的覆盖。

京东物流开放对外服务，会对中国的电商物流带来哪些新变革呢？对此我们必须要思考以下几个问题：互联网商业深度发展的趋势是什么？未来的商业，用户需要什么？品牌方会面临哪些问题？对传统的电商物流带来哪些驱动力？

1. 互联网商业深度发展的趋势是什么？

电子商务是渠道的互联网化，未来的趋势是全产业链互联网化；消费者和工厂设计方、农业产区将实现可视化的供需链接。产业链扁平化是趋势，不管是电商平台还是传统零售，渠道商如果还是靠买卖赚取差价获利，其生存空间将越来越小。

真正能带来一体化的供应链增值服务才是未来商业的核心，京东在自有物流体系打造过程中，成功练就了这项中国商业的核心供应链体系。智能化、一体化、众包、大数据驱动、全渠道的物流网络支撑，行业的发展需要有这样的推力，来真正带动产业链的升级和迭代。

2. 未来的商业，用户需要什么？

用户在新型的互联网时代，需要个性化的购物体验、便捷消费，用户的消费习惯已经从传统的平台购物向O2O的移动互联网购物延伸。用户对产品的需求已经从传统的平台上买商品发展到参与DIY个性化的商品、社群化分享、粉丝经济驱动。

3. 品牌方会面临哪些问题?

品牌方面临全渠道的用户需求,需要敏捷的供应链服务,这是一般的品牌服务商都不能够满足的,特别是在全渠道驱动下,一定需要有一个真正智能化、大数据驱动的供应链服务体系支撑,这个方面京东成了中国第一个具有互联网基因的开放的供应链综合服务平台。

4. 对传统的电商物流带来哪些驱动力?

京东物流的开放,会倒逼着传统的电商物流单一的云仓企业、单一的配送企业、单一的物流系统服务商转型升级。行业有关部门领导和专家也都非常看好京东物流的社会化开放。

资料来源:中国物流与采购联合会. http://www.chinawuliu.com.cn/xsyj/201612/02/317457.shtml,2016-12-02.〔2021-12-20〕

引例思考:

1. 近年来,我国电商物流新变革的具体表现形态是什么?
2. 深入解析京东物流开放对外服务对传统的电商物流带来哪些驱动力。

第一节 物流需求的内涵和市场特征

一、物流需求的内涵

需求是在一定时间内和一定价格条件下,消费者对某种商品或服务愿意而且能够购买的数量。需求的构成要素有两个:一是购买的欲望;二是购买的能力,即有支付能力。

物流需求是指一定时期内社会经济活动对生产、流通、消费领域的原材料、成品和半成品、商品以及废旧物品、废旧材料等的配置作用而产生的对存货在空间、时间和费用方面的要求。它涉及运输、库存、包装、装卸搬运、流通加工以及与之相关的信息需求等物流活动的诸方面,表明在一定时期内社会能够通过市场交换而消费的物流服务的数量。因而,在分析物流需求时,至少应该关注以下几方面。

1. 物流需求量和物流需求结构

从物流的发展规律来看,现代物流服务的需求包含量与质两个方面,即从物流规模和物流需求结构中综合反映物流的总体需求。物流规模是物流活动中运输、储存、包装、装卸搬运和流通加工等物流作业量的总和,而物流需求结构则可以有不同的表述方式。从物流服务的内容来说,包括运输、仓储、包装、装卸搬运、流通加工、配送、信息服务等方面的需求。

从物流需求的形态来说,包括有形需求和无形需求。有形需求就是指对物流服务内容的需求;而无形需求则是指对物流服务质量的需求,如对物流效率、物流时间、物流成本等方面的需求,其变化突出表现在减少物流运作时间、降低物流成本、提高物流运作效率等方面。

2. 时间和空间特性

由于物流服务的主体内容包括产品的运输、储存、包装、配送、装卸搬运、流通加工等各个环节的运作活动,这就涉及产品的时间效用问题,同时也涉及产品的空间效用问题。因此,在对物流市场的需求进行分析时,不仅需要分析物流需求随时间变化的规律,而且还需要了解其空间的需求变化情况,即需要分析在不同时间、不同区域中物流需求的变化规律。

3. 对物流系统各作业项目的分析

由于物流的功能包括了运输、储存、包装、装卸搬运、流通加工、配送、信息服务等,因此对物流系统的需求进行分析,实际上就是对这些方面的物流作业进行分析。

不同的产品具有不同的物流需求模式。对于刚刚投入市场,还处于投入期和成长期的产品,其物流需求不稳定;而进入成熟期的产品,市场分布稳定,销售量会随季节、时间的变化呈现出一定的趋势,其相应的物流服务也呈现出某种趋势。同样,对处于供应链中不同环节的物流系统而言,其物流需求模式也是各不相同的。比如,处于一个供应链中服务于供应链的下游企业、服务于供应链的上游企业或独立于供应链的为社会大众服务的物流系统,它们在物流规模和物流需求结构方面也是不一样的。

4. 独立需求和派生需求

当对一种产品或服务的需求与对任何其他产品或服务的需求无关时,对该产品或服务的需求就是独立需求;反之,如果对一种产品或服务的需求是由对其他产品或服务的需求引发的,那么对该产品或服务的需求就是派生需求。

例如,对于多数制成品的需求就是独立需求。对第三方物流企业的物流服务需求就是一种市场需求,具有一定的独立性,而对于制造业来说,其生产过程中所产生的物流需求多为派生需求。

物流市场的成长取决于物流需求和需求的潜力。从供应链角度来分析,市场对物流的需求和要求则是从供应链内部和外部两个方面体现的。内部物流需求是由与供应链成员企业相关的因素构成,而外部物流需求则是来自市场,这种外部市场的物流需求和要求将会有效地促使企业提高内部物流系统的效率和与外部物流系统的协同。

二、物流需求的市场特征

物流需求与其他商品需求相比有其特殊性,这些特殊性是相互关联、相互影响的。

1. 派生性

派生性是物流需求的一个重要特性。在社会经济活动中,如果某种商品或劳务的需求是由另外一种商品或劳务需求派生出来的,则称该商品或劳务的需求为派生性需求,把引起派生需求的商品或劳务需求称为本源性需求。人们日常生活中的衣服、食物、住房等是一种本源性需求,而物流需求绝大多数情形下是一种派生性需求。

社会之所以有物流需求,并非因为物流本身,人们对物流的追求并不是纯粹为了让"物"在空间上运动或时间上变化。相反,物流的目的是满足人们生产、生活或其他方面的需要。显然,物流需求的主体提出空间位移或时间变化要求的目的往往不是位移和时间本身,而是为实现其生产、生活中的其他需求,完成"物"的空间位移和时间变化只是中间一个必不可少的环节。这是物流需求的本质所在。

2. 广泛性

人类克服时间和空间的障碍是一项无时无刻无处不在的经常性活动,而这种努力是以人员、物资、资金、信息等的交流为标志的,由此形成了物流普遍存在的客观基础。从生产角度看,生产企业中物品从上一道工序向下一道工序移动、从上游车间向下游车间移动、从原材料仓库向加工车间移动都会产生相应的物流需求;从流通角度看,物品从批发商到零售商、从零售商到消费者、从配送中心到连锁商店也都存在物流需求。

从区域角度看,一个区域,无论是大区域还是小区域,无论其空间经济组织如何完备,都不可能是一个完全封闭、独立的空间,必然要与其他区域有物资、信息等方面的交流,只不过在空间范围和联系程度大小上有所不同。因此,物流需求具有广泛性。

3. 多样性

物流需求的多样性是基于主体的多样化和对象的多样化。不同类型的物流需求主体提出的物流需求在形式、内容等方面均会有差异,而物流的对象"原材料、零部件和产成品"由于在重量、容积、形状、性质上等各有不同,因而对运输、仓储、包装、流通加工等条件的要求也各不相同,从而使得物流需求呈现多样性。如石油等液体货物需用罐车或管道运输,鲜活货物需用冷藏车运输,化学品、危险货物、长大货物等都需要特殊的运输条件,有些物品需要进行包装或流通加工等。

4. 不平衡性

物流需求在时间和空间上有一定的不平衡性。物流需求的时间不平衡性是指不同的经济发展阶段对物流的需求量是不一样的。例如,经济繁荣时期的物流活动与经济萧条时期的物流活动在强度上肯定是有差别的。物流需求的空间不平衡性是指在同一时间内,不同区域物流需求的空间分布存在差异,主要是因为自然资源、地理位置、生产力布局等因素的差异造成的。

5. 层次性

物流需求是有层次的,可分为基本物流需求和增值物流需求等。基本物流需求,主要包括对运输、仓储、配送、装卸搬运和包装等物流基本环节的需求。增值物流需求,主要包括对库存规划和管理、流通加工、采购、订单处理和信息系统、系统设计、设施选址和规划等具有增值活动的需求。

基本物流需求一般是标准化服务需求,而增值物流需求则是过程化、系统化、个性化服务需求。

发达国家除了基本物流需求旺盛外,对增值物流服务也有很大的需求,如对库存管理、物流系统设计的需求,发展中国家则主要集中于基本物流服务,仍集中在对基本常规项目的需求上,如干线运输、市内配送、储存保管等服务。

6. 化解性

一是原来产生的需求,由于生产力结构的优化、工艺流程的改造、物流管理的科学化而被化解,消除了需求。二是由于物流价格、物流服务质量以及管理体制等原因,本应由市场提供的物流服务转换为自我服务,从而使一定数量的需求被化解。

7. 弹性小

首先,由物流的生产性决定。当合理的物流量产生之后,不会因为价格的高低而消失,只会在不同的形式间转换。其次,由于物流设施投资大、回收周期长,在一般情况下,不可能因为价格的升高而马上就转换为自我服务,使需求量迅速下降。相反一旦购置了物流资源,由于使用价值的单调性,当物流价格稍有下降,也不可能弃之不用,而是转为市场需求,使需求量迅速增长。

第二节 影响物流需求的主要因素

物流需求属于派生性需求,它与经济社会发展等因素之间存在着强相关关系。下面分别就 GDP 总量规模与经济增长速度、产业结构与产品结构、经济空间布局、技术进步、物流服务水平和物流价格、企业竞争战略与经营理念的转变、市场环境等因素对物流需求的影响作概要分析。

一、GDP 总量规模与经济增长速度

物流需求总量和需求结构的变化与一国或某一地区的 GDP 经济总量及经济增长速度有着密切的关系,GDP 经济总量规模越大、经济发展水平越高的国家和地区,对货物运输、仓储、配送、物流信息处理等物流服务的需求就越大;经济增长越强劲,对物流需求的增长也越强劲;而且在经济发展的不同阶段对物流需求的结构和质量要求也存在很大差别。供应链上的物流需求主体和需求结构如图 5-1 所示。

二、产业结构与产品结构

产业结构的差异将对物流需求功能、物流层次以及物流需求结构等方面产生影响。

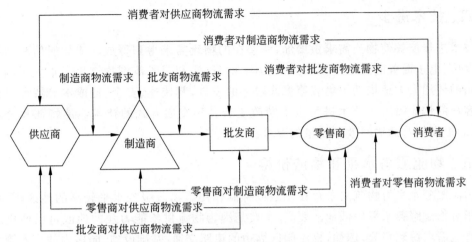

图 5-1　供应链上的物流需求主体和需求结构

从各产业对物流的需求看,第一、二产业中的采掘业、制造业等提供的都是实物形态的产品,从生产到消费都离不开运输仓储。第二产业对运输仓储的需求较大,投入也比其他产业高,它的物流支出相对较大。

相反,第三产业的产值创造主要来自无形的服务,第三产业以服务业为主,对物流的依赖程度小,物流投入低,物流成本支出少,与产值相比,物流成本只占很少的比例。

这说明各产业对物流的需求程度不同,实物型行业的物流需求大于服务行业。如果用单位 GDP 所产生的货物周转量来表示货运需求强度,则重工业对铁路货运物流的需求强度最大,轻工业次之。商业服务业对公路货运物流的需求强度最强,其次是农业和轻工业,再次是重工业。因此,产业结构及其变动对物流需求的影响是深刻的。

此外,不同的产品结构,所引起的物流需求差别也是很大的。总之,产业结构、产业业态、产品结构的变化会带来物流需求结构的相应变化。

三、经济空间布局

在经济发展较低阶段,各经济区域间相对独立,产业结构又基本相同的情况下,彼此之间的交换需求大大减少,对物流服务的需求也很小。而在市场经济发展的较高阶段,市场竞争日益加剧,生产力布局会不断向全国甚至全球大分工的方向转变,区域经济将突破封闭割裂状态,向专业化、一体化和分工协作的方向发展。

经济空间的专业化分工和协作必然会增强不同区域间的经济社会联系,极大地增加区域间商品、中间产品和生产要素的转移与流动,从而拉动物流需求的快速增长。资源分布不均、区域经济发展不平衡而导致的经济空间布局,是客观上产生物流需求的最直接原因。如在我国的"北煤南运"与"南粮北调"就是典型例子。

四、技术进步

技术进步能够使物流需求量增加，使潜在的物流需求得到释放。诸如通信和网络技术的发展、电子商务的广泛应用，对物流需求的量、质和服务范围均产生了重大影响。而集装箱的使用大大地推动了集装箱多式联运的发展，其快速、安全、低成本等特点很快诱导出客户的物流需求。技术进步也不断改变着各种交通方式的技术经济特征和合理范围，从而提高了对运输时效和质量的要求。

五、物流服务水平和物流价格

物流服务水平对物流需求存在刺激或抑制作用。物流服务水平较高的地区，其物流需求相对物流服务水平较低地区要高，主要是因为物流供给能力强的地区可以使更多潜在的物流需求得到释放，例如，物流园区周边的道路交通、基础设施、园区内的仓库管理能力、园区的物流管理能力等因素都会对是否能够吸引到足够多的物流需求产生深刻的影响。

虽然物流需求的价格弹性较小，但当物流价格高于价值，用户的预期经济利益得不到保障时，用户物流需要的满足途径就会由市场转向自营，使市场需求量相应减少。反之，当物流价格保持在集约化生产才能达到的社会平均利润水平时，自给性的小型物流服务就得不偿失，原来自我满足的物流需要就会转向市场，从而扩大物流需求量。

六、企业竞争战略与经营理念的转变

现代企业越来越重视对核心业务的专注，在物流外包成为企业集中有限资源增强核心业务、提高企业核心竞争力的有效手段的认识下，工业企业将产生越来越多的社会物流服务需求量，这种需求首先会在汽车、电子等加工组装企业、外资企业中产生。

面对国际零售巨头的大举入侵，国内的零售企业感受到了前所未有的压力。为了应对国际零售商带来的巨大压力，兼并联合和资产重组已经成为我国连锁超市发展的大势所趋。通过"连横"策略，连锁超市规模不断扩大，有效地提高了零售市场的产业集中度，达到规模采购和规模销售，超市间的竞争也由单纯的价格竞争转变为供应链的竞争。而供应链管理的关键在于商品采购、运输、库存控制、流通加工、商品配送、退货处理、物流信息等物流系统功能的发挥，物流配送已经成为保证连锁超市运营体系正常运作的基本条件，也是构筑各企业核心竞争力的关键因素。

目前大型连锁超市公司多数采用以自建为主的物流系统发展战略，投巨资建设自己的现代化物流配送中心，实行统一配送，特别是在常温仓储和冷冻品及生鲜产品仓储方面，这一现象更加普遍。同时，由于大型连锁超市公司通常物流业务量巨大，即使建有自己的配送中心和较为完善的配送体系，在某些业务方面仍然需要与第三方物流公司产生业务合作，特别是在长途运输、区域仓库等方面的业务，外包的优势较为明显。

此外，连锁超市企业为实现整体的物流配送合理化，在互惠互利原则的指导下，共同出资建设配送中心、共同对某一地区的用户进行配送、共同使用配送车辆也越来越常见，特别是一些经营规模较小或门店数量较少的连锁超市采用"共同化配送"这一模式更具经济性。企业竞争战略、经营理念和物流配送模式的上述转变，必将对我国物流市场的需求格局和供给模式产生深刻影响。

七、市场环境

市场环境变化将影响物流需求，包括国际国内贸易方式的改变、消费水平的提高和消费理念的变化、人口增长与流动等。市场的统一和市场范围的扩大可以促进物流活动范围的扩大。经济全球化、区域一体化等市场环境的变化，使得物流需求的空间范围日益扩大。国际经济关系的发展和国际贸易进出口业务的增长，直接拉动对国际集装箱运输、公路过境运输、国际海上运输、空运以及进出口报关、货运代理等相关物流服务的需求。

消费水平和消费理念直接影响着企业经营决策、生产和销售行为，进而影响物流的规模、流动方向和服务对象。大量人口涌入城市，必然引起城市消费能力的增加，进而引起大量居民生活用品运往城市，从而使得货运物流需求增加。

第三节 物流供给

一、物流供给的内涵

物流供给是指在一定时期内社会能够向市场提供有效物流服务的能力或资源，也就是在一定价格水平下，企业愿意提供的各种物流服务的数量，包括量、质两方面内容。量是指有效物流服务总体数量的多少，质是指各种不同能力或资源的数量比例和结构。

显然，物流供给能力不能等同于社会拥有能力。前者不包含社会组织内部自我服务所拥有的物流能力或资源。所谓物流需求也不包含社会组织自我满足的物流服务要求量，不同于社会需要量。

研究物流需求与供给的根本目的，宏观上在于寻求市场经济条件下，实现物流需求与供给总量上的基本平衡、结构上的相互适应的条件；微观上在于指导物流企业进入市场，参与竞争。

二、影响物流供给的主要因素

1. 社会经济发展水平

随着经济社会的发展、贸易范围的扩大、分工的进一步深化，特别是工业革命的发生，现代物流供给才有可能大规模地发生和发展。

2. 物流服务价格

物流服务价格是影响物流市场上物流服务供给量的重要因素。在一定时期内,价格高,物流服务供给总量就会增加;价格低,物流服务供给总量就会减少。合适的物流服务价格是一个健康物流市场的前提条件。

3. 物流技术

物流技术是物流供给的基础性条件。物流技术是物流供给的重要决定因素,物流技术与装备水平的提高,能对物流供给能力产生革命性的影响。进入20世纪中期,计算机的发明、信息技术的应用,使得人们能够以更加精确、快捷的方式实现空间位移。

4. 物流需求

物流需求规模的大小和变化方向决定了物流供给的可能空间和发展方向。缺乏物流需求,会使物流供给缺乏动力;物流需求旺盛,物流供给相对就会充足。如果存在潜在、巨大的物流需求,则对未来的物流供给有很强的诱导作用。

5. 产业布局

工农业生产的布局对物流基础设施网络的形成和发展有决定性的影响。例如,我国的煤炭、铁矿资源主要分布在西部和北部,加工工业集中在东部沿海地区,因此,在我国西部、北部和东部沿海之间建设了铁路、沿海航线,它们和长江、大运河等成为能力强大的运输干线。

三、物流市场供求均衡与均衡价格

(一)供求均衡

1. 供给与供给曲线

按照西方经济学的观点,供给是指某一时间内生产者在一定价格条件下,愿意并可能出售的产品,对物流业来说也就是愿意提供的物流服务。价格与供应量成正比变化,其变化规律如图5-2所示。

物流企业为提供一定量的服务所接受的价格,称为供给价格,它取决于物流成本。在其他条件不变的情况下,价格越高,物流企业越愿意提供服务,因此供给会随价格上升而增加。

2. 需求与需求曲线

物流需求是社会在一定价格条件下对物流服务需求的表示,显然在物流价格低时,会有更多的需求;而在物流价格高时,有部分物流需求退出或者转为自营物流,因而物流需求量与物流价格呈反方向变化,其变化规律如图5-3所示。

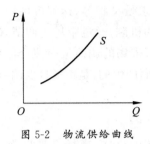
图 5-2 物流供给曲线

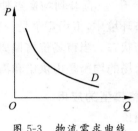
图 5-3 物流需求曲线

一定的物流需求所对应的价格就是需求价格。

3. 均衡的含义

在现代西方经济学中,均衡是指经济学中变动着的各种力量处于一种暂时稳定的状态。均衡并不意味着不会变动。均衡价格就是一例,在均衡点的价格就是均衡价格,这时供给量与需求量一致,如果它在变动,供给与需求就不会一致了。

(二) 均衡价格

1. 均衡价格的定义

需求价格是指消费者对一定量商品所愿意支付的价格,供给价格是指生产者为提供一定量的商品所愿意接受的价格。在同一市场中,产品完全出清时,供给量与需求量必然相等,西方经济学家以此为根据提出了均衡价格的概念。均衡价格就是指一种商品的需求价格和供给价格相一致时的价格,也是这种商品的市场需求曲线与市场供给曲线相交时的价格,也是供给量和需求量相等时的价格。与均衡价格相对应的相等的供求数量称为均衡数量。物流供需曲线如图5-4所示。

图 5-4 中纵轴表示价格,横轴表示物流量,S 是供给曲线,D 是需求曲线,需求与供给均衡的位置在于需求曲线与供给曲线相交的点,即 E 点,其均衡价格为 P_1。

2. 均衡价格分析

在图 5-4 中 P_1 为均衡价格,当市场价格上升了,超过 P_1 点时,需求量就会下降,而供给量因价格上升会增加。这样就形成了供过于求。但这只是暂时的现象,需求少,供给多,又将导致价格下降,一直降到均衡点使供给量与需求量又相等,达到市场均衡。

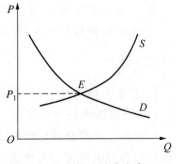
图 5-4 物流供需曲线

如果市场物流价格下降了,低于 P_1 点时,需求量就会上升,而物流企业因为利润的减少会降低供给量。这样就会形成供不应求。但这也将是暂时的现象,需求多,供给少,这将导致价格上升,一直升到均衡点使供给量与需求量又相等,达到市场均衡。

在市场经济环境中,市场竞争是一种形成均衡的机制,通过市场的调节,使得供给量与需求量处于平衡状态。当市场价格偏离均衡价格时,市场的调节又会使价格趋向于均衡价格。完全竞争市场的均衡是由供给和需求共同作用而产生的,是市场自发的行为和后果。

3. 均衡价格模型的应用

(1) 最高限价

最高限价是指由政府为某种产品规定一个具体的价格,市场交易只能在这一价格之下进行。

最高限价具有如下特点:

① 最高限价的目标是保护消费者利益或降低某些生产者的生产成本。

② 属于政府对价格的干预措施。

③ 最高限价低于均衡价格。实施最高限价,往往出现供不应求现象,造成短缺。

④ 要保障最高限价的顺利实施,必须有强有力的行政措施或分配措施。如凭票供应。

⑤ 最高限价只宜短期、在局部地区实行,不应长期化。

(2) 保护价格

保护价格也叫支持价格或最低限价,就是由政府规定一个具体的价格,市场交易只能在这个价格之上进行。

保护价格具有如下特点:

① 保护价格的目标是保护生产者利益或支持某一产业的发展。

② 属于政府对价格的干预措施。

③ 保护价格高于均衡价格,会出现过剩现象。

④ 实施保护价格,需建立政府的收购和储备系统。

⑤ 保护价格只宜在少数产品上实行,主要是农产品。

(三) 弹性

1. 需求价格弹性

(1) 物流需求的价格弹性

物流需求的价格弹性指物流服务价格变动所引起的物流服务需求量变动的程度,或者说物流服务需求量对其价格变动的反应程度。计算公式:

$$E_d = \frac{\frac{\Delta Q}{Q}}{\frac{\Delta P}{P}} = \left(\frac{\Delta Q}{\Delta P}\right)\frac{P}{Q}$$

式中：E_d——需求价格弹性系数；

$\dfrac{\Delta Q}{Q}$——需求变动的比率；

$\dfrac{\Delta P}{P}$——价格变动的比率。

E_d 的性质：

① E_d 的数值，不随选用的计量单位而变化。

② E_d 的数值，可能为正数、负数、0 或 1。依赖于有关两个变量是同方向变化，还是反方向变化。

③ E_d 为正还是为负，所表示的仅仅是有关变量变化的方向性关系，而 E_d 的绝对值的大小则表示了变化程度的大小。有时，为了便于比较弹性值的大小，在等式右端添加一个负号，使其成为正值。通常用绝对值的大小来表示价格变动对需求量变动的影响程度。当我们说某产品的需求价格弹性大，即指其绝对值大。

④ E_d 的数值，随商品的不同而不同。即使在同一种商品的一条既定的需求曲线上，也随价格不同而不同。

如果要计算一条需求曲线上两点之间的需求价格弹性，会发现一个问题：从 A 点到 B 点的弹性不同于从 B 点到 A 点的弹性。

例如，A 点：价格＝4，数量＝120；B 点：价格＝6，数量＝80

从 A 点到 B 点，价格上升 50%，数量减少 33%，需求价格弹性是 33/50，即 0.66；

从 B 点到 A 点，价格下降 33%，数量增加 50%，需求价格弹性是 50/33，即 1.50。

价格策略准则：

$|E_d|>1$ 的物流服务，适当降价不仅可增加物流需求量，而且能增加物流服务收入；

$|E_d|<1$ 的物流服务，降价虽会增加物流服务需求量，但却会导致物流服务收入下降，提价尽管使物流服务需求量有可能减少，但却能增加物流服务总收入；

$|E_d|=1$ 的物流服务，需求是单位弹性，因此价格变化对总收益没有影响；

$|E_d|=0$ 的物流服务，需求完全无弹性，总收益将随物流价格同比例下降而减少，同比例上涨而增加；

$|E_d|=$ 无穷大时，在既定价格下，总收益可通过增加物流服务量而无限增加。

(2) 影响需求价格弹性的因素

① 替代品的数量和相近程度。一种商品若有许多相近的替代品，则其需求价格弹性大。

② 商品的重要性。基本必需品，弹性小；非必需品，弹性大。

③ 商品用途的多少。用途越多，需求价格弹性越大。

④ 时间的长短。时间越短，商品的需求弹性越小；时间越长，商品的需求弹性越大。

(3) 影响物流需求价格弹性的因素

① 是否具有可替代的物流服务；

② 物流费用在货物总费用中所占比例;
③ 货物的自身属性。

2. 供给价格弹性

(1) 物流供给价格弹性

物流供给价格弹性是指价格的相对变动引起供给量变化变动之间的比率。公式:

$$E_s = (\Delta Q/Q)/(\Delta P/P) = (\Delta Q/\Delta P) \cdot (P/Q)$$

E_s 一般为正值。

基本类型:
① $E_s = 1$:价格变动和供给数量同比例。
② $E_s > 1$:弹性充足。
③ $0 < E_s < 1$:弹性不充足。
④ $E_s = 0$:完全无弹性。
⑤ $E_s = +\infty$:完全有弹性。

(2) 影响物流供给价格弹性的因素
① 时间是决定供给弹性的首要因素。短期内,供给弹性一般较小;相反,在较长的时间内,供给弹性一般比较大。
② 供给弹性还受生产周期和自然条件的影响。
③ 投入品替代性大小和相似程度对供给弹性的影响也很大。投入品替代性大,相似程度高,则供给弹性大。

(3) 影响物流供给价格弹性的因素
① 物流供给要素适应物流需求的范围大小;
② 调整供给的难易程度;
③ 物流成本增加幅度大小。

第四节 物流需求预测

预测是指根据具体的决策需要,依据事物以往发展的客观规律性和当前出现的各种可能性,运用现有的科学方法和手段,对事物发展的规律性和未来状态做出的估计、测算和推断。物流需求预测,就是根据物流市场过去和现在的需求状况,以及影响物流市场需求变化的因素之间的关系,利用一定的经验判断、技术方法和预测模型,应用适合的科学方法对有关反映市场需求指标的变化以及发展的趋势进行预测。

一、物流需求预测的原理

预测的原理,可以简单地用四个字来描述,叫作"鉴往知来"。就是根据对象的现状和过去发展变化的历史,找出规律,根据这个发展变化规律来推测得出对象未来的发展变化趋势。虽然预测的应用领域很多，且研究对象的特性各异、方法手段种类繁多，但综观预测的思维方式，可以归纳出以下几个基本原理。

1. 惯性原理

客观事物的发展变化过程常常表现出它的延续性，通常称这种表现为"惯性现象"。客观事物运动惯性的大小，取决于本身的动力和外界因素的制约程度。研究对象的惯性越大，说明其延续性越强，越不容易受外界因素的干扰而改变本身的运动倾向。

例如，市场中对生产资料品种、质量、产量的需求比较稳定，影响生产资料市场的主要因素（国家投资、用户需求等）变动比较缓慢，因而表现出来的惯性较大。而属于消费资料的产品，则由于购买者爱好、兴趣的差异较大且容易改变，因而对规格、品种和价格的要求变动较大，所以表现出来的惯性较小。尤其是流行商品的市场需求变化纷繁，则其惯性就更小。

2. 类推原理

类推原理也称为类推的原则。许多特性详尽的客观事物，它们的变化有相似之处。类推预测的应用前提是寻找类似事物，通过分析类似事物相互联系的规律，根据已知某事物的变化特征，推断具有近似特性的预测对象的未来状态，这就是所谓的类推预测。

类推预测可分为定性类推预测和定量类推预测。在缺乏数据资料的情况下，类似事物的相互联系只能作定性处理，这种预测就称为定性类推预测。例如，由金属成型工艺类推预测塑料成型工艺的发展。定量类推预测需要一定的数据资料，已知事物是先导事物，根据先导事物的数据变动情况，建立先导事物与迟发事件的数量联系，并进行预测。

3. 相关原理

任何事物的变化都不是孤立的，而是在其他事物的相互影响下发展的。事物之间的相互影响常常表现为因果关系。例如，耐用消费品的销售量与人均收入水平密切相关，与社会人口结构也有关。深入分析和研究对象和相关事物的依存关系及影响程度，是揭示事物变化特征和规律的有效途径，并可用以预测其未来状态。

从时间关系来看，相关事物的联系分同步相关和不同步相关两类。先导事件和预测事件的关系表现为不同步相关。例如，基本建设投资额和经济发展速度相关。因而，根据先导事件的信息，可以有效地估计不同步相关的预测事件的状态。而同步相关的典型事例是，冷饮食品的销售量与气候变化有关，服装的销售和季节的变化有关。

二、物流需求预测的步骤

进行物流预测，遵循与一般的预测一样的步骤。首先进行物流调查，再进行调查资料的整理，然后根据调查资料所反映的发展趋势找出发展变化规律，再根据这个变化规律选择预测方法，建立预测模型，用预测模型求出预测值，最后进行误差分析，求出最后预测结果。

（1）明确预测目的和任务，制订预测计划。先根据需要确定具体而明确的预测对象

(如预测的类型是长期预测还是短期预测,预测内容是对某一地区某一种产品,还是对某一地区某几种产品进行预测等),以便确定预测的内容和任务,从而制订出具体的预测工作计划,并组织预测小组加强各部门之间的协调等。

(2) 进行市场调查,收集相关的资料数据。根据预测对象和内容的要求,对已经拥有的有关数据资料进行整理、分析,对尚未拥有的资料数据进行收集、调查。资料数据的收集越详细,越有利于预测工作的进行。

(3) 调查资料整理分析。调查资料从调查来源上看,包括两种类型:一种是第一手资料;另一种是第二手资料。调查资料从实践特性上看,也包括两种类型:一种是现状资料;另一种是历史资料。

(4) 选择合适的预测方法。根据资料进行分析,观察对象的变化规律(大致可以用什么样的函数曲线去描述),从而确定应当采用什么样的预测方法。

(5) 建立预测模型。

(6) 预测模型分析计算,求出预测值。

(7) 进行误差分析,确定预测结果。由于实际的市场需求情况错综复杂、影响因素众多,进行预测时,不能简单地依靠某一理论或套用某一模型加以预测,而是要综合考虑各方面的情况,借助于经验判断、逻辑推理、统计分析等方面的预测判断,得出最后的预测结果。具体步骤如图 5-5 所示。

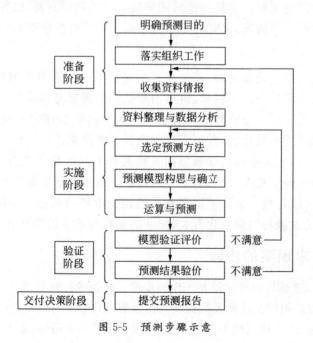

图 5-5 预测步骤示意

第五节　物流需求预测方法

要进行科学的市场需求预测,除了必须明确物流需求预测的有关概念以外,更重要的是必须掌握进行物流需求预测的方法。一般将物流需求预测方法分为定性预测方法和定量预测方法两种。

一、定性预测方法

定性预测方法是指预测人员通过对所掌握的物流市场情况的数据资料的分析,根据自身的实践经验、主观分析以及直觉判断,对有关市场需求指标的变化趋势或未来结果进行预测的方法。它的优点是预测所花费的时间较短、成本较低、实际操作比较容易;缺点是预测结果受主观因素的影响较大。

1. 德尔菲法

德尔菲法(Delphi method)又名专家意见法或专家函询调查法,由一组专家分别对问卷作回答、由组织者汇集调查结果,如果统计结果显示专家的意见比较分散,则需要重新设计调查表,进行新一轮的调查;如果专家的意见比较集中一致,则就得到最终的调查预测结果。

它是一种采用背对背的通信方式征询专家小组成员的预测意见,经过几轮征询,使专家小组的预测意见趋于集中,最后得出符合市场未来发展趋势的预测结论的决策方法。其优点是不受地区、人员的限制,应用广泛,费用较低;可以分别对不同的专业人士进行调查,能够得到各种不同的观点和意见,通常在历史资料不足或不可测因素较多时适用,如我国第三方物流发展趋势预测。其缺点是预测结果取决于专家的学识、经验、心理状态和对预测问题感兴趣的程度,受主观认识制约较强。

德尔菲法的一般预测程序为:

(1)明确预测目标,成立预测小组,准备预测问题的背景材料。

(2)选择专家、专业人员。

(3)要求专家根据自己的知识和经验,对所预测事物的未来发展趋势提出自己的预测,说明其依据和理由,并书面答复主持预测的单位。

(4)预测小组对专家的预测意见进行归纳整理。

(5)专家等人进行第二次预测,提出自己的修改意见及其依据和理由。如此反复征询、归纳、修改,一般经过4~5次反馈,各位专家的意见就会基本趋向一致。

例:某公司研制出一种新兴产品,市场上还没有相似产品,因此没有历史数据可以获得。公司需要对可能的销售量做出预测,以决定产量。于是该公司成立专家小组,并聘请业务经理、市场专家和销售人员等8位专家,预测全年可能的销售量。8位专家提出个人判断,经过三次反馈得到结果,如表 5-1 所示。

表 5-1　8 位专家个人判断经过三次反馈的结果

专家编号	第一次 最低销售量	第一次 最可能销售量	第一次 最高销售量	第二次 最低销售量	第二次 最可能销售量	第二次 最高销售量	第三次 最低销售量	第三次 最可能销售量	第三次 最高销售量
1	500	750	900	600	750	900	550	750	900
2	200	450	600	300	500	650	400	500	650
3	400	600	800	500	700	800	500	700	800
4	750	900	1 500	600	750	1 500	500	600	1 250
5	100	200	350	220	400	500	300	500	600
6	300	500	750	300	500	750	300	600	750
7	250	300	400	250	400	500	400	500	600
8	260	300	500	350	400	600	370	410	610
平均数	345	500	725	390	550	775	415	570	770

2. 主观概率法

主观概率是指人们对有关事件发生的可能性所做出的主观量度,它应具有客观概率的基本性质。在主观概率的基础上做出预测就称为主观概率法。

二、定量预测方法

定量预测方法是建立在对数据资料的大量、准确和系统的占有基础之上,应用数学模型和统计方法对有关预测指标的变化趋势和未来结果进行预测的方法。它的优点是科学理论性较强,逻辑推理缜密,预测的结果也较有说服力;缺点是预测花费的成本较高,应用困难,而且需要较高的理论基础,因而应用起来受到的限制较多。

到目前为止,世界上用于预测的数学模型已经超过了 100 种。其中用得最普遍的是时间序列分析方法,是以时间为独立变量,把过去的需求和时间的关系作为需求模式来估计未来的需求。所谓时间序列是按一定的时间间隔和事件发生的先后顺序将所收集的数据进行的排列,具有随着时间进程重复出现的明显特征。我们这里只简要介绍基于时间序列分析的简单平均法、加权平均法、移动平均法、季节指数法、指数平滑法预测模型。

1. 简单平均法

简单平均法是一种最简单的时间序列分析预测法。它最基本的思路就是把前几个月(或日、周、旬、季、年等,下同)的数值的平均值,作为后一个月的预测值。

设 x_t 为第 t 月的发生值，$t=1,2,\cdots,n$。如果要求根据前 N 个月的发生值来预测第 $(t+1)$ 月的预测值 y_{t+1}，则可以由有下式确定：

$$y_{t+1} = \frac{x_t + x_{t-1} + \cdots + x_{t-n+1}}{N} \tag{5-1}$$

2. 加权平均法

所谓加权平均法，就是对于组距中的 N 个数，根据它们各自对于预测值的重要程度分别设置重要度权数，然后把它们加权平均来求得预测值的预测方法。

如果设组距中 N 个值的权数分别为 $w_1,w_2,\cdots,w_N$，则加权平均法的预测值可以用下式求得：

$$y_{t+1} = \frac{w_1 x_t + w_2 x_{t-1} + \cdots + w_N x_{t-N+1}}{w_1 + w_2 + \cdots + w_N} \quad (t \geq N) \tag{5-2}$$

3. 移动平均法

移动平均法就是从时间序列的第一项数值开始，选取一定的项数求得序时的平均数，得到一个下期的预测值；然后逐项移动，边移动边平均，在进行一次新预测时，必须加进一个新数据和剔除一个最早的数据，这样进行下去就可以得到一个由移动平均数（即各期预测值）组成的新时间序列。适用于数值的变化没有明显的上升或下降的趋势，比较平稳；没有受到明显的季节性变化的影响；最适合的预测期为短期。

由于移动平均法就是顺序将组距由前往后移动，产生多个移动平均值，根据这些移动平均法又分为一次移动平均法和二次移动平均法两种，这里主要讨论一次移动平均法。

设实际发生值的时间序列是 x_t，组距为 N，将 x_t 顺序以组距 N 移动求得平均值序列为 M_t，即 M_t 可以用下式表示：

$$M_t = \frac{x_t + x_{t-1} + \cdots + x_{t-N+1}}{2} \quad (t \geq N) \tag{5-3}$$

$$M_t = \frac{w_1 x_t + w_2 x_{t-1} + \cdots + w_N x_{t-N+1}}{w_1 + w_2 + \cdots w_N} \quad (t \geq N) \tag{5-4}$$

用所求出的移动平均值来求预测值时，针对两种不同情况，分别采用不同的方法来求预测值。

（1）短序列移动平均法

如果发生值数列 X_t 比较短（一般小于 20 个数），则把 M_t 放在 $t+1$ 的时间位置上，且预测值 y_{t+1} 就等于 M_t。即：

$$Y_{t+1} = M_t$$

(2) 长序列移动平均法

如果发生值数列 X_t 比较长（一般大于20个数），则把 M_t 放在组距的中位位置上，形成一个平均值的时间序列 M_t，由这个平均值序列 M_t 求出其变化趋势值 a_t，再由变化趋势值 a_t 求出其平均值序列 $\bar{a}_t$，最后根据 M_t 和 $\bar{a}_t$ 来求得预测值。

M_t 的变化趋势序列 a_t 可由下式求出：

$$a_t = M_t - M_{t-1} \tag{5-5}$$

还要由 a_t 序列按同样的组距 N 求移动平均值 $\bar{a}_t$，同样置于对应的组中位上。利用下式求得：

$$\bar{a}_t = \frac{w_1 a_t + w_2 a_{t-1} + \cdots + w_N a_{t-N+1}}{2} \quad (t \geqslant N) \tag{5-6}$$

$$\bar{a}_t = \frac{w_1 a_t + w_2 a_{t-1} \cdots + w_N a_{t-N+1}}{w_1 + w_2 + \cdots + w_N} \quad (t \geqslant N) \tag{5-7}$$

最后就可以利用下式求出后面距离 t 时段为 T 的任意一个时段的预测值：

$$y_{t+T} = M_t + T\bar{a}_t \tag{5-8}$$

这种方法的预测步骤是：
① 调查整理排列原始数据时间序列 x_t；
② 选组距 N；
③ 由 x_t 计算移动平均值 M_t，置于组的中位；
④ 由 M_t 计算趋势变动值 a_t；
⑤ 由 a_t 以相同组距 N 移动平均计算平均趋势变动值 $\bar{a}_t$；
⑥ 求预测值 $y_{t+T} = M_t + T\bar{a}_t$，其中 t 为同时对应有 M_t 和 $\bar{a}_t$ 的最后一个时间段，T 为预测时间段距离 t 时间段的间隔时间段数；
⑦ 进行误差分析，确定预测结果。

4. 季节指数法

在市场销售中，一些商品如电风扇、冷饮、四季服装等往往受季节影响而出现销售的淡季和旺季之分的季节性变动规律。掌握了季节性变动规律，就可以利用它来对季节性的商品进行市场需求量的预测。

季节指数法的基本思想方法原理，就是要求出各个月（或季，下同）的季节指数，根据各个月的发生值以及相应月份的季节指数来求预测值。利用季节指数法进行预测时，时间序列的时间单位或是季，或是月，变动循环周期为4季或是12个月。运用季节指数法进行预测，首先，要利用统计方法计算出预测目标的季节指数，以测定季节变动的规律性；然后，在已知季度的平均值的条件下，预测未来某个月（季）的预测值。

所谓季节指数,就是该月的实际发生值与该年中的月平均发生值的比值,是一种以相对数表示的季节变动衡量指标。如果月平均发生值为 X,第 i 月的发生值为 x_i,则其月季节指数为

$$a_i = \frac{x_i}{X} \times 100\% \tag{5-9}$$

知道某个月的发生值 x_i 和它的月季节指数 a_i,又知道所要预测的月份 j 的月季节指数 a_j,则可以由下式求出月份 j 的预测值 y_i:

$$y_i = \frac{a_i}{a_j} x_i \tag{5-10}$$

5. 指数平滑法

指数平滑法最适合的预测期为短期;最新数据的权重高于早期数据。

指数平滑法具有如下特点:
(1) 其是短期预测中最有效的方法;
(2) 只需要得到很小的数据量就可以连续使用;
(3) 在同类预测法中被认为是最精确的;
(4) 当预测数据发生根本性变化时还可以进行自我调整;
(5) 是加权移动平均法的一种,较近期观测值的权重比较远期观测值的权重要大。

下一期的预测值=α×前期实际需求值+(1−α)×前期预测值

α 是权重,通常称为指数平滑系数,介于 0~1 之间。

所有历史因数的影响都包含在前期的预测值内,任何时刻只需保有一个数字就代表了需求的历史情况。

$$\begin{aligned} F_{t+1} &= \alpha D_t + (1-\alpha) F_t \\ &= F_t + \alpha (D_t - F_t) \end{aligned}$$

α 趋近于 1,新预测值将包含一个相当大的调整,即用前期预测中产生的误差进行调整;

α 趋近于 0,新预测值就没有用前次预测的误差作大的调整。

第六节 物流需求预测实例

一、简单平均法

例题 5-1 已经调查得出某商场今年前 8 个月用户的配送车次如表 5-2 所示,现在需要预测估计该商场 9 月份的配送车次。

表 5-2　某商场前 8 个月的配送车次

月　份	1	2	3	4	5	6	7	8
配送车次	10	12	11	10	8	9	10	12

解：根据题意，就是要求 9 月份的预测值，它可以用 9 月份之前 N 个月进行平均求得。

根据公式(5-1)，可得：

若 $N=3$，则 $y_0 = \dfrac{x_8 + x_7 + x_6}{3} = \dfrac{12+10+9}{3} = 10.3$

若 $N=4$，则 $y_0 = \dfrac{x_8 + x_7 + x_6 + x_5}{4} = \dfrac{12+10+9+8}{4} = 9.75$

若 $N=5$，则 $y_0 = \dfrac{x_8 + x_7 + x_6 + x_5 + x_4}{5} = \dfrac{12+10+9+8+10}{5} = 9.5$

二、加权平均法

例题 5-2　数据例题 5-1，采用加权平均法预测。

若 $N=3$，权数 $=\{3,2,1\}$，越靠近 9 月份的序列值，权数越高，则

$$y_9 = \dfrac{w_1 x_8 + w_2 x_7 + w_3 x_6}{w_1 + w_2 + w_3} = \dfrac{3 \times 12 + 2 \times 10 + 1 \times 9}{3+2+1} = 10.83$$

若 $N=4$，权数 $=\{4,3,2,1\}$，则

$$y_9 = \dfrac{w_1 x_8 + w_2 x_7 + w_3 x_6 + w_4 x_5}{w_1 + w_2 + w_3 + w_4} = \dfrac{4 \times 12 + 3 \times 10 + 2 \times 9 + 1 \times 8}{4+3+2+1} = 10.4$$

若 $N=5$，权数 $=\{5,4,3,2,1\}$，则

$$y_9 = \dfrac{w_1 x_8 + w_2 x_7 + w_3 x_6 + w_4 x_5 + w_5 x_4}{w_1 + w_2 + w_3 + w_4 + w_5} = \dfrac{5 \times 12 + 4 \times 10 + 3 \times 9 + 2 \times 8 + 1 \times 10}{5+4+3+2+1}$$
$$=10.2$$

与例题 5-1 的预测值相比，这里的预测值分别都有所升高，更接近 8 月份的发生值 12，这都是由于增加了权数的结果。

三、移动平均法

例题 5-3　这里只举一个短序列移动平均法的例子。数据如例题 5-1，同时画出表 5-3 的形式（见表中的第一列和第二列）。因为实际发生值只有 8 个，所以采用短序列移动平均法进行预测，取 $N=3$。不用加权平均，就用简单平均。计算的结果如表 5-3 的第 (3) 列。

第(3)列是由实际值 x_t 用公式(5-3)求出的移动平均值 M_t,第(4)列是用公式(5-8)求出的预测值 y_{t+1}。所以9月份的预测值是10.3,即10车次。

表 5-3　采用移动平均法预测计算表

时间 t	配送车次 x_t	移动平均值 M_t	预测值 y_{t+1}
(1)	(2)	(3)	(4)
1	10	…	…
2	12	…	…
3	11	11	…
4	10	11	11
5	8	9.7	11
6	9	9	9.7
7	10	9	9
8	12	10.3	9
9			10.3

例题 5-4　某纺织品公司近年棉布销售量如表 5-4 所示,请用一次移动平均法预测 2019 年棉布销售量。

表 5-4　某纺织品公司近年棉布销售量　　　　　　　单位:万米

年　份	销　售　量	一次移动平均数
2012	984	
2013	1 022	
2014	1 040	
2015	1 020	
2016	1 032	1 027
2017	1 015	1 031
2018	1 010	1 022
2019		1 019

解:从表中可以发现,这是一个水平型变动的时间序列,除了2012年不足1 000万米外,其余年份均在1 020万米左右变动。我们用一次移动平均法预测,选择移动期数等于3,进行预测。

$$\hat{x}_{t+1} = M_t = \frac{x_t + x_{t-1} + \cdots + x_{t-n+1}}{N}$$

$$\hat{x}_{1999} = M_{1998}^{(1)} = \frac{x_{1998} + x_{1997} + x_{1996}}{3}$$

$$= \frac{1\ 010 + 1\ 015 + 1\ 032}{3}$$

$$= 1\ 019(万米)$$

该纺织品公司 2019 年棉布销售量预测值为 1 019 万米。

四、季节指数法

例题 5-5 某地历年各季度背心的销售量如表 5-5 所示,试根据第四季度月季指数预测 2001 年第一季度的销售量。

表 5-5 某地历年各季度背心的销售量   单位:万件

年份 \ 季度	1	2	3	4	合 计
2016	9	13	16	6	44
2017	11	14	17	10	52
2017	8	16	21	6	51
2019	10	12	20	8	50
2020	12	15	16	10	53

解:计算各年同季平均数。首先求出各年同季合计,如第一季度的各年合计为

$$9 + 11 + 8 + 10 + 12 = 50(万件)$$

然后求其平均数:$50 \div 5 = 10$(万件)

按照此方法计算,得到表 5-6 数据。

表 5-6 计 算 数 据   单位:万件

年份 \ 季度	1	2	3	4	合 计
2016	9	13	16	6	44
2017	11	14	17	10	52
2018	8	16	21	6	51
2019	10	12	20	8	50
2020	12	15	16	10	53
合计	50	70	90	40	250
同季平均数	10	14	18	8	

总平均数 $= (10 + 14 + 18 + 8)/4 = 12.5$(万件)

季节指数 $a_i = \dfrac{x_i}{2} \times 100\%$

一季度季节指数:$a_1 = 10 \div 12.5 \times 100\% = 80\%$

二季度季节指数：$a_2 = 14 \div 12.5 \times 100\% = 112\%$

三季度季节指数：$a_3 = 18 \div 12.5 \times 100\% = 144\%$

四季度季节指数：$a_4 = 8 \div 12.5 \times 100\% = 64\%$

这里取2020年第一季度的发生值进行计算，则第一季度预测值：

$$y_1 = \frac{a_4}{a_1} x_4 = \frac{64\%}{80\%} \times 12 = 9.6 (万件)$$

五、指数平滑法

例题 5-6 根据表5-7给出的1—11月份某商品需求量的观察值，分别取 $\alpha = 0.1$、0.5、0.9，预测12月份的需求量，并进行误差比较。

表5-7　1—11月份某商品需求量的观察值及12月份的需求量预测结果

月份	时期	需求量的观察值	指数平滑值		
			$\alpha = 0.1$	$\alpha = 0.5$	$\alpha = 0.9$
1	1	2 000			
2	2	1 350	2 000	2 000	2 000
3	3	1 950	1 935	1 675	1 415
4	4	1 975	1 937	1 813	1 897
5	5	3 100	1 940	1 894	1 967
6	6	1 750	2 056	2 497	2 987
7	7	1 500	2 026	2 123	1 974
8	8	1 300	1 978	1 837	1 583
9	9	2 200	1 910	1 568	1 328
10	10	2 775	1 939	1 884	2 113
11	11	2 350	2 023	2 330	2 709
12	12		2 056	2 340	2 386

解：利用指数平滑法预测误差比较，如表5-8所示。

表5-8　误差计算结果

		误差	绝对误差	误差平方
$\alpha = 0.1$	总	551	4 771	3 431 255
	平均	55	477	343 126
$\alpha = 0.5$	总	674	5 688	4 338 332
	平均	67	569	433 833

续表

		误　差	绝对误差	误差平方
$\alpha=0.9$	总	-423	6 127	5 034 081
	平均	-42	613	503 408

复习思考

1. 什么是物流需求？哪些因素影响物流需求？
2. 什么是物流供给？影响物流供给的因素有哪些？
3. 如何理解物流供给与需求均衡的形成机理及其互动关系？
4. 物流供给和物流需求的价格弹性分别是什么？
5. 影响物流供给价格弹性的因素是什么？
6. 影响物流需求价格弹性的因素是什么？

案例分析

"铁老大"开通电商班列

2014年8月1日，京沪首列电商班列X210/209次从上海闵行站货场发出，与此同时，首趟京广电商专列也正式开行，加上已经开行的沪深电商专列，至此，铁路总公司为快递业量身定制的首批三对六列电商专列全部投入运营。

相对于公路运输，电商专列不仅能为快递业提速，如X210次电商班列全程1 427千米运行18小时，一般货物运输则需5天左右的时间；而且还能降低运输成本，据有关专家预测，一站直达的电商专列运输成本会低两成多，而与飞机相比，电商专列的运输成本只有飞机的1/3。

在业内看来，改革后的铁路系统带来的大量铁路运输资源具有及时、安全、受天气因素影响小等特性，引来了快递需求企业集体争夺。铁路此次进军快递业务，不仅是自身转型、赢得市场的举动，更将激活物流市场，为电子商务行业注入新的活力。

1. 电商班列获青睐

电商快递物流的途径有航空运输、公路运输，但航空运价高且运量小，公路运输运量小、速度慢，且遇上高速限行、拥堵及恶劣天气等原因，速度就更慢了。再加上汽车的尾气排放是造成雾霾的原因之一，因而汽车运输对电商快递的长途运输来说，已不再占多大优势。铁路运输的安全、运量大、全天候、快捷且环保的特点，已越来越符合电商快递运输的特点及要求。再就是铁路运价适中，也是电商快递攀枝铁路的原因之一。

京东、申通是国内首批采用高铁运输货物的电商企业,它们所看中的是铁路运输的稳定性和运输的成本优势。过去,京沪、京广线的"隔日达"运输方式以陆运为主、空运为辅,采用电商专列后大大提高了效率并节约了物流成本。铁路是快递业理想的干线运输工具,直达班列速度上的优势更为明显,例如,北京到广州线路,电商班列现在运行时限是21小时,汽运时限则为30多个小时,电商专列的优势明显。

2. 安全、准点、成本低

电商快递班列的优势主要体现在安全、准时、运量大、绿色环保和全天候上。电商快递班列具备与公路相竞争的价格、与航空相媲美的时效,根据行业对比情况,在800～2 000千米的距离上有比较优势。

电商货物搭载铁路快运班列,能充分发挥快递企业点多面广和铁路运轮快速、安全、大容量、全天候、低碳环保的优势,更符合国家经济结构调整和发展绿色物流的目标,降低了社会物流成本,支持了电商快递行业的发展,充分发挥了铁路运输网络作为国民经济大动脉的作用。快递公司与铁路的牵手"联姻",契合双方利益和发展趋势,能充分发挥快递企业和铁路运输的优势,同时也让公路、航空等运输方式相互衔接、优势互补,有助于构造良好的综合运输现代物流服务体系。

3. 未来还有改进空间

在目前的运作模式下,快递企业需要把快件从分拣中心转运至铁路车站,增加了发到两端汽运短驳和二次搬倒作业的成本,电商班列多出了两次铁路上下货以及转运流程,人力成本和安全风险有所加大。但只要铁路总公司、电商企业、快递企业能够共同从面向电商、快递市场需求的角度出发进行研究,根据需求扩大电商快递班列开行规模,解决发车时间表和快递需求之间的匹配等现实问题,就能进一步提高运营效率、降低费用、减少安全风险。

资料来源:舒辉.物流经济学[M].第2版.北京:机械工业出版社,2015

问题思考:

1. 分析目前我国快递市场的供给与需求矛盾。
2. 电商班列的开通将会对我国快递业的市场供需矛盾产生什么样的影响?

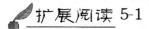

扩展阅读 5-1

电商仓库的理想

扩展阅读

第六章

物流市场组织分析

学习导航

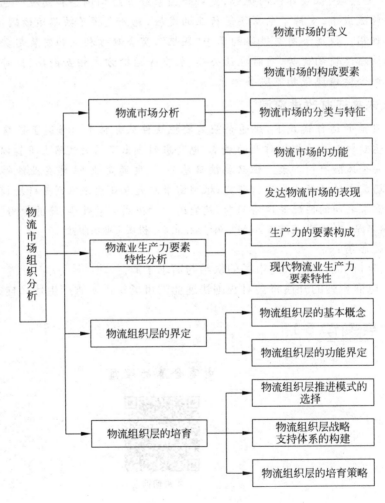

> **知识目标**
>
> 1. 掌握物流市场的含义和构成要素；
> 2. 掌握物流市场的分类与特征，了解发达物流市场的表现；
> 3. 熟悉现代物流业生产力要素特性；
> 4. 掌握物流组织层的含义和功能，熟悉物流组织层的培育。

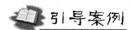引导案例

苹果公司的五大采购经验

苹果公司选择和管理供应商的方式是该公司取得成功的重要因素之一。苹果公司在选择新的供应商时重点评估质量、技术能力和规模。成本次之。而成为苹果公司的供应商绝非易事，竞争非常激烈，原因在于苹果公司的认可被视为对制造能力的认可。

在苹果公司最新的供应商名录上，可以看到156家公司的名单，其中包括三星、东芝和富士康。富士康以作为iPhone手机的主要组装公司而著称。然而，这些供应商的背后还有代表苹果公司向这些供应商供货的数百家二级和三级供应商。苹果公司几乎控制了这一复杂网络的各个部分，利用其规模和影响以最好的价格获得最佳产品并及时向客户供货。随着时间的推移，苹果公司已经同这些供应商建立了强大的合作关系，同时，还投资于特殊技术并派驻600名自己的工程师帮助供应商解决生产问题、提高工厂的效率。

苹果公司在选择、谈判和管理中采用的战略能够为任何从中国采购的公司提供一些经验。最主要的五大经验如下。

1. 拜访工厂

买家需要确定供应商是否有能力及时满足订单要求以及是否有能力生产高质量的产品。工厂拜访还能够使买家了解供应商的员工人数和他们的技能水平。

2. 谈判和监督并用

同一种产品使用不止一家供应商，以改善买家的议价能力并降低风险。下单后，派本地代表拜访工厂并且在不同的阶段检查货物，以便能够介入和矫正缺陷。

3. 了解供应商的供应商

供应链的能见度对于尽量减少有缺陷的产品和知识产权盗窃的风险以及控制成本来说非常必要。企业的实力也许比不上苹果公司，但企业必须了解采购的产品中使用的不同材料的出处。

4. 准备好提供帮助

当企业确定了供应商名录中的优质供应商时，要准备好同这些供应商分享提高产品

质量的想法，以便提高供应商所售产品的利润。企业还可以考虑培训等其他方法以提高供应商的员工的技能水平。

5. 经常沟通

第三方报告和年度拜访不足以建立合作关系，建立一个包括反馈在内的成熟的沟通机制势在必行。这样可以避免误解的发生，同时在问题演变成危机前把问题解决掉。

资料来源：中国物流与采购联合会．http://www.chinawuliu.com.cn/xsyj/201409/17/293703.shtml，2014-09-17．［2021-12-20］

引例思考：
1. 苹果公司如何管理庞大的供应商群体？
2. 分析苹果公司的供应链管理模式。

物流市场是物流技术供应商、物流服务供应商竞争的场所，也是物流供应商与物流需求者进行交易的场所。物流技术与物流服务供应商提供的产品能否为顾客所接受，能否获得满意的投资回报，都要经过物流市场的检验。

现代物流企业必须面向市场，研究市场供求和价格变化，按照社会对物流技术和物流服务的需求，不断改进物流技术和物流服务，才能适应市场发展，争取顾客满意，在激烈的市场竞争中求得生存与发展。

第一节 物流市场分析

一、物流市场的含义

市场不仅是商品交换的场所，而且是不同的商品生产者、中间商和消费者之间的商品交换买卖关系的总和。市场上所有的买卖活动，都涉及直接参与者和间接参与者的利益，在物与物的关系背后存在着人与人的关系。正确处理这些经济利益和经济关系，是商品交易顺利进行的必要条件。

物流市场同一般市场含义一样有狭义和广义之分。狭义的物流市场是指实现物流服务产品买卖交换的场所。广义的物流市场是指在有形的和无形的物流产品交易场所进行的物流供应商、中间商、消费者（需求者）之间买卖关系的总和。也就是说广义的物流市场包括物流需求与物流供给、物流交易中介这三个方面。

物流市场是在生产力发展的基础上产生的，是社会发展的产物，是由市场经济自身规律发展而来的。物流市场主要经营无形商品，无形商品的产生和发展晚于实物商品的产生和发展，因此，物流市场的产生和发展晚于一般市场的产生和发展。也就是说，只有在物流服务作为独立的商品形态，从有形商品中分离出来以后才能形成，只有当简单的商品流通发展到复杂的商品流通时，专业的物流市场才能应运而生。商品流通比较发达，市场经济比较充分时,物流服务才能独立出来。

二、物流市场的构成要素

一个完整的物流市场体系由物流市场的主体结构、客体结构、空间结构和时间结构组成。

1. 主体结构

物流市场主体是指产生物流市场行为的当事人或组织。其中市场行为是指市场中的供给行为、需求行为和交换行为等。从广义上讲,物流市场主体是多层次、多要素的集合体,至少应当包括以下三大主体。

(1) 物流市场交易主体

物流市场交易主体包括物流供给主体、物流需求主体以及为双方提供物流交易活动的各类物流代理商。

(2) 物流市场服务主体

物流市场服务主体包括为物流服务活动提供诸如金融、保险、法律等商务保障服务的机构组织。

(3) 物流市场管理主体

物流市场管理主体包括为物流服务活动提供海关、检验检疫等口岸服务和市场监管服务的政府部门。

在实践中,物流市场主体往往是从狭义的角度来理解,即仅是指物流市场交易主体。

2. 客体结构

物流市场的客体,是指物流市场主体之间发生经济权利转移关系的媒介物。它是市场交换关系的客观载体,表现为物流市场关系中的物质内容。

在物流市场中,不同的市场主体所提供的市场客体内容是不同的。

物流供给和需求主体所提供和要求的物质内容有运输、仓储、包装和流通加工等服务。物流代理商所涉及的物质内容则为信息的传递、有用性及相应的代理服务等。

3. 空间结构

物流市场的空间结构,是指各等级各层次的市场空间在整个市场体系中所占的地位及其相互关系。物流市场的空间结构从大的方面来讲可以分为以下三个基本的层次。

(1) 区域性物流市场

区域性物流市场包括城市物流市场、城间物流市场、农村物流市场、城乡物流市场,以及南方物流市场和北方物流市场等。区域性物流市场通常以大大小小的经济区为主,在地域分工和生产专业化的基础上逐步形成,并循序渐进地发展和扩大。

（2）国内物流市场

国内物流市场以整个国家领土、领空和领海为活动空间的物流市场，是包括各个地区、各种运输方式在内的统一的物流市场。它以市场经济的充分发展为基础，在区域物流市场充分发展的条件下得以形成。

（3）国际物流市场

国际物流市场是随着国际贸易以及其他经济社会文化交往的增加而逐步形成的，是国际分工、世界经济的发展和经济生活国际化的必然结果，也是市场经济发展的客观要求和必然趋势。

4. 时间结构

物流市场的时间结构是指市场主体支配交换客体这一运行轨迹的时间长短，它表现为交换过程的连续性和间断性的统一。在现实的物流市场交易中，市场主体之间对交换对象如物流服务与物流工具的权力转移，可以有不同的时间轨迹。

一般来说，按时间结构划分，物流市场可分为近期交易市场和远期交易市场。

三、物流市场的分类与特征

1. 物流市场的分类

物流市场根据分类角度和研究对象的不同，可以有多种分类。

按照研究物流活动的着眼点不同，物流市场可分为宏观物流市场和微观物流市场。宏观物流市场是指一个国家或地区（如城市）在某个时期内的物流产业规模，是整体社会物流活动的反映，具有宏观指导意义与更广泛的战略意义。微观物流市场即物流企业的客户市场，是指物流企业在一定范围内和一定时期内所拥有的市场份额，并据此决定物流企业的业务规模与水平。

按物流市场的客体结构，可分为基本市场和相关市场。基本市场是指提供物流劳务的市场，它可以按照物流条件分为一般物流市场和特种物流市场。相关市场是指与物流基本市场密切相关并能促使物流基本市场运行和完善的其他市场，如物流资本市场、物流劳务市场、物流信息市场、物流装备制造市场、物流装备买卖市场、物流装备维修市场和物流地产市场等。

按照物流服务的行业不同，可以分为工业物流市场、商业物流市场和农业物流市场等。工业物流市场服务于工业企业，还可细分为汽车物流市场，电子产品物流市场，医药、烟草等其他产品物流市场。商业物流市场服务于商业企业，可细分为日用百货物流市场、农副产品物流市场、音像书籍等文化产品物流市场、电子商务物流市场等。农业物流市场服务于农业生产，如农用机械、化肥、种子等农业生产资料物流市场以及粮食、蔬菜、瓜果等农副产品的储运。

按物流服务的内容不同，可分为综合物流服务市场和专业物流服务市场。综合物流服务市场是指一体化综合物流服务的市场。专业物流服务市场是指某一物流功能服务，特别是运输和仓储的市场。

2. 物流市场的特征

物流市场作为市场体系中的一个专业市场，属于新兴的服务业市场，具有以下特征。

（1）生产与消费的同步性

除了流通加工外，物流服务提供的同时被消费掉，因此不存在任何可以存储、转移或调拨的物流服务。物流供给只能体现在特定时空的物流能力之中，不能靠储存或调拨物流服务方式调节市场供求关系。

（2）物流市场的非固定性

物流市场所提供的物流产品具有服务特性，不像其他工农业产品市场那样有固定的场所和区域来生产、销售。物流服务起始于以物流合同等形式作为保证的"承诺"，服务带来时空效益，只有在服务结束时，物流需求才得以实现。整个市场行为并不局限于一时一地，而是具有较强的广泛性、连续性和区域性。

（3）物流市场的多样性和波动性

物流市场服务于工农业生产。由于物流需求方经济条件、需求意向等多方面存在比较大的差异，必然会对服务提出各种个性化要求，从而使物流服务呈现出多样性的特点。由于工农业生产有季节性的特点，因此物流市场也有季节性的波动。特别是水果、蔬菜等农产品物流市场季节性十分明显。由于产品无法储存，因此物流市场供需平衡较难实现。

（4）物流市场易形成垄断

物流市场容易形成垄断的特征表现在两个方面：

一方面，物流业发展到一定阶段，某种运输方式往往会在物流市场上形成较强的垄断势力，其原因在于，在自然条件和一定生产力水平下，某种运输方式具有技术上的明显优势。

另一方面，物流业具有自然垄断的特性。物流市场上出现的市场垄断力量使物流市场偏离完全竞争市场的要求，因此各国政府都对物流市场加强监管。

四、物流市场的功能

物流市场的功能指物流市场在运行过程中所具有的职能，主要表现为：

1. 实现功能

通过市场交易，物流供应方提供物流服务，实现货品的时空效益，需求方获得物流服务。

2. 集散功能

通过市场交换，实现物流服务，创造物流地点效用和时间效用，只有通过市场发生商品的集中和扩散,才能实现生产和消费、供给与需求的结合,满足生产和生活的需要。

3. 调节功能

市场是洞察商品供求的窗口。物流供求与物流价格的相互作用,对物流生产、经营和消费者的买卖行为起调节作用,使物流生产、经营规模和结构与消费需求相适应。物流市场的调节功能主要通过价值规律、供求规律和竞争规律来实现。当市场的供求出现变化时,物流服务价格也会出现变化。

价格的变化,一方面引导供给方转移资源,减少供过于求的服务,增加供不应求的服务;另一方面又引导需求方的需求,增加或减少对某服务的购买。物流市场价格发生变化,物流供给方和需求方都会对各自的行为做出相应的调整,以促使供求趋于平衡。

4. 服务功能

物流市场不仅是物流服务集散的中心,也是金融、信息和技术中心。各种服务机构,如银行、信托、保险和咨询等,在市场上提供包括资金融通、风险负担、市场情报和物流标准化等各项服务活动,为市场活动中各个环节的交易双方提供便利。

5. 配置社会物流资源功能

社会物流资源包括社会物流活动所需要的各种要素,如物流人才、物流设施和物流资本者、购买力等。社会物流资源是有限的,只有合理分配社会物流资源,才能取得最佳的社会经济效益。在市场经济中,物流资源的配置主要是通过市场机制实现的。

一般说来,市场供求的变化,通过价格的涨落来引导供给方扩大或缩小规模,或改变生产经营方向,从而促使社会资源在不同的部门和企业之间流动,把社会资源配置到经济效益好的部门和企业。

6. 激励功能

市场是生产经营者竞争的场所。通过价格、质量和服务等多方面的竞争,具有优势的物流经营者可以得到较多的收益,没有优势的物流经营者只能得到较少收益甚至亏损。每一个生产者要避免在竞争中被淘汰的命运,就得全力以赴,不断改善生产和经营条件,提高劳动生产率,生产出更多、更新、更便宜的物流服务来满足市场的需求。

五、发达物流市场的表现

纵观各国物流市场发展,发达完善的物流市场具有以下共同表现。

1. 规范

发达的物流市场的一个重要表现是法律、法规的规范与健全。自从运输活动对国内贸易和国际贸易产生重大影响以来,各国政府就特别关注如何发展和监管运输业,为物流业创造一个开放、公平、竞争、有序的市场环境,而且这一切通常都是通过健全的法律法规来保障的。

2. 成熟

物流市场的成熟表现在政府对物流网络的规划与统一布局，在宏观管控上打破行业分割、地区分割，建立跨地区、跨行业、全国统一开放、公平、竞争、有序的物流市场。

3. 规模

物流业是规模经济性很强的行业，发达的物流市场规模很大而且物流标准化程度高，物流运营成本低。

4. 开放

随着世界经济一体化的发展，物流市场全球化的趋势愈加明显，物流市场开放度越来越高。据不完全统计，在欧洲分布着60%的美国配送中心和50%的日本配送中心。

第二节 物流业生产力要素特性分析

一、生产力的要素构成

1. 基础层要素：劳动者、劳动资料、劳动对象

这是传统生产力理论中被普遍认可的生产力三个基本要素。生产活动是人类经济生活的主要活动。参与活动的劳动者包括工人、农民、教师、医生和公务员等；劳动资料包括厂房、农具、计算机、仪器和文件等；劳动对象有时可以是产品，有时是一种服务过程的接受者，比如学生是老师的劳动对象。基础层要素是生产的基本要素。

2. 中间层要素：组织与管理

在生产力基本要素完全相同的情况下，组织与管理水平不同必然形成不同的生产力。组织要素有两个层次的含义：其一是将基础层要素合理组织起来，使之成为现实的生产能力；其二是以一定的组织形式去发挥"能力"的作用。管理是组织要素的延伸产物，组织必须通过管理来构成一定规则制度下的联系，或者接受上级组织的领导和规范，按照计划运行并接受控制监督。

3. 引导层要素：科学技术与教育

科学技术是第一生产力。科学技术应该看作生产力的独立要素，在社会发展中的作用非常巨大，掌握高新技术已经是构成企业竞争力的核心需求。在社会经济发展的过程中，科学技术始终是一个最重要的推动力，生产力各要素都有赖于科技的推动。

科学技术具有超前发展的特点，决定着其他生产力要素发展的方向，引导生产力的发展。教育是一种后备性的要素，是科学技术的基础，它对科学技术的发展起着推动与促进的作用。这两个要素互相影响，构成高级形态的生产力要素。

二、现代物流业生产力要素特性

不同产业各要素构成的具体内容及其表现形式不尽相同。对于特定产业生产力发展而言,需要了解本产业生产力各要素的具体构成内容及其表现形式,把握它们在发展动力、构成特点及相互联系等方面所表现出来的特性。

1. 劳动者的特性

现代物流业是一个涉及诸多行业和部门的产业链,如运输业、包装业、加工业、仓储业等。现代物流业是由供应链连接形成的产业系统。作为物流业劳动者,就是这个产业中的从业的劳动者,是多工种、多技术、一环扣一环的过程中的连接者,任何一个环节的从业者都是在技术上承上启下的条件下实现各自环节的具体作业,这是物流业形成的动力源和条件。因此,部门之间的协调配合对于产业的发展极其重要,这也是产业分工协作的要求。但是,在我国现代物流业发展过程中,不论是物流业务运作还是行业发展规划,都存在着部门协调配合,克服各自为政、独立发展的问题。

现代物流业劳动者在物流业务的紧密的衔接和配合过程中,是一种双向的、交互式的关系。例如:在过去自货运输阶段,由于对运输技术不了解,商品生产加工者在运输和包装环节往往直接根据商品销售环节的要求进行包装加工,这样往往导致运输质量和运输效率的降低。现在,由于现代物流技术的引入,专业运输者介入进来,从物流整体效益出发,对运输包装进行系统优化,甚至将其他加工服务也纳入到整个物流过程中进行重组。

一方面,通过对物流路径选择及仓储、销售等环节进行物流规划,使得物流整体效率和效益都得到提高。另一方面,由于劳动者技术素质的提高,商品生产者也从运输包装等物流环节来整体组织商品的设计、生产和加工,通过劳动者的技术集成形成新的物流技术,从而实现物流整体工艺及效益的优化。例如,通过路拌设备,实现了水泥的边运输边加工。

2. 劳动资料构成的特性

劳动资料包括劳动工具及与劳动相关的条件,如运输工具、搬运工具、仓储设施等。

一方面,在现代物流业发展中,劳动资料的配置分为基础公共设施的配置,如道路基础设施、网络信息平台等,以及企业专门生产资料的配置,如专用仓库、专用搬运工具等。由于劳动资料既有公用性又有商用性,而公用基础设施,如物流园区基础设施建设,主要依赖于政府运作,企业基础设施由企业自身配置,两者之间存在失衡的可能。

另一方面,现代物流业的劳动资料涉及诸多行业,部门之间不同业务流程中技术、设备的配置也可能存在失衡的可能。任何一个环节劳动资料配置中的数量不平衡或技术不平衡,都会成为产业发展的瓶颈。特别是,我国的公路运输业在向现代物流业切入的业态变革中,必然面临着设备老旧、配置失衡的问题。

作为现代物流业生产力构成要素的劳动资料的另一个特性,就是劳动资料中包含着专门技术因素。这种专门技术因素一方面是由于它采用的是包含有专业技术的劳动工具,如托盘技术、立体仓库、包装技术等。另一方面是劳动资料常常是为特殊货物或为满足顾客的特殊要求而提供专门设备设施,如冷藏运输车、特种包装等。

这些劳动资料对于不同的劳动对象往往不能共享、不能分割,而且不同劳动对象也往往需要有不同的专门劳动资料为其服务。这种物流技术的专业化是未来物流业发展的一个方向。

3. 劳动对象的特性

现代物流业的劳动对象是接受物流增值服务的货物。它具有两个显著的特征:

(1) 从劳动对象的外在表现来看是货物,但由于货物不能脱离货主而存在,而且货物物流服务的全部需求内容均是货主需求的体现,因此,物流业的市场拓展都是以货主或顾客的需求为准则。

(2) 由于劳动对象也是具有技术经济内涵的,货物的技术经济特征决定了物流业的技术经济水平。不同技术经济水平的货物,决定了相应水平条件下的物流效率水平和价值空间。从这个意义上讲,劳动对象的开发、选择和利用恰当与否对物流业的市场定位具有举足轻重的影响。因为,不同的劳动对象所需求的物流服务不同,物流成本也就不同,这也是现代化物流的第三利润源所在。

因此,相对于物流效益而言,物流服务的成本高低不再是制约顾客需求的主要因素,以优质的物流服务来满足客户的需要,创造出更多的"物有所值"的物流服务功能、物流技术和物流业务将成为未来物流业发展的趋势。

4. 组织与管理要素的特性

从发展生产力的意义上来认识,组织与管理要素的内容是非常丰富的。按层次分,有宏观的市场组织与管理和微观的生产组织与管理;按职能分,有属于政府职能的组织与管理和属于企业经营职能的组织与管理;按生产力的形成过程分,有规划建设过程的组织与管理和运营过程的组织与管理。

第三节 物流组织层的界定

一、物流组织层的基本概念

1. 物流组织的含义

组织是指安排分散的人或事物使其具有一定的系统性或整体性。物流市场组织是整合物流资源、协调物流市场参与各方的行为及利益关系的活动总和,是一个动态的过程。物流市场的组织由物流业的系统组织层和市场组织层共同完成。

2. 物流组织的内容

物流组织的内容是要解决组织什么的问题,可以从资源归属和物流过程两个角度加以分析。

从资源归属来看,物流组织层的组织内容可以分为三个部分:

(1) 对物流服务功能的组织,即把离散的单个利益主体的物流服务功能按最优化的设计整合在一起,实现物流过程的一体化和最优化;

(2) 对客户资源的组织,就是把分散掌握在不同利益主体手中的客户资源整合起来,实现物流服务的规模经济与范围经济;

(3) 对自身物流资源的组织,包括对财务资源、物力资源、人力资源、技术资源、信息资源和管理资源等物流资源的深度立体化整合,这是单个组织者内部如何合理配置与利用自身资源的问题。

从物流过程来看,物流组织层的组织内容主要有四个方面:

(1) 对"动"的过程的组织,如对运输的组织,这里包括对运输线路、运输时间、运输方式和组织方式的优化问题,以及如何实现运输的网络化、专业化、运输与产业一体化的问题;

(2) 对"静"的过程的组织,如对仓储的组织,包括对仓储点的选择、采购时间和采购批量的确定、仓储方式的选择以及如何提高仓储的专业化和效率等问题;

(3) 业务重组,即从专业化和规模化的角度促进物流业务的集中;

(4) 工艺重组,就是基于技术和经济上的可能,按照物流整体优化的要求,从厂家剥离附属工艺环节,进行流程和工艺的再造与重组。

3. 物流组织层的运作机理

运作机理是指运作的动力及其传递的过程。物流组织层的动力源是通过不同利益主体之间的合作或联盟所能寻求到的与局部最优相比更大的整体最优利益。这里的不同利益主体主要是指单个物流业务环节的承担者,如运输企业、仓储企业和包装企业等,在没有多余利益空间激励的情况下,它们都会追求局部最优和自身利益最大化。

通过物流组织层组织行为的实施,对物流资源进行整合,将若干个由独立利益主体承担的物流环节进行整体最优化设计,可以使整个物流链的利益主体在原有利益不受损害的前提下获得增量利益,从而自觉地进行物流资源与物流业务环节的整合。

值得注意的是,这里的增量利益源来之于整合时空和内容的扩展,整合的时空和内容越广,优化利益空间越大,整合的动力也就越强。

二、物流组织层的功能界定

简单来说,物流组织层的功能就是按照专业化分工原则组织物流市场的业务、整合物流市场的资源,以获取资源整合效应和管理协同效应,进而提高物流服务质量与运作效率,降低企业物流成本,增强物流企业和工商企业的市场竞争力。

同时,功能是行为实施的效果,功能往往体现于具体的组织行为当中,所以这里对物流组织层功能的界定将结合组织行为的分析展开。通过对有关物流组织层组织理论的研究和组织行为的归纳,对物流组织层的功能界定如下。

1. 促进协作

物流组织层运作的首要原则就是专业化分工原则,这是组织效率的保证。物流市场组织者作为单一运作主体,自身的业务发展会受到资产、资金、技术、网络和人才等多方面条件的制约,而用户物流需求的一体化和多样化趋势却在不断延伸,这就要求物流市场组织者必须具备按专业化分工原则去有效组织市场的卓越能力。

同时,也只有通过具有不同服务优势的企业之间的业务协作才能满足用户的需求。因此,不断变化的用户需求和高效的物流市场组织必然会促进供应链上不同企业间的业务协作,两者之间是互为因果的关系。

2. 拓展业务

物流组织层最直接的功能就是通过企业间纵深的分工协作、资本联合等手段不断拓展物流业务空间,因为这是物流业生存与发展的基础。其中拓展业务的途径有三个:

(1) 通过有效的市场组织,可以提高物流服务水平和物流企业的综合实力,增强其抗风险的能力,这样能提升工商企业的信任程度,将其潜在需求转化为现实需求。通俗地说,原来有能力做但工商企业不让做的业务,现在可以做了。

(2) 通过业务协作提高物流服务能力,特别是一体化服务能力,使得物流企业可以在用户信任的基础上凭借服务能力进入高端增值物流服务市场,如系统物流方案设计、客户关系管理、信息服务等。通俗地说,原来做不了也不敢做的业务,现在可以做了。

(3) 通过国内企业之间和国内外物流企业之间的合作,能够降低进入互补物流服务领域的成本(如并购、分立和完善网络的成本等),并能成功绕过进入互补物流服务领域的进入壁垒,特别是国与国之间的壁垒,从而有利于拓展国内外市场的物流业务。

3. 提升效率

运作效率是物流企业效益的源泉,而物流组织层具备提升物流运作效率的功能。物流组织层利用无限扩展的利益空间,将分散在工商企业和国内外物流企业的物流资源(包括物流基础设施、资本、技术、信息和管理经验等)有效地组织起来,促进物流经营理念的更新(如供应链管理思想的引入)、物流技术的进步(如立体化仓储技术、先进物流管理信息系统的引入)和优秀物流人才的合理流动,大大提高了物流服务的运作效率。

4. 降低成本

物流组织层降低成本的功能可以分为直接降低物流成本和间接降低物流成本两个方

面。直接降低物流成本包括物流运作效率提高和物流技术进步带来的直接服务成本的节约、企业间的协作与联合带来的市场交易成本的节约(如获取信息的成本、谈判成本、监督履约成本、解决争端等成本的节约)和进入互补物流服务领域阻碍成本的节约等。

间接降低物流成本则包括由于合理化配置物流资源和拓展物流业务空间导致物流资源的利用率提高,从而减少了物流资源浪费和闲置的机会成本与沉没成本,同时还包括避开以价格为主的恶性竞争所带来的机会成本的节约。

5. 规避风险

物流组织层规避风险的功能包括对投资风险和经营风险的有效规避。随着国民经济总量的持续快速增长、物流市场的进一步开放和工商企业物流需求的不断变化,物流企业亟待扩大经营规模与业务覆盖范围,但自身能力的限制和行业整体较低的回报率又给物流企业的大规模扩张带来较高的投资风险与经营风险,物流企业往往陷入两难的境地。

对于投资风险,物流组织层可以通过风险共同体系和物流优化方案的设计,并依靠物流组织带来的业务拓展、效率提高和成本降低,特别是物流设施的充分利用,在一定程度上加以规避。对于经营风险,物流组织层可以通过行业内部的协作发展和物流资源的立体化整合,提高物流运作效率,实现企业服务能力的低成本扩张,从而降低和分散经营风险。

6. 提升物流产业发展水平

长期以来,大量规模小、能力差的运输、仓储、货代企业充当着市场运作的主角,且大多在低端物流市场徘徊,恶性竞争严重,效率与效益较差,极大阻碍了市场规模的扩大和市场机制的完善。而通过物流组织层的有效组织,能够把小企业纳入一体化物流服务体系中来,一方面扩大了经营规模,一方面能迫使小企业改进技术、提高物流服务水平,走专业化的发展道路,并不断创新增值服务。

这样,物流企业必然会向高端市场快速挺进,物流市场将不断得到完善,物流产业化和市场化的进程必然加快。可以说,提升物流产业发展水平是物流组织层最重要的一项综合功能。

第四节 物流组织层的培育

一、物流组织层推进模式的选择

物流组织层的推进模式是作为单个物流组织者的企业在进行企业扩张时所采取的具体组织方式,主要是为了解决如何扩大物流组织者的组织功能,推进企业发展的问题。因此,可供选择的模式有很多,如业务合作、合资、战略联盟、虚拟经营等。但考虑到要有利于物流组织层的培育,又要适合不同层次物流组织者的发展,本书认为有四种模式值得借鉴,即业务合作、经济联盟、分公司制和子公司制。

1. 业务合作

业务合作是指具有互补优势但无资本联系的多方企业之间所达成的契约式的业务协作关系,是一种较为简单且实用有效的组织方式。对物流组织层来说,业务合作可以是同一空间范围内,提供系统化物流服务中的一项或几项服务的物流企业之间的合作,可以是物流企业和工商企业之间的合作,也可以是位于不同空间范围内的企业之间的合作。物流组织层选择业务合作这种推进模式,主要可以获得以下几个方面的优势:

(1) 参与合作的主体之间没有资本联系,不涉及物流资产的转移,独立性强,经营比较灵活;

(2) 具有互补优势的企业之间的合作可以跨越经营能力和范围的局限,能够满足用户系统化的物流服务需求,有利于物流业务的拓展;

(3) 操作相对较为简单,可以在需要的时候迅速达成合作约定,组成合作团队,有利于捕捉市场机会;

(4) 没有新的经济实体出现,仅局限于业务协作,可以有效规避合作壁垒和政策限制。

但选择业务合作的方式也有缺陷。合作主体之间只是通过临时性的利益存在和契约联系起来,没有资本和资产的相互约束,组织关系松散,合作关系不稳定,缺乏长远考虑,有着较大的合作风险。同时,由于各个合作主体对局部利益的追逐,导致合作业务管理的难度加大。

2. 经济联盟

经济联盟是指企业之间以资本为主要纽带,以利益共享和风险共担为目标所组成的实质性合作联盟,也可以称为资本联合。物流组织层在组建经济联盟的过程中,可以通过控股、参股、相互参股、松散协作等方式组建一方主导型经济联盟,也可以通过共同出资的方式组建多方主导型经济联盟。

物流组织层不论采用哪一种联盟方式,至少可以获得以下几个方面的优势:

(1) 优势互补带来系统化服务能力增强,能够为用户提供从采购、生产、销售到售后服务等全方位的物流服务;

(2) 联盟成员企业的物流网络实现对接,便于开拓国内与国际物流市场;

(3) 联盟成员企业之间利益共享和风险共担的运作机制,能够降低物流经营风险;

(4) 企业之间的物流资源得到立体化整合,资源利用效率大大提高,平均运营成本降低;

(5) 将外部交易内部化,能够降低用于获取信息、谈判、监督履约和解决争端等方面的市场交易费用;

（6）资本联合所带来的利益牵制，一定程度上能够稳固合作关系，降低合作风险和合作业务管理的难度。

经济联盟的缺陷在于：

（1）联盟效益的获得依赖于市场规模和集约化程度的提高所带来的规模经济，但这些条件现阶段未必完全具备；

（2）联盟对成员企业之间协作的依赖程度空前提高，任何一个环节的失败或撤离，都可能导致"满盘皆输"，给企业带来巨大损失；

（3）成员企业的局部利益与联盟的整体利益之间的矛盾很难协调，要么打击成员企业的积极性，要么损害联盟的利益；

（4）成员企业之间文化融合的难度大，给联盟经营与管理带来障碍。

3．分公司制

分公司制是指具有一定实力的企业根据拓展物流市场的需要在适当的地点设立分公司，以构建自身可直接控制的物流组织网络的推进模式。在实际运作中，有时也可以根据需要设立办事处，它与设立分公司的效果相差不大，但比分公司更容易操作。

分公司制的优势在于：

（1）可以根据需要迅速布设物流网点，完善物流组织网络，捕捉市场机会；

（2）通过设立分公司所构建的物流网络能够被总公司直接控制，充分满足总公司业务拓展的需要；

（3）分公司不具有独立的法人地位，经营依附于总公司，组织关系较为稳定；

（4）分公司对总公司的指令贯彻较好，能够实现管理的一体化，管理协同效应较为显著；

（5）分公司的设立较为灵活，可以根据经营情况选择规模大小，也可以根据经营情况随时设立或撤销，在适当时候可以起到控制风险的作用。

分公司制存在较大缺陷：

（1）分公司作为总公司的分支机构，不对外直接承担责任，经营与投资的风险都由总公司承担，风险无法转移，一旦经营失败，可能引发总公司的连锁不良反应，甚至是破产；

（2）设立分公司会导致企业人员的膨胀，增加总公司的负担，经营失败后将面临人员安置的难题；

（3）设立分公司会带来资产的增加，若业务拓展的步伐缓慢，会冲淡企业总体的资产收益率，给企业经营带来风险。

4．子公司制

子公司制是指实力较强的大企业在看好某个新的市场领域却又寻找不到合适合作伙伴的情况下，通过合作投资、收购或自己斥资的方式成立全资子公司进入该市场领域的推进模式。子公司制在日本应用比较广泛,且有众多的成功案例。对于物流组织层内那些较具实力的物流企业或工商企业来说,可以根据时机尝试采用这种模式,进军高端物流市场。

二、物流组织层战略支持体系的构建

1. 用户需求主导战略

用户需求主导战略是指以用户的需求为依据和立足点进行物流业务拓展的战略。长期以来,我国的物流企业都在极力追求业务的具体形式,强调物流设施和物流资产的多、新、好,认为有了供给能力,不怕没有业务做。事实证明这种供给主导的战略是个误区,并未给物流企业带来预想的生存与利益空间,反而造成了物流设施的闲置和物流资产的低利用率。

每个企业的物流服务需求都不可能相同。因此,物流企业要立足于对用户需求的分析,进而提供相适宜的物流服务,这样才能实现物流业务的有效拓展。如果从更深层次上来考察,物流需求主导战略强调的是以用户利益空间的最大化为目标来拓展物流业务,即要为用户挖掘尽可能多的潜在效益,让用户觉得"物有所值"。

这就要求物流组织层转变经营理念,把企业的利益界定在用户利益的基础之上,同时,从用户需求出发,以能给用户挖掘必要的或更多的潜在效益为前提来把握物流服务的功能与品质。

2. 特色发展战略

这是指企业提供个性化的物流服务,对用户具有吸引力,形成服务特色。特色发展战略强调特色和用户对差别的认同,不被用户认同的差别是不能创造任何价值的。因此,特色发展战略的灵魂是特色,是符合用户个性化需求的特色物流服务,而不是笼统地强调"价廉物美"或"优质优价",也不是简单地倡导产品的"新""奇""特",这恰好和用户需求主导战略相呼应。

物流组织层实施特色发展战略,一方面可以利用特色服务建立起抵御市场竞争的保护屏障,实现低成本的业务扩张;另一方面可以借助"量身定做"式的差别服务为顾客创造更多的效益,进而获得自身的高收益。

3. 专业化战略

专业化战略是指物流组织层针对某一特定领域、特定用户或者特定产品提供高度符合性的物流服务,强调在某一细分物流市场"做好做专做精"。通过实施专业化战略,可以提高企业的运作效率,降低物流服务成本,有时候还能够通过满足特殊对象的特殊需求实现服务的差别化,获取额外的收益。但在选择业务领域并运用专业化战略的时候需要考虑一个前提,即"业务的专业化能够以更高的效率、更好的效果为某一狭窄的战略对象服务,从而超过在较广阔范围内竞争的对手们"。

这就要求物流组织层要注重分析实施专业化战略的业务领域在哪里,条件是否具备。如大型运输企业在组织物流市场的过程中,就应该在其擅长的、已经具备充分条件的运输业务领域中积极推行专业化战略,以增强企业的核心竞争力与物流市场的组织能力。

4. 一体化战略

一体化战略是指为用户提供从采购、生产、销售到售后服务,从基础物流业务到高端增值物流业务的高品质的系统化物流服务。一体化战略是物流组织层运作过程中应该坚持的一个基本方向,也是物流用户迎接市场竞争、整合企业价值链的客观需要。

物流一体化战略不仅要求物流服务的系统化,还需要实现物流服务质量的一体化。而恰恰服务质量是物流组织层成功运作的根本所在,因为物流组织层的运作涉及不同的企业和不同质量的服务产品。所以,物流组织层在推行立体化物流资源整合的过程中,要严格制定物流服务质量标准,并要求加盟企业遵照执行,以促成物流服务质量的一体化,更好地满足物流用户对服务品质的要求。

5. 技术领先战略

技术领先战略是指企业重视在行业中保持物流技术领先地位,以形成竞争优势的战略,是特色发展战略、专业化战略和一体化战略的支持战略。技术领先可以通过企业自身的技术革新与发明获得,也可以通过引进先进技术获得。

物流组织层在实施技术领先战略的时候,工作重点应该放在寻求物流专门技术的支撑和创新物流增值服务上。

6. 品牌战略

物流组织层的品牌战略是指培育、保护和发展品牌服务、品牌商标以及品牌企业的战略。通俗来说,就是打造品牌。品牌是一种无形资产,也是一种宝贵的战略资源,因其具有的品牌效应而受到广泛重视。

物流组织层在打造品牌的过程中,要以目标市场的有效需求为导向,以资本、人才、技术、信息、成本和管理等方面的资源领先优势为依托,以最恰当的功能与品质定位、优雅个性的品位形象、独特的经营方式、卓越的速度与效率、高度的社会责任感以及丰厚的文化底蕴来赢得社会普遍的认可与信赖,从而形成企业的品牌特色,为实现进一步的扩张奠定基础。

三、物流组织层的培育策略

1. 正确定位政府在培育物流组织层中的作用

政府作为市场的宏观组织者与管理者,应该充当"裁判员"的角色,并着力培育优良的市场运作环境,这条规则对于物流业来说同样适用。具体来看,政府在培育物流组织层中的作用可以定位在以下几个方面。

（1）政策支持与引导

政府应适度放松对物流市场的政策管制，鼓励充分的市场竞争，以优胜劣汰的机制促进物流市场发展；各级政府要制定相关的针对物流组织层的特殊政策，以政府的立场引导企业之间在物流领域的广泛合作，加快培育极具组织功能的大型物流企业或企业集团；政府要及时出台行业发展政策，从产业的角度对企业和市场行为加以引导与约束。

（2）科学规划物流发展

科学规划是规避资源浪费、促进物流业发展的重要途径，也是政府的一项重要职能。但我国长期存在的物流资产重复建设和物流园区大量闲置的现实正是科学规划不到位的表现，已严重阻碍了现代物流业的发展，也不利于物流组织层的培育。因此，各级政府要以科学的态度重新审视宏观与中观物流规划的重要性，完善规划职能。

（3）规范物流市场

物流市场的规范化是物流组织层有效运作的基础，政府在此需要做好两个方面的工作。我国的物流市场一直处于无序、无效的状态，要求政府抓紧制定和完善物流市场准入机制、物流市场监督机制和物流市场退出机制，进而利用市场机制来规范和约束物流市场参与主体的行为。

（4）打造全国物流网络

全国统一的物流网络是物流组织层高效率与效益的基础保障条件，因此政府应该全力打造全国物流网络，构建全社会范围内的综合物流体系。

首先，政府要积极规划和支持物流基础设施的建设，完善物流节点，为物流组织层提供物流基础设施平台；其次，政府要从资金和技术上支持全国物流信息网的建设，为物流组织层提供物流信息平台，这也是顺应国际物流发展趋势和迎接国际竞争的必然要求；最后，政府要加快行政体制改革与市场体制改革，打破物流发展的行业界限和地域界线，避免由于条块分割、部门分割、重复建设等问题带来的物流运作的低效率和物流资源的巨大浪费。

（5）人才教育

首先，要推动中国物流人才教育工程的发展，鼓励更多有师资条件的高校设置物流相关专业，继续扩大物流专业本科生、硕士和博士研究生的招生规模，培养具有较深厚理论功底的专业人才；其次，要积极引进国外权威性的物流资格认证体系，并监督物流师国家职业标准的实施和执行工作，保证各层次物流师的培训、考试和认证工作的顺利、有序进行，不断提高职业物流人员的素质；最后，要扩大对在职人员进行物流知识和物流技术培训的范围，积极探索实用多样的培训方式。

小贴士

国务院印发《物流业发展中长期规划》(2014—2020年)

2014年9月,国务院印发《物流业发展中长期规划》(2014—2020年)(以下简称《规划》),部署加快现代物流业发展,建立和完善现代物流服务体系,提升物流业发展水平,为全面建成小康社会提供物流服务保障。

《规划》明确,要以着力降低物流成本、提升物流企业规模化集约化水平、加强物流基础设施网络建设为发展重点,大力提升物流社会化、专业化水平,进一步加强物流信息化建设,推进物流技术装备现代化,加强物流标准化建设,推进区域物流协调发展,积极推动国际物流发展,大力发展绿色物流,并提出了多式联运、物流园区、农产品物流、制造业物流与供应链管理等12项重点工程。

2. 充分发挥物流行业协会在培育物流组织层中的作用

由于物流是典型的复合产业,涉及不同地域市场,涵盖交通、铁路、民航、邮政、电信、物资、仓储等众多管理部门,再加上长期计划经济体制的影响,直接导致了我国物流业在市场和利益上的"条块分割"和"部门分割",限制了物流运作效率的提高。

同时,我国政府"政企不分"的现象依然存在,政府行为不恰当地介入了物流企业的生产经营过程,束缚了企业发展的脚步。这些都严重阻碍了我国现代物流业的发展。要有效规避或者解决上述问题,一个现实的选择就是充分发挥物流行业协会的作用。

延伸阅读

我国的物流行业协会

物流行业协会是由企业发起并通过授权部分履行政府对现代物流业的组织、管理、协调、监督职能的民间行业自律组织。我国目前相关的物流行业协会有中国物流学会、中国物流与采购联合会、中国交通运输协会等。各地也有地方性的物流行业协会。

3. 加强物流组织的自我发展

物流组织除了需要政府和行业协会的指导与引领外,自身在经营创新、合作意识和服务创新上需要自我提升。

(1) 创新经营理念

面对复杂多变的国内外物流发展环境,物流组织层要积极创新经营理念,以保持超前的发展空间。

(2) 提升合作意识

物流组织层活动的本质是按既定的利益空间将离散的物流业务有效地组织起来,实现物流资源在全社会范围内的立体化整合。可见,有组织就有合作,合作是物流组织层活动的主旋律。物流组织层要不断地强化和提升合作意识,把发展的视野放大到整个行业,甚至是整个经济运行系统,自身可以只从事组织工作或者物流系统方案的设计工作,而具体业务的运作都通过寻求合作伙伴来完成。

(3) 创新物流服务

总是能为用户提供必要的、适当的和优质的物流服务,这是物流组织层维持竞争优势的保证,也是未来物流业发展的必然趋势。因此,物流组织层要不失时机地寻求物流专门技术的支撑,创新物流服务,满足用户对信息咨询、企业流程再造、客户关系管理等高附加值物流服务产品的需求,为用户创造必要的或者足够多的效益。只有这样,物流组织层才会持续完善。

复习思考

1. 物流市场的含义和构成要素是什么?
2. 物流市场的功能有哪些?
3. 发达物流市场主要体现在哪些地方?
4. 生产力的构成要素是什么?
5. 简述物流组织层的运作机理。
6. 物流组织层的功能是什么?
7. 物流组织层战略支持体系的构建内容是什么?
8. 政府在培育物流组织层中的作用有哪些?

案例分析

智能技术赋能物流产业

2016年8月23—24日,GIEC2016第二届全球互联网经济大会暨ECECHINA第七届中国电子商务博览会在京举行。大会以"跨界互联 智能共享"为主题,吸引阿里、乐视、京东、联想、中兴、百度外卖、日日顺、银谷等近百家商业机构以及众多业内专家、企业负责人参与大会。

1. 阿里巴巴与中国物品编码中心签约

中国物品编码中心总工程师李建辉说:"国家工商总局发布的2014年下半年网购商

品定向检测结果表明,正品率仅为58.7%。"为此中国物品编码中心与阿里巴巴、京东等电商平台合作,全面推进GS1条码数据源在商品应用中的创新。

定位的目标是：帮助消费者提升购物体验,帮助电商打造放心的购物平台。编码对供应链意义非凡,GS1标准是目前世界上公认的全球通用供应链标准,能够给物流单元编码,对商品品牌商编码,对工厂位置编码,对物流仓储等编码,给予参与供应链每个标准单元唯一的身份证。

这就带来了供应链反馈及时信息,消费者购物体验上升的效果。企业在订货、配送、收货、库管、发货、送货及退货等物流过程中扫描箱码后,相关信息便自动记录到反馈系统中,实现数据的自动采集与分析。

2. 自动识别技术将颠覆快递行业

通过人工智能OCR,整个快递的流程将进行再造甚至是颠覆。拍照自动识别,诞生了顺丰的涅槃项目。据有关方面消息,该项目今年5月在东莞区完成了试点工作,现在已经陆续在无锡、宁波、北京、苏州、深圳等地区推广上线。这种手机取代把枪,实现收派智能化的模式,确实是DT时代特有的路径,用信息化驱动物流资源调动,实现有效管理和运营。在快递信息化不断加深,余留快递信息电子化又极其困难的情况下,自动识别技术普及到手机,确实将会是颠覆性的。

3. 云计算将成为物流的指挥棒

物流云作为京东云中重要的一部分,与京东物流有很大关系,也对整个行业有启示意义。京东云首席架构师杜宇甫认为大数据和云计算很大的意义在于用这些数据分析、洞悉所处的世界、指导商业,具象化到物流,就是通过图像数据、影像数据、格式化数据、声音数据等各类实时数据、分析数据乃至数据报告来指导仓储、配送的资源调配和路径规划。

杜宇甫表示数据用不同维度讲故事,以物流为例："对一个配送车辆来说,一定要达到最快的速度以及最省的资源。怎么做到这一点呢？利用不同的数据,有原始的数据、有实时的数据。什么是原始的数据？每次车辆开到什么地方,大概怎样节省时间,给用户的体验最好,做一个原始的记载。

第二个实时的数据,风霜雨雪的天气,都快速地给配送员最简单、最便捷的路径,让其针对配送的点,能够快速地把车上的货全部送到位。"物流云对物流成本缩减、管理投入都有巨大益处,云计算成为物流的指挥棒,肯定是大势所趋。

资料来源：中国物流与采购联合会：http://www.chinawuliu.com.cn/xsyj/201608/25/314742.shtml,2016-08-25.[2021-12-20]

问题思考：

1. 编码对供应链的意义是什么？
2. 谈谈云技术在快递行业的应用前景如何。

扩展阅读 6-1

供应链金融玩的就是大数据

扩展阅读

第七章 物流成本与控制

学习导航

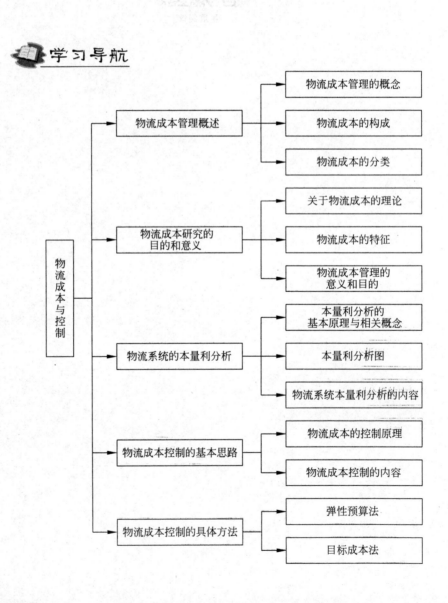

知识目标
1. 了解物流成本的构成，掌握物流成本的分类；
2. 掌握物流成本系统的本量利分析；
3. 掌握物流成本控制的基本方法。

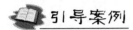

陶瓷卫浴发展之"痛"

在当今的市场经济大环境下，任何地区、任何产业的发展更是离不开"物流"这一重要环节，物流运输的重要性更是尤其得到重视。佛山的陶瓷瓷砖销售总经理张近东举例说，从广东到福建，走最便宜的铁路运输，一吨散货物流费要三四百元，而从佛山到新疆，一吨散货物流费就要一千多元。"虽然一般情况下物流费是经销商出，但终端销售时会转嫁到消费者头上。一块 800×800 的瓷砖，从广州到福建基本加价五六元，而到东北要加十多元。"

而陶瓷卫浴企业采购原材料时的物流成本则需由企业自己承担，这部分成本压力也不小。钻石瓷砖销售副总经理陈雄干表示，从外省或者国外进口的瓷砖原材料，平均算下来一吨的物流费也高达 500 多元。

一位运输企业负责人告诉记者，一辆载重 5 吨的货车，一般每 100 公里油耗在 30 升，一个月跑 5 000 公里路，一辆车每个月耗油 1 500 升，相比两年前多支出 4 000 元左右。而物流公司的负责人透露，燃油成本占据物流运输业运作成本的 20% 左右，因此如果不调高运输价格，他们将很难生存。据悉，物流企业今年普遍已经提价 6%~10%。

每谈起物流企业，陶瓷行业人士都义愤填膺。货物晚点到达、货品破损、推卸责任等情况，许多与物流行业打过交道的人都一定遇到过。

木立方卫浴销售总经理鄢华明向记者大吐苦水："今年上海厨卫展期间，我们企业让物流公司从工厂运输了一些产品样板到上海去参展，结果在上海，我们发现，一些大理石面料、玻璃饰品和卫浴产品都出现了不同程度的破损。我们之前也做足了运输前的准备，加厚了泡沫，在包装箱写上'易碎品'，但最后还是避免不了破损。"

据了解，这类事件在陶瓷卫浴行业已经不再是什么新闻了，几乎每次的物流运输都会出现这样或那样的问题，陶瓷企业对于物流纠纷也是司空见惯了。但让陶瓷卫浴企业最恼火的是，每次在物流运输过程出现的问题，本应负最大责任的物流企业竟然常常会置身度外，直指物流运输出现破损是正常的行为。

目前，物流行业监督力度还不够大，相关法律法规不够完善，因此，物流造成的经济损失更多只能让陶瓷卫浴企业和经销商自己解决。当出现物流运输造成产品破损的问题时,很多经销商也会第一时间误认为是厂家的产品质量有问题,因此也增多了厂家与经销商之间的矛盾。

资料来源:中国物流与采购联合会. http://www.chinawuliu.com.cn/xsyj/201603/28/310788.shtml,2016-03-28.[2021-12-20]

引例思考:
1. 分析陶瓷产品物流运输过程中产生破损的原因。
2. 物流运输成本管理应在哪些方面进一步强化?

第一节 物流成本管理概述

一、物流成本的概念

在物流活动中,为了提供有关服务,要占用和耗费一定的活劳动和物化劳动,这些在物流活动中所消耗的物化劳动和活劳动的货币表现,即为物流成本,也称物流费用。也就是产品在实物运动过程中,如包装、运输、储存、流通加工、物流信息等各个环节所支出的人力、物力和财力的总和。

物流成本管理是对物流相关费用进行的计划、协调与控制。物流成本管理是通过成本去管理物流,即管理的对象是物流而不是成本。物流成本管理可以说是以成本为手段的物流管理方法。

二、物流成本的构成

广义的物流成本包括客户服务成本与狭义的物流成本。

狭义物流成本涵盖了生产、流通、消费全过程的物品实体与价值变化而发生的全部费用。它包括了从生产企业内部原材料的采购、供应开始,经过生产制造中的半成品、产成品的仓储、搬运、装卸、包装、运输以及在消费领域发生的验收、分类、仓储、保管、配送、废品回收等过程发生的所有成本。具体来讲狭义物流成本由以下几部分构成:

(1) 物流活动中物资消耗,主要包括电力、燃料、包装耗材、固定资产的损耗等。
(2) 物资在物流活动中发生的合理耗损。
(3) 企业为了开展物流活动的人力成本。
(4) 物流活动中发生的其他费用,包括与物流活动有关的办公、差旅支出。
(5) 用于保证物流系统顺利运行的资金成本。
(6) 研究设计、重建与优化物流过程的费用。

三、物流成本的分类

(1) 按经济内容分类,分为固定资产折旧费、材料费、燃料动力费、工资、利息支出、税金、其他支出。

(2) 按物流功能分类,分为运输成本、流通加工成本、配送成本、包装成本、装卸与搬运成本、仓储成本。

(3) 按成本与业务量的关系分类,分为固定成本和变动成本。固定成本是指成本总额保持稳定,与业务量的变化无关的成本。变动成本是指其发生总额随业务量的增减变化而近似成正比例增减变化的成本。对于混合成本可按一定方法将其分解成变动与固定两部分,并分别划归到变动成本与固定成本。

(4) 按物流成本是否具有可控性分类,分为可控成本与不可控成本。可控成本是指考核对象对成本的发生能够控制的成本。由于可控成本对各责任中心来说是可控制的,因而必须对其负责。不可控成本是指考核对象对成本的发生不能予以控制的成本,因而也不予负责的成本。从整个企业来考察,所发生的一切费用都是可控的,只是这种可控性需分解落实到相应的责任部门。

(5) 按物流费用支出形式分类,分为直接物流成本和间接物流成本。

(6) 按物流活动发生的范围分类,分为采购物流费、工厂内部物流费、销售物流费、退货物流费、废弃物流费。

第二节 物流成本研究的目的和意义

专家认为:"物流既是主要成本的产生点,又是降低成本的关注点。""物流是降低成本的宝库。"物流管理对于降低资源消耗、提高生产效率、增进企业经营效果、降低总体费用的作用已经引起了企业的普遍关注,物流管理正在成为企业的经营职能之一。物流成本管理是企业物流管理的核心,为此,所有企业都在谋求降低物流成本的途径。同样,我国也开始致力于这方面的研究。实行物流成本管理,降低物流成本,提高效益,对国家与企业都具有非常重要的现实与长远意义。

一、物流成本的几个重要学说

1. 物流成本冰山理论

物流成本冰山说,是日本早稻田大学西泽修教授提出来的。他在专门研究物流成本时发现,现行的财务会计制度和会计核算方法都不可能掌握物流费用的实际情况。一般情况下,企业会计科目中,只把支付给外部运输、仓库企业的费用列入成本,实际这些费用在整个物流费用中犹如冰山一角,如图 7-1 所示。

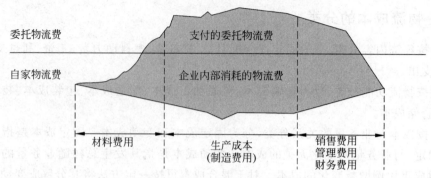

图 7-1　物流成本冰山理论示意图

物流成本冰山理论内涵是指人们只看到支付的委托物流成本,还没看到企业内部消耗的物流成本,物流成本正如浮在水面上的冰山。因为企业利用自己的车辆运输、利用自己的库房保管货物和由自己的工人进行包装、装卸等费用都没列入物流费用科目。

传统的会计方法没有显现各项物流费用,因而人们对物流费用的了解是一片空白,甚至有很大的虚假性,他把这种情况比作"物流冰山"。物流成本中大部分沉在水面以下的是我们看不到的黑色区域,而我们看到的不过是物流成本的一部分。

物流成本冰山说成立的原因有以下几个方面:

(1) 物流成本计算范围太大(内容不全面,只涉及部分物流费用)

从原材料物流、工厂内物流、从工厂到仓库和配送中心的物流、从配送中心到商店的物流等,计算哪部分、漏掉哪部分造成物流费用的大小相距甚远。

(2) 物流成本计算对象不明晰

运输、保管、包装、装卸以及信息等各物流环节中,以哪几种环节作为物流成本的计算对象问题。

(3) 选择哪几种费用列入物流成本

比如,向外部支付的运输费、保管费、装卸费等费用一般都容易列入物流成本,可是本企业内部发生的物流费用是否也应该列入物流成本中。

"物流成本冰山理论"提出的目的是要将混入其他费用科目的物流成本全部取出来,或者用西泽修教授的话说,"让它浮出水面",使人们能够清晰地看到潜藏在海平面下的物流成本的巨大部分,以便挖掘降低成本的宝库和开拓"第三利润源泉"。否则,航行在市场之流上的企业巨轮看不到海平面下的物流成本的庞大身躯,最终很可能遭遇同"泰坦尼克号"一样的厄运。

2. "第三利润源"学说

从历史发展来看,人类历史上曾经有过两个大量提供利润的领域。在生产力相对落后,社会产品处于供不应求的历史阶段,由于市场商品匮乏,制造企业无论生产多少产品都能销售出去。于是就大力进行设备更新改造、扩大生产能力、增加产品数量、降低生产成本,以此来创造企业剩余价值,即"第一利润源"。

当产品充斥市场,转为供大于求,销售产生困难时,也就是第一利润源到一定极限,很难持续发展时,便采取扩大销售的办法寻求新的利润源泉。人力领域最初是廉价劳动,其后则是依靠科技进步提高劳动生产率,降低人力消耗或采用机械化、自动化来降低劳动耗用,从而降低成本,增加利润,称之为"第二利润源"。

然而,在前两个利润源潜力越来越小,利润开拓越来越困难的情况下,物流领域的潜力被人们所重视,于是出现了西泽修教授的"第三利润源"说。第三利润源是对物流潜力及效益的描述。

西泽修教授于1970年所写的《流通费用》一书中指出"物流是第三利润源",这是指通过物流合理化,降低物流成本,使物流成为继节约物质资源和降低劳动消耗之后企业获取利润的第三种途径。三种利润源背景及策略和三种利润源开发领域、目的及挖掘对象具体如表7-1、表7-2所示。

表7-1 三种利润源背景及策略

利润源	背 景	策 略
第一	生产力落后,产品供不应求,市场处于卖方	设备更新改造,扩大生产能力,规模经济降低成本
第二	产品极大丰富,市场格局转为供过于求,销售难	依靠科技进步(如数控机床),提高劳动生产率,降低消耗
第三	现今强调差异化、高增值服务	合理组织产供销环节,将货物按必要的数量以必要的方式,在要求的时间内送达必要的地点,就是让每一个要素、每一个环节都做到最好

表7-2 三种利润源开发领域、目的及挖掘对象

利润源	领 域	目 的	挖 掘 对 象
第一	资源	降低生产资料费用	劳动对象
第二	人力	提高劳动生产率	劳动者
第三	流通	降低物流成本	劳动工具,兼顾劳动对象与劳动者

3."效益背反"理论

效益背反,又称二律背反(trade-off),即两个相互排斥而又被认为是同样正确的命题之间的矛盾。物流成本的效益背反规律或二律背反效应又被称为物流成本交替损益,是指在物流的各要素间,物流成本此消彼长。它是物流领域很普遍的现象,是这一领域内部矛盾的反映和表现。具体包括物流功能之间二律背反、物流服务与物流成本之间的二律

背反等。

(1) 物流功能之间的效益背反

物流功能之间的效益背反指在同样的物流总量需求和物流执行条件情况下,一种功能成本的变化会使另一种功能成本向反方向变化,即此消彼长的关系。例如,包装问题,包装方面每少花一分钱,这一分钱就必然转到收益上来,包装越省,利润则越高。但是,一旦商品进入流通之后,如果节省的包装降低了产品的防护效果,造成了大量损失,同时也造成储存、装卸、运输功能要素的工作劣化和效益大减,如图7-2所示。

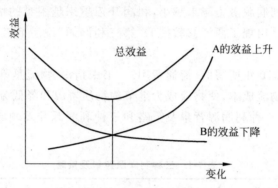

图 7-2 效益背反理论示意图

例如,减少物流网络中仓库的数目并减少库存,必然会使库存补充变得频繁而增加运输的次数;简化包装,虽可降低包装成本,但却由于包装强度的降低,在运输和装卸时的破损率会增加,且在仓库中摆放时亦不可堆放过高,降低了保管效率;将铁路运输改为航空运输,虽然增加了运费,却提高了运输速度,不但可以减少库存,还降低了库存费用。所有这些都表明,在设计物流系统时,要综合考虑各方面因素的影响,使整个物流系统达到最优,任何片面强调某种物流功能的企业都将会蒙受不必要的损失。

(2) 物流成本与服务水平的效益背反

物流成本与服务水平的效益背反指高水平的物流服务必然伴随着高水平的物流成本,且二者之间并非呈现线性关系,具体如图7-3所示。由图可知:在曲线后半段,服务水平的边际成本增加。例如,在网上买菜,送货上门,企业服务水平提高,增加了送货成本。

(3) 企业的物流成本策略

物流管理的目标是在保持客户要求的物流服务水平的同时,使得物流成本达到最低。企业的物流成本策略有以下几种:

① 保持物流服务水平不变,尽量降低物流成本($Q, C\downarrow$);
② 保持成本不变,提高服务水平($C, Q\uparrow$);
③ 提高物流服务水平,不惜增加物流成本($Q\uparrow, C\uparrow$);

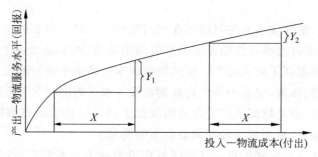

图 7-3 物流服务水平与物流成本关系示意图

④ 用较低的物流成本，实现较高的物流服务（$C\downarrow,Q\uparrow$）。

企业采取哪种成本策略,和企业商品战略、流通战略和物流系统所处的环境及竞争对手的情况等多种因素有关。

以与竞争对手或同行业其他企业进行相应的比较分析为例,如图 7-4 所示：

① 用较低的物流成本,实现较高的物流服务。（第 1 区域）
② 保持物流服务水平不变,尽量降低物流成本。（第 2 区域）
③ 保持物流成本不变,提高服务水平。（第 3 区域）
④ 提高物流服务水平,降低物流成本。（第 4 区域）

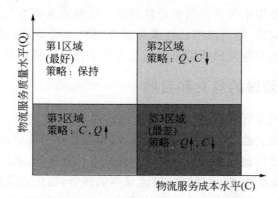

图 7-4 物流服务水平与物流服务质量的关系

二、物流成本的特征

企业物流成本是除原材料成本之外最大的成本支出项目。如今的企业物流管理者学习、实践和总结,正在探索降低物流成本的途径。普遍的观点认为,发达国家物流成本一般控制在总成本的 10%,而我国物流成本占总成本的 30%～40%。实践证明：通过有效的物流管理大幅度降低库存和运输成本,使物流系统的总成本降低 15%～30%,并不是神话。

必须指出的是,物流成本的绝对数值在相当长的一段时间内必然呈现上升趋势,因为随着企业不断追求通过提高物流服务水平来提高市场竞争力,企业必然会对物流系统注入更大的投资,从而提高了物流成本。高的物流成本是高水平的物流服务的保证,这是物流系统效益背反性的体现,企业很难在提高物流服务水平的同时又降低物流成本,除非有根本性的技术进步。但是物流成本上升的幅度低于国民经济的增长幅度,所以物流成本占GDP的比例在缩小,从而成为经济效益提高的源泉。

无论如何,企业物流管理的目的就是降低物流总成本。人们之所以要研究企业物流管理,是因为要寻求降低物流总成本和增强企业竞争优势的有效途径。

在买方市场条件下,客户具有终极话语权。因此,企业要保证其市场地位,就必须尽可能地满足客户服务要求。显然,满足客户服务要求的过程还受到企业投入资源的能力制约。所以,企业必须在物流服务成本和客户服务要求之间进行技术经济权衡。

对企业物流经理来说,合理地控制存货,既不能损害客户服务水平,也不能使企业因为持有过多的存货而增加成本,就成为物流管理或物流成本控制的首要任务。所以,把物流管理理解为"对处于运动(运输)和静止(仓储)过程中的存货的管理"就更具有物流成本控制的操作性意义。

因为物流成本不是面向企业经营结果,而是面向客户服务过程的,所以物流成本的大小就具有了以客户服务需求为基准的相对性特点。这是物流成本与企业其他成本在性质上的最大区别。毫无疑问,物流成本已经成为企业应对市场竞争和维护客户关系的重要的战略决策资源。人们对物流成本的研究就是为了掌控这一战略资源。

三、物流成本管理的意义和目的

企业在进行物流成本管理时,首先要明确管理目的,有的放矢。一般情况下,企业物流成本管理的出发点是:通过掌握物流成本现状,发现企业物流活动中存在的主要问题;对各个物流相关部门进行比较和评价;依据物流成本计算结果,制定物流规划,确立物流管理战略;通过物流成本管理,发现降低物流成本的环节,强化总体物流管理。

物流成本管理在物流管理中占有重要的位置。前面阐述的物流成本冰山理论、"第三利润源"学说等观点都说明了物流成本问题是物流管理初期人们关心的主要问题。所谓"物流是第三利润源",是指通过物流合理化降低物流成本,成为继降低制造成本和扩大销售获取利润之后,企业获取利润的第三个源泉。由"物流成本冰山理论"可知,通常人们所能明确掌握的物流成本,只占企业物流成本的很小一部分,物流领域存在着广阔的降低成本的空间,可见企业物流管理开始于对物流成本的关心。

物流成本管理的意义在于,通过对物流成本的有效把握,利用物流要素之间的效益背反关系,科学合理地组织物流活动,加强对物流活动过程中费用支出的有效控制,降低物流活动中的物化劳动和活劳动的消耗,从而达到降低物流总成本,提高企业和社会经济效益的目的。最终目标是在保证一定物流服务水平的前提下实现物流成本的降低。

1. 从微观经济效益的角度观察

降低物流成本给企业带来的经济效益主要体现在以下两个方面。

(1) 由于物流成本在产品成本中占有很大比例,在其他条件不变的情况下,降低物流成本意味着扩大了企业的利润空间,提高了利润水平。

(2) 物流成本的降低意味着增强企业在产品价格方面的竞争优势,企业可以利用相对低廉的价格在市场上出售自己的产品,从而提高产品的市场竞争力,扩大销售,并以此为企业带来更多的利润。

2. 从宏观经济效益的角度观察

降低物流成本给行业和社会带来的经济效益体现在以下三个方面。

(1) 如果全行业的物流效率普遍提高,物流成本平均水平降低到一个新的水平,那么该行业在国际上的竞争力将会得到增强。对于一个地区的行业来说,可以提高其在全国和全球市场的竞争力。

(2) 全行业物流成本的普遍下降,将会对产品的价格产生影响,导致物价相对下降,这有利于保持消费物价的稳定,相对提高国民的购买力。

(3) 对于全社会而言,物流成本的下降意味着创造同等数量的财富,在物流领域所消耗的物化劳动和活劳动得到节约,实现以尽可能少的资源投入,创造出尽可能多的物质财富,节省资源消耗的目的。

第三节 物流系统的本量利分析

一、本量利分析的基本原理与相关概念

本量利分析(CVP 分析)又称量本利分析(VCP 分析),是成本—业务量—利润关系分析的简称。作为一种定量分析方法,本量利分析是在变动成本计算模式的基础上,以数学模型与图形来揭示固定成本、变动成本、营业量、单价、营业额、利润等变量之间的内在规律性联系,从而为预测和决策规划提供必需的财务信息的一种定量分析方法。

本量利分析的基本假设:

(1) 成本习性分析假定(固定成本不变,变动成本与产量成正比变化);

(2) 销售价格不变(销售价格不随该产品销售量的变化而变化,可看作一个常数);

(3) 产销平衡(产量等于销量);

(4) 相关范围假定(业务量 $x \leqslant x_{\max}$ 时,固定成本总额的不变性和单位变动成本的不变性才得以存在)。

本量利分析所考虑的因素主要包括：固定成本 a、单位变动成本 b、业务量 x、单价 p、营业额 px 和营业利润 P 等。这些变量之间的关系如下面公式所示：

$$P = px - (a + bx) = (p - b)x - a \tag{7-1}$$

式(7-1)是建立本量利分析的数学模型的基础，是本量利分析的基本公式。

将式(7-1)变形后可知，营业利润等于产品单价与单位变动成本之差乘以营业量后再减去固定成本。这里的产品单价与单位变动成本之差，是本量利分析中一个十分重要的概念，即单位边际贡献(记作 cm)，而单位边际贡献与营业量的乘积被称为边际贡献(记作 Tcm)。本量利分析中另一个与边际贡献有关的重要概念就是边际贡献率(记作 cmR)。边际贡献率的公式如下：

$$cmR = \frac{p-b}{p} \times 100\%$$

在引入了边际贡献的概念之后，可以对本量利公式进行如下变形：

$$P = Tcm - a \tag{7-2}$$

从式(7-2)可看出，各种服务或产品提供的边际贡献与营业利润的形成有着十分密切的关系：边际贡献首先要被用来补偿固定成本；只有当边际贡献大于固定成本时，才有可能获得利润，否则将会出现亏损。

在式(7-2)的基础上，还可以推导出以下变形公式：

$$Tcm = a + P$$
$$a = Tcm - P$$

与边际贡献率密切关联的指标是变动成本率。变动成本率(记作 bR)是指单位变动成本占单价的百分比。公式为：

$$bR = \frac{b}{p} \times 100\%$$

边际贡献率与变动成本率两指标之间的关系可以用以下公式表示：

$$cmR = 1 - bR \tag{7-3}$$
$$bR = 1 - cmR \tag{7-4}$$

由式(7-3)、式(7-4)可知，边际贡献率与变动成本率之和等于1。因此，变动成本率越高，边际贡献率越低，产品或服务的获利能力越小；反之，变动成本率越低，边际贡献率就会越高，产品或服务的获利能力就越大。

二、本量利分析图

本量利分析图就是在平面直角坐标系上以解析几何模型反映本量利关系的图像。本量利分析图不但能够反映固定成本、变动成本、营业量、营业额和盈亏平衡点、亏损额和利润额，而且还可以反映贡献边际、安全边际及其相关范围，甚至可以提供单价、单位变动成本和单位贡献边际的水平,如图 7-5 所示。

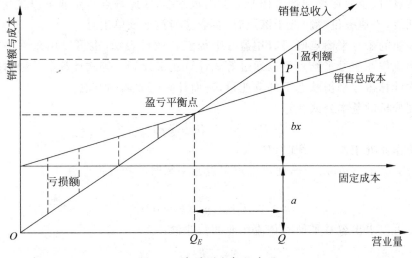

图 7-5　本量利分析示意图

在本量利分析图中:x 轴为营业量;y 轴为销售额与成本;Q_E 为盈亏平衡点对应的营业量。通过该图可以看出:

(1) 当企业的营业量恰好为盈亏平衡点的营业量,即 $Q=Q_E$,企业处于盈亏平衡的状态,既不盈利也不亏损;如果企业在达到盈亏平衡的基础上多出售一个单位的产品或服务,即 $Q>Q_E$,即可获得盈利,进入盈利区,其盈利额等于一个单位边际贡献,企业的营业量越大,能实现的盈利也就越多。

如果企业的营业量低于盈亏平衡点,则企业出现亏损,进入亏损区,其业务量低于盈亏平衡点一个单位,即 $Q<Q_E$,就会亏损一个单位边际贡献,营业量越少,亏损额就越大。

(2) 盈亏平衡点降低,盈利区的面积就会扩大,亏损区的面积就会缩小,这时企业产品或服务会比以前更容易获得盈利。在营业量不变的情况下,盈亏平衡点降低,这依赖于单位边际贡献的提高。反之,亦然。

三、物流系统本量利分析的内容

物流系统的本量利分析包括盈亏平衡分析和盈利条件下的本量利分析。盈亏平衡分析就是根据成本、营业收入、利润等因素之间的函数关系,预测企业或物流系统在什么样的情况下可以达到不盈不亏的状态;而盈利条件下的本量利分析主要考虑在特定利润要求情况下应达到的业务量,以及在一定业务量情况下企业或物流系统的利润以及安全边际情况。

1. 盈亏平衡分析

确定物流作业的盈亏平衡点。所谓物流作业的盈亏平衡点,就是指物流作业在一定时期内的收入与成本相等,既没有盈利也不亏损,利润额为零。当企业的物流作业业务量(额)低于该点时,企业在该项物流作业上会出现亏损,因此该点是企业可以接受的业务量(额)的最低线,当业务量(额)低于该点时,企业应当拒绝该单生意。

物流作业的盈亏平衡点既可以用盈亏平衡点营业量表示,也可以用盈亏平衡点营业额表示。物流作业盈亏平衡点可以通过等式计算法来计算。等式计算法是通过本量利关系基本公式计算盈亏平衡状态下的营业量,进而计算营业额的方法。

本量利分析的基本公式为:

$$P = px - (a + bx)$$

当物流作业处于盈亏平衡时,$P = 0$。

因此,$px_0 - (a + bx_0) = 0$,便可以求出盈亏平衡时的物流作业营业量:

$$x_0 = \frac{a}{p - b}$$

进一步可以求出盈亏平衡时物流作业的营业额:

$$y_0 = px_0$$

通过等式计算法,可以精确地计算出盈亏平衡状态下的营业量或营业额。

例题 7-1 某运输公司,单位变动成本150元/(千吨·千米),固定成本总额20万元,本月预计货物周转量5 000千吨·千米,单位运价200元/(千吨·千米)。求在盈亏平衡时物流作业营业量、运输营业收入。

解: 由题意知,$a = 20$万元,$b = 150$元/(千吨·千米),$p = 200$元/(千吨·千米)

盈亏平衡时物流作业营业量 $x_0 = \dfrac{a}{p - b} = \dfrac{200\ 000}{200 - 150} = 4\ 000$(千吨·千米)

运输营业收入 $y_0 = px_0 = 200 \times 4\ 000 = 800\ 000$(元)

2. 盈利条件下的本量利分析

当物流作业的营业量(额)超过盈亏平衡点以后,企业还要对物流经营的安全程度进行评价,当安全度较低时,企业也需要采取相应措施提高营业量(额),以保证物流经营的安全性。

所谓安全边际指标,是指将现有或预计的物流作业营业量(可以用营业量 x_1 表示,也可以用营业额 y_1 表示)与处于盈亏平衡状态下的营业量进行比较,并由两者之间的差额确定的定量分析指标。

安全边际指标包括两种形式:绝对形式和相对形式。安全边际指标的绝对形式又可分为安全边际营业量(以下简称安全边际量,记作 MS 量)和安全边际营业额(以下简称安全边际额,记作 MS 额),它们的计算公式分别为:

$$MS \text{ 量} = x_1 - x_0$$

$$MS \text{ 额} = y_1 - y_0$$

安全边际量与安全边际额有如下关系：
$$MS\text{额} = MS\text{量} \cdot p$$
安全边际的相对形式，被称为安全边际率（记作 MSR）。其计算公式为：
$$\text{MSR} = \frac{x_1 - x_0}{x_1} \times 100\% = \frac{y_1 - y_0}{y_1} \times 100\%$$

接上例：

MS 量（安全边际营业量）$= x_1 - x_0 = 5\,000 - 4\,000 = 1\,000$（千吨·千米）

MS 额（安全边际营业额）$= y_1 - y_0 = 5\,000 \times 200 - 800\,000 = 200\,000$（元）

$$\text{MSR（安全边际率）} = \frac{x_1 - x_0}{x_1} \times 100\% = \frac{y_1 - y_0}{y_1} \times 100\%$$

$$= \frac{5\,000 - 4\,000}{5\,000} \times 100\%$$

$$= \frac{1\,000\,000 - 800\,000}{1\,000\,000} \times 100\% = 20\%$$

安全边际量和安全边际率都是正指标，越大越好，具体如表 7-3 所示：

表 7-3　安全边际率与安全程度的关系

安全边际率	10%以下	10%～20%	20%～30%	30%～40%	40%以上
安全程度	危险	值得注意	一般安全	比较安全	非常安全

与安全边际率相连的另一个衡量物流经营安全的指标是保本作业率指标。保本作业率又称为"危险率"（记作 dR），是盈亏平衡状态下物流作业的营业量占现有或预计营业量的百分比。其计算公式为：

$$\text{d}R = \frac{x_0}{x_1} \times 100\% = \frac{y_0}{y_1} \times 100\%$$

显然
$$\text{MSR} + \text{d}R = 1$$

与安全边际指标不同，保本作业率是一个负向指标，该指标越小说明现有或预计营业量距离盈亏平衡状态下的营业量越远，因而物流经营也就越安全。

第四节　物流成本控制的基本思路

一、物流成本的控制原理

物流成本控制是企业在物流活动中依据物流成本标准，对实际发生的物流成本进行严格的审核，发现浪费，进而采取不断降低物流成本的措施，实现预定的物流成本目标。

进行物流成本控制,应根据物流成本的特性和类别,在物流成本的形成过程中,对其事先进行规划,事中进行指导、限制和监督,事后进行分析评价,总结经验教训,不断采取改进措施,使企业的物流成本不断降低。

物流成本控制的基本内容具体如下。

1. 运输成本控制

如:加强运输的经济核算;防止运输过程中的差错事故;做到安全运输等。

2. 库存持有成本的控制

如:合理确定存货数量、库存占企业资产的比例;合理考虑库存结构、安全存量设置、资产周转率、投资机会及企业的盈利能力。

3. 装卸搬运成本的控制

如:合理选择装卸搬运设备;防止机械设备的无效作业、合理规划装卸方式和装卸作业过程;减少装卸次数、缩短操作距离、提高被装卸物资纯度等。

4. 包装成本控制

如:选择包装材料时要进行经济分析;运用成本计算降低包装成本;包装的回收和旧包装的再利用;实现包装尺寸的标准化、包装作业的机械化;有条件时组织散装物流等。

5. 流通加工成本的控制

如:合理确定流通加工的方式;合理确定加工能力;加强流通加工的生产管理;制定反映流通加工特征的经济指标等。通过成本控制,可以及时发现存在的问题,采取纠正措施,保证成本目标的实现。

现代物流成本控制是企业全员控制、全过程控制、全环节控制和全方位控制,是商品使用价值和价值结合的控制,是经济和技术结合的控制。

二、物流成本控制的内容

物流成本控制按控制的时间具体可分为物流成本事前控制、物流成本事中控制和物流成本事后控制三个环节。

(1)物流成本事前控制是物流活动或提供物流作业前对影响物流成本的经济活动进行事前的规划、审核,确定目标物流成本。它是物流成本的前馈控制。

(2)物流成本事中控制是在物流成本形成过程中,随时将实际发生的物流成本与目标物流成本进行对比,及时发现差异并采取相应措施予以纠正,以保证物流成本目标的实现。它是物流成本的过程控制。

(3)物流成本事后控制是物流成本形成之后,对实际物流成本的计算、分析和考核。

它是物流成本的后馈控制。物流成本事后控制通过实际物流成本和一定标准的比较,确定物流成本的节约或浪费,并进行深入的分析,查明物流成本节约或超支的主客观原因,确定其责任归属,对物流成本责任单位进行相应的考核和奖惩。通过对物流成本的分析,为日后的物流成本控制提出积极的改进意见和措施,进一步修订物流成本控制标准,改进各项物流成本控制制度,以达到降低物流成本的目的。

第五节 物流成本控制的具体方法

在上节中介绍了物流成本控制的原理、内容以及原则,在这节中将介绍两种物流成本控制的具体方法。

一、弹性预算法

弹性预算法又称变动预算法、滑动预算法,是在变动成本法的基础上,以未来不同业务水平为基础编制预算的方法。其是固定预算法的升华版,弥补了固定预算法的缺陷,是动态的预算法。它是指以预算期间可能发生的多种业务量水平为基础,分别确定与之相应的费用数额而编制的、能适应多种业务量水平的费用预算,以便分别反映在各业务量的情况下所应开支(或取得)的费用(或利润)水平。

正是由于这种预算可以随着业务量的变化而反映各该业务量水平下的支出控制数,具有一定的伸缩性,因而被称为"弹性预算"。

1. 弹性预算法的基本原理

弹性预算法的基本原理是把成本费用按成本习性分为变动费用与固定费用两大部分,只调整变动费用即可。

固定费用在其相关范围内,其总额一般不随业务量的增减而变动。

设费用预算总额为:

$$Y = a + bX$$

式中:a 为固定费用总额;b 为单位变动成本;X 为计划业务量。

2. 弹性预算法的特点

弹性预算法具有如下特点:

(1)具有伸缩性;

(2)前提是成本可划分为固定成本和变动成本;

(3)当用弹性预算来衡量业绩时,是将与实际业务量相对应的预算成本和实际成本相比较,而不是将最初编制的预算成本与实际成本相比较。

二、目标成本法

(一) 目标成本法概述

目标成本是指根据市场调查,预计可实现的物流营业收入,为了实现目标利润而必须达成的成本目标值。换句话说,即生命周期成本下的最大成本容许值。

(二) 目标成本的确定

传统产品的设计和售价决定方法与目标成本法有所不同。传统法是先做市场调查后设计新产品,再计算出产品成本,然后再估计产品是否有销路,最后加上所需利润计算出产品的售价。

目标成本法在产品企划与设计阶段就先做市场调查制订出目标售价(最可能被消费者接受的售价),其次根据企划中长期计划确定目标利润,最后以目标售价减去目标利润即为产品的目标成本。其计算公式如下:

$$目标成本 = 目标售价 - 目标利润$$

目标成本的确定流程如图 7-6 所示。

目标成本的确定一般包括制定目标售价、确定目标利润和确定目标成本三个步骤。

1. 制定目标售价

目标售价的制订通常可运用下列两种方法。

(1) 消费者需求研究方法

新产品推出前要先做市场研究,以回答一些问题,如:市场目前和将来需要的是什么样的产品?消费者需要这些产品具有哪些功能与特色?这些产品的需用量如何?客户能接受的价格是多少?

市场主要对以下问题进行调查研究:

① 对经济、政治、人口、产业等宏观或总体性资料进行收集与预测。
② 对过去、目前和将来的顾客作系统的消费者需求调查。
③ 选取特定消费者样本群体对他们的需求做深入研究。

(2) 竞争者分析方法

收集竞争对手及其产品的资料与将来计划,这些资料及分析可回答一些问题。例如,竞争对手现有哪些产品,将来可能有哪些产品?竞争对手产品品质、服务水准如何?竞争对手产品有哪些功能及特性,价格水准如何?

可以将主要竞争对手产品的资料收集在品质功能矩阵表里,然后将本企业的产品资料与竞争对手的资料进行比较。

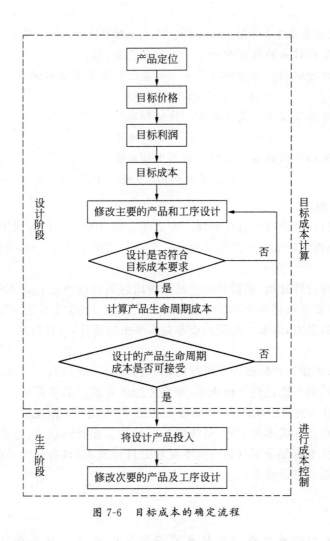

图 7-6　目标成本的确定流程

2．确定目标利润

每种产品可能因不同市场需求、售价政策、成本结构、所需投入资本、品质等因素不同，其利润目标也会有所不同。

确定目标利润可采用目标利润率法：

目标利润＝预计服务收入×同类企业平均营业利润率

或

目标利润＝本企业净资产×同类企业平均净资产利润率

或

目标利润＝本企业总资产×同类企业平均资产利润率

例题 7-2 运输企业的平均营业利润率为 15%,运输作业的市场价格为 1 元/(吨·千米),某运输企业预计运输作业的作业量为 500 万吨·千米,则:

$$目标利润 = 预计营业收入 \times 同类企业平均营业利润率$$
$$= 500 \times 1 \times 15\% = 75(万元)$$
$$目标总成本 = 营业收入 - 目标利润$$
$$= 500 \times 1 - 75 = 425(万元)$$
$$目标单位成本 = 目标总成本 \div 作业量$$
$$= 425 万元 \div 500 万吨 \cdot 千米 = 0.85(元/吨 \cdot 千米)$$

3. 确定目标成本

目标成本为目标售价减去目标利润。按上述方法计算出的目标成本,只是初步的设想,提供了一个分析问题的合乎需要的起点。它不一定完全符合实际,还需要对其可行性进行分析。

目标成本的可行性分析,是指对初步测算得出的目标成本是否切实可行做出分析和判断。分析时,主要是根据本企业实际成本的变化趋势和同类企业的成本水平,充分考虑本企业成本节约的潜力,对某一时期的成本总水平做出预计,看其与目标成本的水平是否大体一致。

经过测算,如果预计目标成本是可行的,则将其分解,下达到有关部门和单位。如果经反复测算、挖潜,仍不能达到目标成本,就要考虑放弃该产品并设法安排剩余的生产能力;如果从全局看不宜停产该产品,也要限定产量,并确定亏损限额。

一种产品的总目标成本确定后,可按成本要素如直接材料成本、直接人工成本、其他直接成本和间接成本等细分制订每一成本要素的目标成本,也可按产品的各部分功能分别制订各部分功能的目标成本。

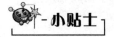
小贴士

施工企业实施"目标成本管理"时要注意两个问题

1. 方案合理,取值准确

施工企业形成的产品的售价(即中标价)是产品形成前就已经确定了的,其他行业的是随着市场的需求而定价的。既然卖价已经定准了,为了实现一定目标的利润,就只能在成本上做文章。为此,在制定目标成本时,一定要实事求是,要用发展的眼光分析问题、解决问题。例如,铁路工程的概算以前是很高的,铁路工程的利润率可达到 20% 以上,但是在高速铁路的建设中确认目标利润率时,却不能按此办理。

2. 全员、全过程参与成本管理

目标成本管理是一个全员的、全过程的成本管理方法,不论管理层面、技术层面还是组织层面都必须积极参与。

(1) 经理层的管理意愿和管理思路,这个是前提和保障。

(2) 横向部门间,按照成本要素划分,如人工费、材料费、机械使用费等指标分解到有关职能部门。

(3) 纵向管理梯度之间,在横向分解的基础上,再纵向分解到分公司的工区、场队,进而分解到班组、机台。

复习思考

1. 简述物流成本的概念和构成。
2. 物流成本是如何分类的?
3. 什么是本量利分析?其原理是什么?
4. 物流成本控制的基本内容有哪些?
5. 什么是弹性预算法和目标成本法?
6. 根据你自己所掌握的知识,给出降低物流成本与服务水平效益背反中损失的具体措施。

案例分析

百胜物流降低连锁餐饮企业运输成本之道

对于连锁餐饮这个锱铢必较的行业来说,靠物流手段节省成本并不容易。然而,作为肯德基、必胜客等业内巨头的指定物流提供商,百胜物流公司抓住运输环节大做文章,通过合理的运输安排、降低配送频率、实施歇业时间送货等优化管理方法,有效地实现了物流成本的"缩水",给业内管理者指出了一条细致而周密的降低物流成本之路。

1. 合理安排运输排程

运输排程的意义在于尽量使车辆满载,只要货量许可,就应该做相应的调整,以减少总行驶里程。由于连锁餐饮业餐厅的进货时间是事先约定好的,这就需要配送中心根据餐厅的需要,制作一个类似列车时刻表的主班表,此表是针对连锁餐饮餐厅的进货时间和路线详细规划制定的。

众所周知,餐厅的销售存在着季节性波动,因此主班表至少有旺季、淡季两套方案。有必要的话,应该在每次营业季节转换时重新审核运输排程表。安排主班表的基本思路是,首先计算每家餐厅的平均订货量,设计出若干条送货路线,覆盖所有的连锁餐厅,最终达到总行驶里程最短、所需司机人数和车辆数最少的目的。

2. 减少不必要的配送

对于产品保鲜要求很高的连锁餐饮业来说，尽力和餐厅沟通，减少不必要的配送频率，可以有效地降低物流配送成本。如果连锁餐饮餐厅要将其每周配送频率增加1次，会对物流运作的哪些领域产生影响？

在运输方面，餐厅所在路线的总货量不会发生变化，但配送频率上升，结果会导致运输里程上升，相应地油耗、过路桥费、维护保养费和司机人工时都要上升。在库存管理上，如果涉及短保质期物料进货频率增加，由于进货批量减少，进货运费很可能会上升，处理的厂商订单及后续的单据作业数量也会上升。由此可见，配送频率增加最大的影响在于运输里程上升所造成的运费上升。因此，减少不必要的配送，对于连锁餐饮企业显得尤其关键。

3. 提高车辆的时间利用率

车辆时间利用率也是值得关注的，提高卡车的时间利用率可以从增大卡车尺寸、改变作业班次、二次出车和增加每周运行天数四个方面着手。

比如改变作业班次就是指改变仓库和别的职能的作业时间，适应实际的运输需求，提高运输资产的利用率。否则朝九晚五的作业时间表只会限制发车和收货时间，从而限制卡车的使用。如果配送中心实行24小时作业，卡车就可以利用晚间二次出车配送，大大提高车辆的时间利用率。在实际物流作业中，一般会将餐厅分成可以在上午、下午、上半夜、下半夜4个时间段收货，据此制定仓储作业的配套时间表，从而将卡车利用率最大化。

4. 尝试歇业时间送货

歇业时间送货避开了城市交通高峰时间，既没有顾客的打扰，也没有餐厅运营的打扰。由于餐厅一般处在繁华路段，夜间停车也不用像白天那样有许多顾忌，可以有充裕的时间进行配送。由于送货窗口拓宽到了下半夜，使卡车可以二次出车，提高了车辆利用率。

资料来源：郑彬.现代物流基础[M].北京：中国财政经济出版社，2007.

问题思考：
1. 百胜物流是如何有效地实现物流成本控制的？
2. 请完整描述提高卡车时间利用率的四个方面。

扩展阅读 7-1

收费繁多推高社会物流成本

扩展阅读

第八章

物流投资的经济分析

学习导航

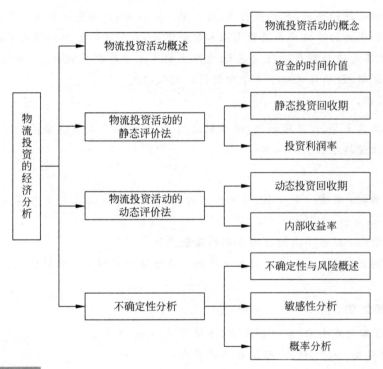

知识目标

1. 掌握物流投资活动中资金的时间价值的内涵;
2. 掌握物流投资活动中的静态和动态评价方法;
3. 熟悉物流投资活动中不确定性分析的方法。

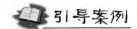

某冷链园区投资项目定位分析

该项目位于广州市白云区江高镇"空港经济区"范围内,距广州白云国际机场车程距离20km,距主城区中心车程距离25km。该项目是铁路货场转型的全国示范区,要建设成为粤港澳大湾区多式联运核心枢纽和全国一流的物流服务供应商。

为获取项目定位分析所需要的市场现状和相关数据资料,为后续项目定位、园区规划和营运提供必要的政策、数据支持,通过实地走访调研、访谈调研、行业协会查询、网络收集政府海关公开的信息数据等,对项目所在地广州市及周边区域重点冷链物流园区、农产品批发市场、冷链食品加工制造及贸易企业、连锁商超物流企业、冷链物流企业等进行了详细的调研。市场调研结论显示,无论是自用,还是第三方冷库,广州资源都相对丰富,但基于广州市政规划和强大的冷链产品消费需求和转运需求,目前冷库资源仍显不足,冷库业务量较为饱满,尤其是适合现代物流分拣配送作业的第三方冷链仓较少,资源较为稀缺。经过前期充分调研,该项目从以下几个方面得出定位结论。

1. 总体定位

以农产品和食品为主导,以区域物流、城市配送为主,流通加工和贸易功能为辅的食品综合物流服务硬体设施平台。

2. 功能定位

多式联运园区功能:服务一带一路、连接国内外的以公铁联运为主的多式联运物流园区。

物流集散园区功能:服务华南地区的食品的集散园区。

城市配套服务园区功能:面向粤港澳大湾区及周边地区的城市快速消费供应链服务园区。

3. 市场客户群定位

(1) 国内外连锁零售类企业,如连锁餐饮、连锁商超、其他连锁零售类企业。

(2) 蔬果、畜禽肉类、水产、粮油、轻工业品等贸易企业。

(3) 国内外蔬果、畜禽肉类、水产、粮油、轻工业品等批发代理及加工类企业。

(4) 国内外生鲜电商类企业(含跨境生鲜电商)。

(5) 园区配套服务单位:商检、快递、银行、餐饮、住宿。

4. 服务半径

(1) 多式联运及零担快运部分辐射区域为通过铁路线及公路干线衔接全国;

(2) 城市配送功能部分服务于广州市及周边地区。

5. 平面概要布局

根据前述市场现状及需求分析,结合本项目高定位的要求,项目拟规划建设全温区并提供冷链食品加工服务的综合冷链物流园区,冷库温区涵盖冷链储存及加工的所有温区范围。

资料来源:赵群海.某冷链园区投资项目定位分析与研究[J].中国水运(下半月),2020,20(06):46-48.

引例思考:

1. 试分析该项目投资冷链物流园区的建设能否获得预期投资价值。
2. 进一步深入进行物流投资分析,还需要在哪些方面加强研判。

第一节 物流投资活动概述

一、物流投资活动的概念

物流投资,是指物流经济主体为获得预期效益,投入一定量的资金(资本)而不断转化为资产的经济活动。物流投资活动主体有多层次和多种类型,一般为直接从事投资的各级政府、企业、事业单位、金融机构、其他经济实体和社会团体或个人;投资目的是获得预期收益,包括经济效益和社会效益等;投资方式可以是直接投资——直接投于固定资产和流动资产,形成实物,也可以是间接投资——用于购买股票和债券等,另外还有其他方式的投资,如风险投资等。

收益性和风险性是物流投资的两大基本特征。任何一项投资的主要目标都是未来获得收益。预期收益的多寡是投资者投资决策的主要依据,而任何一项投资的未来收益都是不确定的,都存在着风险。

物流投资活动的构成,可以从不同的角度分类。投资按其用途不同,可分为生产性物流投资和非生产性物流投资;按投入行为的直接程度,可分为直接物流投资和间接物流投资等。

二、资金的时间价值

任何投资项目或方案的经济评价,都存在一个投入的费用及其产生的收益发生在不同时期的问题,物流活动投资也不例外。有的项目建设时间长,有的项目建设时间短;有的项目见效快,有的项目见效慢。为了使项目方案发生在不同时间的费用和收益具有可比性,必须把发生在不同时期的资金都折算成相同时间的资金,在等值基础上进行项目方案的经济评价。因此,应研究资金的价值与时间的关系问题。

1. 资金时间价值的概念

在市场经济条件下,即使不存在通货膨胀,等量资金在不同时点上具有不同的价值。随着时间的推移,资金将会发生增值,人们将资金这种在使用过程中随时间的推移而发生增值的现象,称为资金具有时间价值的属性。

人们把一定量资金在不同时点上的价值量的差额称为资金时间价值。资金的时间价值相当于没有风险和没有通货膨胀条件下的社会平均资金利润率或平均投资报酬率。这是利润平均的规律作用的结果。

但是并非任何资金都存在着时间价值。如资金所有者把钱放在保险箱里,不管放多长时间都不会有分毫的增加。只有将资金作为资本投入生产经营活动中才能产生时间价值,所以资金的时间价值是资金在周转使用中产生的,是资金所有者让渡资金使用权参与社会财富分配的一种形式。

为什么资金在周转使用过程中会产生时间价值呢?这是因为资金使用者把资金作为资本投入生产经营以后,劳动者借以生产新的产品,创造新的价值,都会带来利润,实现价值。周转使用的时间越长,所获的利润越多,实现的价值越大。所以,资金时间价值的实质是资金周转使用后的增值额。如果资金是资金使用者从资金所有者那里借来的,则资金所有者要分享一部分资金的增值额。

利润和利息是资金时间价值的基本形式,它们都是社会资金增值的一部分,是社会剩余劳动在不同部门的再分配。利润由生产和经营部门生产,利息是以信贷为媒介的资金使用权的报酬,都是资金在时间推移中的增值。对于利息和利润的获得者来说,利润和利息都是一种收入,都是投资得到的报酬。利息是贷款者的报酬,而利润则是生产经营者的报酬。

在经济评价中用以度量资金时间价值的"折现率",是指贷款人或企业经营者对其投资得到的利息率或利润率,也是指企业使用贷款人的资金或自有资金来支付人力、物力耗费,用以经营企业所获得的收益率。

资金时间价值可以有两种表达形式:用绝对数表示,即资金时间价值额,它是指资金在生产经营过程中产生的增值额;用相对数表示,即资金时间价值率,它是指不包括风险价值和通货膨胀因素的平均资金利润率或平均投资报酬率。资金时间价值的两种表示方式在实际工作中不作严格区分。

通常情况下,衡量资金时间价值的尺度是社会平均资金收益率,或叫社会折现率,折现率反映了对未来货币价值所做的衡量。社会平均的资金收益率各国不等。一般为公债利率与平均风险利率之和。

银行存款利率、贷款利率,各种债券利率,股票的股利都可看作是投资报酬率,但是它们与资金时间价值是有区别的。因为,这些报酬率除包含资金时间价值因素外,还包含通货膨胀和投资风险价值。只有在购买国库券等政府债券时,因为几乎没有风险,如果通货膨胀程度很低,可以用政府债券利率来表示时间价值。

资金时间价值不仅要求缩减一切不必要的开支,而且要求最大限度地有效利用资金。评价投资方案,不仅评价方案的投资是否节省,而且评价方案投资后的经济效益是否好。这对于提高经济评价工作的科学性,促进整个社会重视货币资金有效利用等都具有重要意义。

2. 终值与现值

终值又称将来值,是现在一定量现金在未来某一时点上的价值,俗称本利和,通常记作 F。

现值又称本金,是指未来某一时点上的一定量现金折合到现在的价值,通常记作 P。单利计息方式下,利息的计算公式为:

$$I = P \cdot i \cdot n$$

式中:n 为项目或技术方案的寿命周期(或计算年限);
$\quad i$ 为利率。

单利计息方式下,终值的计算公式为:

$$F = P \cdot (1 + i \cdot n)$$

单利现值与单利终值互为逆运算,其计算公式为:

$$P = F/(1 + i \cdot n)$$

复利终值的计算公式为:

$$F = P \cdot (1 + i)^n$$

式中:$(1+i)^n$ 简称"复利终值系数",记作 $(F/P, i, n)$。

复利现值与复利终值互为逆运算,其计算公式为:

$$P = F \cdot (1 + i)^{-n}$$

式中:$(1+i)^{-n}$ 简称"复利现值系数",记作 $(P/F, i, n)$。

3. 普通年金的终值与现值

年金是指一定时期内每次等额收付的系列款项,通常记作 A。

年金按其每次收付款项发生的时点不同,可以分为普通年金、即付年金、递延年金、永续年金等类型。

(1) 普通年金终值的计算(已知年金 A,求年金终值 F)

普通年金是指从第一期起,在一定时期内每期期末等额收付的系列款项,又称为后付年金。普通年金终值的计算如图 8-1 所示。

其计算公式为:

$$F = A \cdot \frac{(1+i)^n - 1}{i}$$

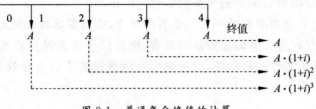

图 8-1 普通年金终值的计算

式中：$\dfrac{(1+i)^n-1}{i}$——称作"年金终值系数"，记作 $(F/A,i,n)$。

(2) 年偿债基金的计算(已知年金终值 F，求年金 A)

年偿债基金是指为了在约定的未来一定时点清偿某笔债务或积聚一定数额的资金而必须分次等额形成的存款准备金。

偿债基金与年金终值互为逆运算，其计算公式为：

$$A = F \cdot \dfrac{i}{(1+i)^n-1}$$

式中：$\dfrac{i}{(1+i)^n-1}$——称作"偿债基金系数"，记作 $(A/F,i,n)$，等于年金终值系数的倒数。

$$\begin{aligned}A &= F \cdot \dfrac{i}{(1+i)^n-1}\\ &= F \cdot (A/F,i,n)\\ &= F \cdot [1/(F/A,i,n)]\end{aligned}$$

(3) 普通年金现值的计算(已知年金 A，求年金现值 P)

年金现值是指一定时期内每期期末等额收付款项的复利现值之和。普通年金现值的计算如图 8-2 所示。

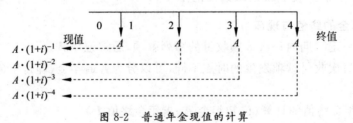

图 8-2 普通年金现值的计算

普通年金现值的计算公式为：

$$P = A \cdot \left[\dfrac{1-(1+i)^{-n}}{i}\right]$$

式中：$\dfrac{1-(1+i)^{-n}}{i}$ 称作"年金现值系数"，记作 $(P/A,i,n)$。

(4) 年资本回收额的计算(已知年金现值 P，求年金 A)

年资本回收额是指在约定年限内等额回收初始投入资本或清偿所欠债务的金额。

年资本回收额与年金现值互为逆运算，其计算公式为：

$$A = P \cdot \dfrac{i}{1-(1+i)^{-n}}$$

式中：$\dfrac{i}{1-(1+i)^{-n}}$ 称作"资本回收系数"，记作 $(A/P,i,n)$，等于年金现值系数的倒数。

4. 即付年金的终值与现值

即付年金是指从第一期起，在一定时期内每期期初等额收付的系列款项，又称先付年金。即付年金的计算如图 8-3 所示。

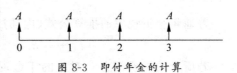

图 8-3　即付年金的计算

即付年金与普通年金的区别仅在于付款时间的不同。

即付年金终值的计算公式为：

$$F = A \cdot [(F/A,i,n+1) - 1]$$

即付年金现值的计算公式为：

$$P = A \cdot [(P/A,i,n-1) + 1]$$

5. 递延年金的现值

递延年金是指第一次收付款发生时间与第一期无关，而是隔若干期(m)后才开始发生的系列等额收付款项。它是普通年金的特殊形式。其计算公式主要有：

$$P = A \cdot (P/A,i,n) \cdot (P/F,i,m)$$
$$P = A \cdot [(P/A,i,m+n) - (P/A,i,m)]$$

递延年金的计算如图 8-4 所示。

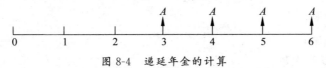

图 8-4　递延年金的计算

6. 永续年金的现值

永续年金是指无限期等额收付的特种年金。这是普通年金的特殊形式，即期限趋于无穷的普通年金。其计算公式为：

$$P = A/i$$

永续年金的计算如图 8-5 所示。

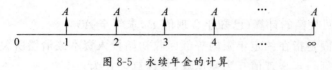

图 8-5　永续年金的计算

7. 折现率、期间和利率的推算

（1）折现率的推算

对于一次性收付款项,根据其复利终值或现值的计算公式可得出折现率。

永续年金的折现率可以通过其现值计算公式求得:

$$i = A/P$$

普通年金折现率的推算公式(内插法)为:

$$i = i_1 + [(\beta_1 - \alpha) \div (\beta_1 - \beta_2)] \cdot (i_2 - i_1)$$

若所求的折现率为 i,对应的年金现值系数为 α;i_1、i_2 分别为与 i 相邻的两个折现率,且 $i_1 < i < i_2$;与 i_1、i_2 对应的年金现值系数分别为 β_1、β_2。即付年金折现率的推算可以参照普通年金折现率的推算方法。

（2）期间的推算(内插法)

若所求的折现期间为 n,对应的年金现值系数为 α';n_1、n_2 分别为相邻的两个折现期间,且 $n_1 < n < n_2$;与 n_1、n_2 对应的年金现值系数分别为 β'_1、β'_2,则普通年金折现期间的推算公式为:

$$n = n_1 + [(\beta'_1 - \alpha') \div (\beta'_1 - \beta'_2)] \cdot (n_2 - n_1)$$

（3）利率的推算

当每年复利次数超过一次时,这时的年利率叫作名义利率,而每年只复利一次的利率才是实际利率。

将名义利率调整为实际利率的推算公式为:

$$i = (1 + r/m)^{m-1}$$

式中:i 为实际利率;

r 为名义利率;

m 为每年复利次数。

第二节　物流投资活动的静态评价法

如果按是否考虑资金的时间价值来分类,可以将物流投资活动评价指标分为静态指标和动态指标。动态评价指标考虑资金的时间价值,因而更符合资金随时间的推移不断增值的实际情况,应用动态评价指标,对投资者和决策者树立资金周转观念、充分利用资金、提高投资经济效益具有重要意义。动态评价指标在可行性研究阶段被普遍应用,是主要的评价指标。静态评价指标不考虑资金的时间价值,因而计算简单、直观、使用方便。多用于经济数据不完备或不够精确的机会研究、初步可行性研究或短期投资项目中。

在投资项目的经济评价中,根据工作阶段和要求的深度不同,采用不同的评价指标。通常以动态评价为主,同时计算必要的静态指标进行辅助分析。

一、静态投资回收期

投资回收期(pay back period,PBP)是用方案的净收益补偿方案投资所需要的年限。这个指标反映了投资的回收速度,同时也能部分描述方案的风险。投资回收期越短,投资的回收速度越快,方案的风险也越小。根据是否考虑资金的时间价值,投资回收期分为静态与动态两种。

物流静态投资回收期是一个静态绝对评价辅助指标。它代表从项目投建时算起,以项目的净收益回收(抵偿)全部投资所需要的时间。用符号 P_t 表示。

1. 表达式

$$\sum_{t=0}^{P_t}(CI-CO)_t=0 \tag{8-1}$$

式中:CI 为现金流入;

CO 为现金流出;

$(CI-CO)_t$ 为第 t 年的净现金流量(NCF)。

式(8-1)表明,累计净现金流量($\sum$NCF)等于零的年份,就是项目的投资回收期。投资回收期以年表示,一般是从建设开始年算起。如果从投资期算起,应予以说明。

2. 实用公式

(1) 一般各年净收益不等的情况下,需要通过项目的现金流量表,在累计现金流量(税前)的计算中求出 P_t。

$$P_t = T-1+\frac{\left|\sum_{i=0}^{T-1}NCF_t\right|}{NCF_T} \tag{8-2}$$

$$P_t = T-1+\frac{第\ T-1\ 年的累计净现金流量的绝对值}{第\ T\ 年的净现金流量}$$

式中:T 为累计净现金流量首次为正值或零的年份。

(2) 如果项目投产后每年的净收益相等,P_t 可以用下式更简便地求出来。

$$P_t = \frac{K}{NB} + t_K = \frac{总投资}{每年等额净收益} + 建设期年数 \qquad (8\text{-}3)$$

例题 8-1 某物流项目建设期 2 年,第 3 年开始投产。项目有净收益不同的 A、B 两方案。其中,A 方案的现金流量表(以被简化)如表 8-1 所示;B 方案各年净收益均为 140 万元。试求:项目 A、B 两方案的静态投资回收期各为多少年?

表 8-1 某项目方案现金流量表(简化) 单位:万元

年 项目	0	1	2	3	4	5	6	7	8	9	10
现金注入(CI)											
销售收入				300	450	500	500	500	500	500	500
现金流出(CO)											
总投资	200	180	320								
成本				200	300	300	350	350	400	400	400
净现金流量(NCF)	−200	−180	−320	100	150	200	200	200	100	100	100

解:从表 8-1 中可以看到,累计净现金流量 NCF 在第 7 年开始出现正值,即累计净现金流量等于零的年份在第 6 年和第 7 年中间。使用式(8-2)得出:

$$P_{tA} = 7 - 1 + \frac{|-50|}{200} = 6.25(年)$$

对于 B 方案,因其具有等额的年净收益,则使用式(8-3)得出:

$$P_{tB} = \frac{700}{140} + 2 = 5 + 2 = 7(年)$$

3. 评价标准

在物流投资项目评价中,求出的 P_t 应与部门或行业的基准投资回收期 P_c 进行比较,当 $P_t \leqslant P_c$ 时,表示项目或方案能满足行业项目投资盈利性和一定风险性要求,项目的投资能在规定的时间内收回,则认为项目可行;反之则不可行。

在例题 8-1 中,若项目所属行业的 $P_c = 7$ 年,则项目的 A、B 方案都可以被接受。

4. 对 P_t 的分析

由于投资是用每年的净收益来回收的,因此 P_t 所反映的投资资金回收的快慢,实际上反映的是项目的盈利能力。其优点是:

(1) 概念清晰、直观,简单易用。

(2) 由于项目面临着未来诸多不确定因素的挑战,而不确定因素带来的风险,一般是随着时间的延长而增加的,因此 P_t 还在一定程度上反映了项目风险的大小。这一点,使投资回收期指标具有独特的地位和作用,因而成为在项目的可行性研究中必须计算的静态指标。

其缺点是：
(1) 没有考虑资金的时间价值；
(2) 从例题 8-1 可看出，计算中并没有使用(舍弃了)回收期后的第 8、第 9、第 10 年的数据，所以它未能全面反映项目整个寿命期的盈利能力。

因此，也难以对例题 8-1 中方案 A 和方案 B 的比较和选择做出正确的判断，即不能因为 $P_{tB}>P_{tA}$ 就认为方案 A 优于方案 B。因此，静态投资回收期仅仅是一个辅助性的绝对效果评价指标，不能用于方案的相对评价。

综上所述，静态投资回收期是一个被广泛应用的辅助性的静态绝对效果评价指标。

二、投资利润率

投资利润率是一个静态效率型绝对效果评价指标，其符号为 E。它表征物流项目单位投资的盈利能力。

1. 计算公式

(1) 投资利润率

$$E = \frac{R}{K} \times 100\% = \frac{年利润}{项目总投资} \times 100\%$$

(2) 投资利税率

$$投资利税率 = \frac{年利税}{项目总投资} \times 100\%$$

该指标反映单位投资对国家积累的贡献。

(3) 资本金利润(利税)率

$$资本金利润(利税)率 = \frac{年利润(或年利税)}{资本金(权益资金)投资} \times 100\%$$

该指标反映了投入项目的资本金(权益资金)投资的盈利能力。

两点说明如下：

(1) 关于公式中年利润(或年利税)的确定：一般可指项目达到设计生产能力后的正常年份的年利润(利税)；对于生产期内年利润(利税)变化幅度较大的项目，可取生产期内年利润(利税)的平均值。

(2) 项目总投资指发生在各年的投资之和。

2. 评价标准

得出的 E 应与本行业或部门平均投资利润率 E_c 对比，若 $E \geqslant E_c$ 则表明项目单位投资盈利能力达到或超过了本行业的平均水平，项目可接受；否则项目应予以否决。

同理，得出的投资利税率、资本金利润(利税)率，也需要与相应的本行业或部门的平均投资利润率、平均资本金利润(利税)率相对比，判断是否达到或超过了相应的本行业的平均水平。

例题 8-2 某新建项目在建设期中共投资 4 万元,正常生产年份税前年利润为 1 万元,该行业的税前 $E_c=16\%$,问:该项目是否可行?

解:据已知条件可求 $E=1/4=25\%>16\%$,所以此项目可行。

3. 对 E 的分析

通过对 E 的计算,可以看出指标 E 具有以下缺点。

(1) 没有考虑资金的时间价值。

(2) 数据的取值较为粗糙:采用平均年利润与生产期正常功能年份利润有可能相差比较大;舍弃了项目或方案寿命期内的其他经济数据,如投资发生的时点、建设期和生产期的年数、各年确切的利润额等。

鉴于 E 的上述缺陷,一般它只应用于经济数据尚不完整的机会研究或初步可行性研究阶段。

E 是一个效率型评价指标,仅反映单位投资的盈利能力——资金的使用效率,可以用来考察项目或方案是否可行。但是 E 优者仅能说明其资金利用效率较高,并不一定能说明该方案的净盈利最大。所以如果用 E 进行方案比选,可能出现与价值型指标比选结论不一致的情况。故 E 仅作为绝对效果评价指标用于方案取舍,而不能用来对多方案进行优选。

如果用 E 对项目的多个方案进行比选,则必须使用两方案的差额(增量)投资利润率指标 ΔE 来计算。

$$\Delta E = \frac{\Delta 年利润(利税)}{\Delta 投资} \times 100\%$$

其思路是:考察两方案的差额(增量)投资所产生的差额(增量)利润是否经济合理,即考察差额(增量)投资利润率 ΔE 是否达到或超过了本行业平均投资利润率 E_c,如果 $\Delta E > E_c$,说明该增量投资产生的增量利润是经济合理的,则投资大的方案较优;反之,则投资小的方案较优。

例题 8-3 已知某项目所在行业的平均税前投资利税率为 12%,项目的 A、B 两方案的总投资及生产期内年利税如表 8-2 所示。

表 8-2 项目的 A、B 两方案的总投资及生产期内年利税　　单位:万

方案	投资	生产期税前年利税
A	120	36
B	200	50

试求:两方案是否可行?哪个方案较优?

解:$E_A = 30/100 = 30\% > 12\%$

$$E_B = 50/200 = 25\% > 12\%$$

两方案都超过了本行业税前平均年利税,都可被接受。

如前所述,尽管 $E_A > E_B$,但不能认为 A 方案优。对于效率型指标 E,必须使用其增量(差额)指标来解决方案的比选问题。

$$\Delta E = \frac{\Delta 年利润(利税)}{\Delta 投资} \times 100\%$$
$$= \frac{50-36}{200-120} \times 100\%$$
$$= \frac{14}{80} \times 100\%$$
$$= 17.5\% > 12\%$$

因此,在本例中,增量投资(方案 B 多投资 80 万元)所产生的增量利润(14 万元)是经济合理的,所以投资大的方案 B 优于方案 A,应选择方案 B。

上述结论是从总利税(利润或盈利)最大的目标考虑的。因为如果不选 B 而是选 A,就失去了虽然多投资 80 万元但每年可以多收入 14 万元利税的机会。就是说,如果选 A,虽然资金利用率较高,但其获得的总利润不是最大的。当然,在资金匮乏,目标是获取最大投资效率的情况下,也可以考虑选择方案 A,但是在一般情况下,投资者或企业追求的目标是盈利的最大化。

第三节 物流投资活动的动态评价法

动态评价不仅包含了资金的时间价值,而且考察了项目在整个寿命期内的全部数据,所以比静态评价更为全面、合理和科学。

一、动态投资回收期

前面已经介绍了静态投资回收期,它是累计净现金流量 $\sum NCF$ 为零的年限。为了弥补它没有考虑资金的时间价值的不足,特设置了相应的动态指标——动态投资回收期 (P'_t)。

1. 表达式

$$\sum_{i=1}^{P'_t} (CI - CO)_t (1 + i_c)^{-t} = 0 \tag{8-4}$$

式中:P'_t——净现金流量现值的累计值为零的年限;或者说,以净收益的现值回收项目投资的现值所需的时间。

2. 评价标准

当 $P'_t > P'_c$ 时，项目可以接受，否则可以拒绝。P'_c 是由同类项目的历史数据中来的，或投资者确定的基准动态投资回收期。

3. P'_t 的计算

如果项目的 0 年仅有一个投资 P，以后各年的净收益为等额的 A，则式(8-4)改写为

$$-P + A(P/A, i_c, P'_t) = 0$$

$$P/A = (1+i_c)^{P'_t} - 1/i_c(1+i_c)^{P'_t}$$

可得：

$$P'_t = -\log(1 - P_{IC}/A)/\log(1+i_c)$$

一般情况下，式(8-4)中的 P'_t 很难直接计算出来，故均需借助现金流量表，并通过以下实用公式的计算得到 P'_t。

$$P'_t = T - 1 + \text{NPV}_{T-1}/\text{NCF}_T \text{ 的现值}$$
$$= T - 1 + \frac{(\text{第 } T-1 \text{ 年的累计净现金流量的现值的绝对值})}{(\text{第 } T \text{ 年的净现金流量的现值})} \tag{8-5}$$

式中：T——累计净现金流量的现值首次出现正值的年份。

例题 8-4 试计算例题 8-1 中 A 方案的动态投资回收期，$i_c = 10\%$。

解：利用表 8-1 所示的现金流量表，在求出各年净现金流量的基础上，按 $i_c = 10\%$ 求出各年净现金流量的现值；求累计各年净现金流量的现值；求出累计净现金流量的现值为零的年份，即动态投资回收期 P'_t。计算结果如表 8-3 所示。

表 8-3 某项目 A 方案现金流量表（简化）   单位：万元

年\项目	0	1	2	3	4	5	6	7	8	9	10
现金注入(CI)											
销售收入				300	450	500	500	500	500	500	500
现金流出(CO)											
总投资	200	180	320								
成本				200	300	300	350	350	400	400	400
净现金流量	−200	−180	−320	100	150	200	200	200	100	100	100
净现金流量的现值	−200	−164	−264	75	103	124	113	103	47	42	39
累计净现金流量的现值	−200	−364	−628	−553	−450	−326	−213	−110	−63	−21	18

4. 对 P'_t 的分析

P'_t 与 P_t 的区别仅仅在于它考虑了资金的时间价值，其他特点包括缺点都与 P_t 相

同。所以它同样是一个辅助绝对效果评价指标。

二、内部收益率

内部收益率(internal rate of return,IRR),就是资金流入现值总额与资金流出现值总额相等、净现值等于零时的折现率。如果不使用电子计算机,内部收益率要用若干个折现率进行试算,直至找到净现值等于零或接近于零的那个折现率。

1. 计算公式

计算 IRR 的过程就是解方程 NVP=0 求解 i^* 的过程。即方程:

$$\sum (CI-CO)_t (P/F, IRR, t) = 0$$

或者

$$\sum (CI-CO)_t (1+IRR)^{-t} = 0 \tag{8-6}$$

可以看出,很可能需要解高次方程。具体计算方法后面将详细介绍。

2. 经济含义

为了能理解 IRR 的经济含义,通过一个例子来说明。某工厂新建了一条生产线,各年净现金流量如表 8-4 所示。

表 8-4　各年净现金流量　　　　　　　　　　单位:万元

年	0	1	2	3	4
净现金流量	-1 000	400	370	240	220

假如已经通过 NPV=0 求出了该项目的 IRR,则,这 10% 对项目意味着什么呢?

由图 8-6 可知,如果第 1 年年初投资 1 000 万元,该投资又以 $i=$ IRR=10% 增值,到第 1 年年末将增值为 1 000(F/P,10%,1)=1 100 万元。但第 1 年年末项目有净收益 400 万元,所以第 1 年年末项目尚未回收的投资为 700 万元。

同样,到第 2 年年末,700 万元增值为 770 万元。第 2 年年末有净收益 370 万元,故第二年年末项目尚未回收的投资为 400 万元。

依次类推,到第 4 年年末刚好将尚未回收的投资 220 万元全部回收。

由图 8-6 可知,在项目的整个寿命周期中,按增值率 $i=$ IRR 计算,除最后一年外,始终存在尚未回收的投资。每年尚未回收的投资以 $i=$ IRR 增值,而项目以当年的净收益回收它,在项目寿命结束时,投资刚好全部回收。即在项目的寿命期内,项目的净收益能够回收以 IRR 这样的比率增值的投资。而项目的这种回收能力,完全取决于项目内部的净收益。因此,IRR 反映的是项目本身的盈利能力,是项目的盈利率。

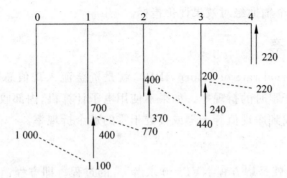

图 8-6 投资额以 IRR 增值,以净收益回收全部投资示意图

3. IRR 的计算

对于常规投资项目,只要它的净现值函数曲线与 i 横坐标相交,如图 8-7 所示,或者累计净现金流量大于零,IRR 就有唯一正数解。

例题 8-5 某工程的净现金流量如表 8-5 所示,$i_c=10\%$,求:方案的 IRR 为多少?

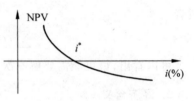

图 8-7 净现值函数曲线

表 8-5 某工程的净现金流量 单位:万元

年	0	1—10
净现金流量	−200	39

解:列出 NPV=0 的方程,

$$-200+39(P/A, \text{IRR}, 10)=0$$
$$(P/A, \text{IRR}, 10)=200/39=5.128$$

第四节 不确定性分析

现实中百分之百的准确预测是不可能的,不准确的数据为决策者提供了并不可靠的依据,将给投资者和经营者带来风险。例如,在项目实施中,如果发生了意料之外的原材料涨价、市场需求变化、劳务费用增加、产品价格波动、贷款利率和外汇汇率变动等,就可能致使投资超支、建设期延长、生产能力达不到设计要求、发生亏损,以致破产。因此,进行不确定性分析,以加强对项目风险的控制,绝不仅仅是经济评价的必要补充,而是经济评价的极其重要的步骤之一,是决策正确性的有力保证。

一、不确定性与风险概述

(一) 不确定性与风险的含义

由于客观条件及有关因素的变动和主观预测能力的局限,一个技术方案或投资项目的实施结果(投资效果和经济效果等)不一定符合原来所作的某种确定的预测和估计,这种现象称为技术方案或投资项目的不确定性和风险。

从理论上讲,风险与不确定性是有区别的。风险是指由于随机原因所引起的项目总体实际值与预期值之间的差异,其结果可用概率分布来描述。而不确定性则是指缺少足够信息来估计其变化的因素对项目实际值与预期值所造成的偏差,其结果无法用概率分布规律来描述。然而从投资项目评价的实用性角度看,区别风险与不确定性没有多大实际意义。因此,多数人认为二者含义相同,可以相互通用。

(二) 不确定性的来源

不确定性因素来源于投资方案本身和项目所处环境两个方面。具体包括:

(1) 预测和估算的误差,这种误差往往是由于基本数据的误差、统计或预测方法的局限性、不符合事实的假设等多种因素造成的;

(2) 由于技术进步而引起技术方案的某些变动;

(3) 政策变化,如价格体系改革而导致的消耗费用变动和收益变化;

(4) 政治形势和经济形势的变化等。

(三) 不确定性分析的评估方法

对技术方案的不确定性作定量分析称为风险和不确定性评估,其方法有:盈亏平衡分析、敏感性分析、概率分析、蒙特卡罗模拟法、决策树法、效用函数法、瓦尔特(最大最小)准则法、逆瓦尔特(最大最大)准则法、拉普拉斯准则法、赫维兹准则法及萨维奇准则(遗憾准则)法等。其中盈亏平衡分析、敏感性分析和概率分析最为常用,盈亏平衡分析只用于财务评价,敏感性分析和概率分析可同时用于财务评价和国民经济评价。

1. 盈亏平衡分析

经济评价中所预测的带有不确定性的基本数据,在项目的实际实施中都有可能发生一定的变化,当该变化达到某一临界值时,项目或方案就会由可行变为不可行。盈亏平衡分析的目的,就是找出上述临界值,判断投资方案对不确定因素变化的适应能力,对项目的风险做出定性分析。

(1) 线性盈亏平衡分析

线性盈亏平衡分析的假设条件如下:

① 项目的销售收入 S 是产品销售量 X 的线性函数,即 $S=PX$(如图 8-8 所示)。如果将 S 考虑为扣除销售税金后的销售收入,则

$$S = PX - T_0 X$$

式中,T_0 为单位产品税金。销售量 X 等于产量,即假设各年产品全部售出。单位产品售价 P 不随 X 变化。这里假设产品的销售不影响市场供求关系,或看作无市场竞争。

② 项目的总成本 C 也是 X 的线性函数。即

$$C = C_v X + C_f$$

产品的固定成本 C_f 在生产期一定规模内保持不变(不随 X 变)。单位产品的可变成本 C_v 与产量 X 成正比关系。可变动成本(与生产批量有关的运输、工艺装备、消耗材料、附加工资等,呈阶梯形直线)由于所占比例较小,近似认为也随 X 成正比变动。

③ 项目只生产单一产品,如生产多种产品应折算为某一种基本产品。

④ 各数据应该达到设计能力的正常年份的数据。

综上所述,可以认为是 S 和 C 都与 X 成正比的线性盈亏平衡问题。

(2) 线性盈亏平衡分析图与平衡点

将图 8-8 中的 $S=PX-T_0X$ 和图 8-9 中的 $C=C_vX+C_f$ 在同一坐标图中表示出来,形成图 8-10 所示的盈亏平衡分析图(也称为"线性量—本—利分析图")。

图 8-10 中,纵坐标表示销售收入 S 和总成本 C,横坐标表示产品产量 X。销售收入线 S 与总成本线 C 的交点称为盈亏平衡点(break even point,BEP),这就是项目盈利与亏损的临界点。在 BEP 的左边,总成本 C 大于销售收入 S,项目亏损;在 BEP 的右边,销售收入 S 大于总成本 C,项目盈利。

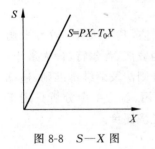
图 8-8 S—X 图

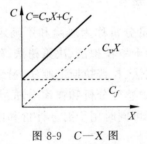
图 8-9 C—X 图

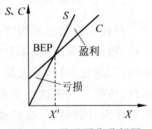
图 8-10 盈亏平衡分析图

在 BEP 点上,项目不盈不亏,即

$$S = C$$
$$PX - T_0 X = C_v X + C_f$$

(3) 平衡点的计算公式

在 S 与 C 都和产量 X 呈线性关系的情况下,由上式可以很容易地分别求出用产量

X、销售价格 P、单位产品变动成本 C_v、生产能力利用率等表示的盈亏平衡点——盈亏平衡产量 BEP(X)、盈亏平衡生产能力利用率 BEP(E)、盈亏平衡销售价格 BEP(P)、盈亏平衡单位产品变动成本 BEP(C_v)。

① 盈亏平衡产量 BEP(X)

$$\text{BEP}(X) = X^* = \frac{C_f}{P - T_0 - C_v}$$

BEP(X)是项目保本(不发生亏损)时的最低产量,其值越小,说明项目抗风险能力越大,即说明项目达到较低的年产量就能保本。

② 盈亏平衡生产能力利用率 BEP(E)

若项目设计生产能力为 X,销售单价和生产成本为预期值,则

$$\text{BEP}(E) = \frac{X^*}{X} \times 100\% = \frac{C_f}{(P - T_0 - C_v)X} \times 100\%$$

BEP(E)即项目保本时的最低生产能力利用率,大于 BEP(E)即可盈利,该利用率越低说明项目的抗风险能力越强。

③ 盈亏平衡销售价格 BEP(P)

如果按照设计能力进行生产和销售,生产成本为预期值,则

$$\text{BEP}(P) = \frac{C_f}{X} + C_v + T_0$$

BEP(P)是项目保本时的最低价格,高于 BEP(P)即可盈利。

④ 盈亏平衡单位产品变动成本 BEP(C_v)

如果按设计能力进行生产和销售,固定成本和销售单价为预期值,则

$$\text{BEP}(C_v) = P - T_0 - \frac{C_f}{X}$$

BEP(C_v)是项目保本时的最高单位产品变动成本,小于 BEP(C_v)即可盈利。

例题 8-6 某洗衣机厂年设计生产能力为 4.5 万台,市场预测售价为 500 元/台,年销售税金为 225 万元,年生产总成本估计为 1 570 万元,其中固定成本为 400 万元。试在销售收入、总成本均与产量(即销售量)呈线性关系的情况下,分别求出以产量、生产能力利用率、销售价格、单位产品变动成本表示的盈亏平衡点,并进行分析。

解:$C_v = \frac{C - C_f}{X} = \frac{1\,570 - 400}{4.5} = 260$(元/台)

$T_0 = \frac{T}{X} = \frac{225}{4.5} = 50$(元/台)

$\text{BEP}(X) = \frac{C_f}{P - T_0 - C_v} = \frac{400 \times 10^4}{500 - 50 - 260} = 21\,053$(台)

$$\text{BEP}(E) = \frac{X^*}{X} \times 100\% = \frac{21\,053}{45\,000} \times 100\% = 47\%$$

$$\text{BEP}(P) = \frac{C+T}{X} = \frac{1\,570+225}{4.5} = 399(台)$$

$$\text{BEP}(C_v) = P - T_0 - \frac{C_f}{X} = 500 - 50 - \frac{400}{4.5} = 361(元/台)$$

通过计算盈亏平衡点,结合市场预测,可判断项目不发生亏损的条件分别为:

如果未来的 P 和 C_f、C_v 与预期值相同,则年销售量应满足 $X > 21\,053$ 台,生产能力利用率应满足 $E > 47\%$;可以看出项目抗风险的能力比较强。

如果按设计能力 X 生产,并能全部销售,C 为预期值,则产品价格应满足 $P > 399$ 元/台。

如果 X、P 为预期值,单位产品变动成本应满足 $C_v < 361$ 元/台。

2. 非线性盈亏平衡分析

实际上,年总成本与产量、销售收入与产量之间的线性关系仅仅在产量较低时近似成立。销售收入只是在一定销售量的范围内,随产量的增加而增加。当销售量超过一定范围,将明显影响市场供求状况。随产量增加,产品价格有所下降,销售收入随产量的增加而增加的幅度越来越小,两者间呈下凹非线性的曲线关系。

同样,单位产品的变动成本也是在一定产量范围内才近似是常数。超过这个产量范围,由于生产条件的逐渐恶化,如设备磨损、原材料、动力、燃料价格上涨等,单位产品的变动成本会有所提高,造成生产成本的增加速度超过产量增加的速度,生产成本和产量间呈上凹非线性的曲线关系。

从图 8-11 可知,在图中的三种情况下,项目都有两个盈亏平衡点 X_1 和 X_2。②区即区间 (X_1, X_2) 为盈利区;①区即 $<X_1$ 和③区即 $>X_2$ 的区域为亏损区。④区为盈利区投影,在盈利区有一个最大盈利点 $X_{\max}$。

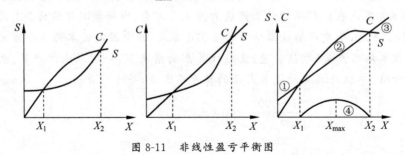

图 8-11 非线性盈亏平衡图

例题 8-7 项目生产期正常年份的销售收入、生产总成本和产量的关系是:
$S = 260x - 0.01x^2$,$C = 280\,000 + 80x + 0.01x^2$,试进行盈亏平衡分析。

解：达到盈亏平衡时有 $S=C$，即
$$260x-0.01x^2=280\,000+80x+0.01x^2-0.02x^2+180x-28\,000=0$$
求得盈亏平衡点：$x_1=2\,000$，$x_2=7\,000$。由此可知，当产量大于 $2\,000$、小于 $7\,000$ 时，该项目可盈利；而产量小于 $2\,000$ 或大于 $7\,000$ 时，该项目亏损。因此产量应该保持在 $2\,000\sim7\,000$。

可以进一步用高等数学的极值原理求出最大盈利点。该项目盈利函数为：
$$y(x)=-0.02x^2+180x-280\,000$$
$y(x)$ 的极大值对应的 x 值即最大盈利点。因此对 $y(x)$ 求导数，并令导数为零。
$$\frac{\mathrm{d}y(x)}{\mathrm{d}x}=-0.04x+180=0$$
$$x=4\,500$$
因为当 $x=4\,500$ 时，$\dfrac{\mathrm{d}^2 y(x)}{\mathrm{d}x^2}=-0.04<0$，所以，$x=4\,500$ 是盈利函数极大值点，最大盈利为 $-0.02\times 4\,500^2+180\times 4\,500-280\,000=125\,000$ 元。

3. 盈亏平衡分析的作用和局限性

(1) 作用

盈亏平衡分析可以对项目进行定量的风险分析，考察项目承受风险的能力。可用于互斥方案的比较和选择。可通过分析 P、X、C 等因素对项目盈利能力的影响，寻求提高盈利能力的途径。一般情况下，P 和 X 主要由市场决定，较难控制。而降低成本就成为提高盈利能力的主要途径。

(2) 局限性

① 由于盈亏平衡的分析是建立在一系列假设的条件基础上，如果假定条件与实际情况有出入，分析结果就难以准确；

② 它只分析一些因素对项目盈亏的影响，无法对项目的盈利能力进行判断；

③ 它虽然能对项目的风险进行定量分析，但难以定量测试风险的大小；

④ 盈亏平衡分析是静态分析，不考虑资金的时间价值和项目寿命期内的现金流量的变化，因而分析是比较粗糙的。

由于计算简单，它仍然是不确定性分析的一种广泛采用的方法，但需要与其他方法结合使用，以提高分析的效果。

(3) 互斥方案的盈亏平衡分析

在互斥方案的比选中，如果某一个共有的不确定性因素影响方案的取舍，也可用盈亏平衡分析帮助决策。具体步骤是：

① 把影响互斥方案的不确定因素 y 看作一个变量，把两方案的某一经济效果指标（例如 E）都表示为不确定因素的函数，即

$$E_1 = f_1(y) \quad E_2 = f_2(y)$$

② 在两方案的经济指标相等时，有 $f_1(y) = f_2(y)$，解出使该方程成立的 y 值，就是两方案的盈亏平衡点，亦即确定它们优劣的临界点。

③ 结合对不确定因素 y 的未来取值范围的预测，即可做出方案取舍的决策。

在不同的情况下，投资、价格、成本、贷款利率、方案寿命期均可当作公有变量。而 NPV、NAV、IRR 等，都可以作为经济指标使用。

例题 8-8 生产某种产品有三种互斥的工艺方案，各方案的总成本分别为 C_1、C_2、C_3，均表示为产量 X 的函数。已知：

$$C_1 = C_{f_1} + C_{v_1} X = 800 + 10X$$

$$C_2 = C_{f_2} + C_{v_2} X = 500 + 20X$$

$$C_3 = C_{f_3} + C_{v_3} X = 300 + 30X$$

试应用盈亏平衡分析对方案进行选择。

解： 首先做出三方案总成本函数曲线（如图 8-12 所示）。可看出三条曲线相交于三点，三个交点所对应的产量 X_A、X_B、X_C 就是三个互斥工艺方案的盈亏平衡点。

然后，利用 $C_1 = C_2$，可得：

$$X_C = \frac{800 - 500}{20 - 10} = 30 （万件）$$

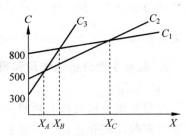

图 8-12 各方案的年总成本的函数曲线

利用 $C_2 = C_3$，可得：

$$X_A = \frac{500 - 300}{30 - 20} = 20 （万件）$$

显然，当 $X < X_A$ 时，方案 3 的年成本最低，应采用方案 3。当 $X_A < X < X_C$ 时，方案 2 的年成本最低，应采用方案 2。当 $X > X_C$ 时，方案 1 的年成本最低，应采用方案 1。

例题 8-9 某企业有 A、B 两互斥建设方案，现金流量如表 8-6 所示，不考虑残值以及风险和通货膨胀的影响。该企业的最低期望收益率为 15%，鉴于产品的市场寿命具有较大的不确定性，试就寿命期 n 分析两方案的取舍临界点。

表 8-6 现金流量　　　　　　　　　　　　　　　　　　　　　　单位：万元

方　案	0 年投资	年净收益
A	70	15
B	170	35

解： 将不确定因素寿命期 n 作为共有的变量，以 NPV 为经济指标。则有：

$$\text{NPV}_A = -70 + 15(P/A, 15\%, n)$$

$$NPV_B = -170 + 35(P/A, 15\%, n)$$

当 $NPV_A = NPV_B$ 时，有：
$$-100 + 20(P/A, 15\%, n) = 0$$
$$(P/A, 15\%, n) = 5$$

查表可知 $n=10$ 年，这就是以项目寿命期 n 为共有变量时，方案 A、B 的盈亏平衡点。由于方案 B 的年净收益较高，寿命延长对其有利，因此，可以判断：如果根据市场预测，$n<10$ 年，应采用方案 A；$n>10$ 年，则应采用方案 B。

二、敏感性分析

1. 敏感性分析的概念

敏感性分析是通过考察项目的不确定因素的变化对项目评价指标的影响程度，判断项目承受风险的能力的一种不确定性分析方法。它是在项目评价的不确定性分析中被广泛应用的主要方法之一。

在项目寿命期（或计算期）内可能发生变化的因素主要有：产品的产量 X、产品价格 P、成本 C（主要是可变成本）、投资 I（主要是固定资产投资）。此外还有折现率、外汇汇率、建设期、投产时的产出能力及达到设计能力所需的时间、项目期末的资产残值等。由于它们都带有一定程度的不确定性，被称为不确定因素。它们的数值所发生的变动，都将对项目经济效果产生影响。

事实上，上述不确定因素的数值在同一变动幅度下，对项目经济评价指标的影响程度是不同的。换句话说，各个指标值（如 NPV、IRR 等）对各种不确定因素变化的敏感程度是不同的。而所谓"敏感因素"，就是指其数值的变动对项目经济评价指标产生显著影响的因素。

敏感因素的变化对项目经济评价指标的影响，就是对项目经济效果的影响。该影响越大，则项目的风险越大。因此，了解哪些不确定因素是项目评价指标的敏感因素及其对项目经济效果的影响，就可以对投资方案承受风险的能力做出判断。必要时，对项目的敏感因素重新进行设计、预测或估算，以尽量减小项目的风险。或者在项目实施时，对敏感因素进行严格控制，从而减少对经济效果的影响。

2. 敏感性分析的步骤及主要内容

敏感性分析大致可分为以下四个步骤：

（1）确定分析指标

由于投资效果可用多种指标来表示，在进行敏感性分析时，首先必须确定分析指标。当投资者所关心的目标不同时，所侧重的经济指标也不尽相同：如果主要分析方案状态和参数变化对方案投资回收快慢的影响，则可选用投资回收期作为分析指标；如果主要分析产品价格波动对方案超额净收益的影响，则可选用净现值作为分析指标；如果主要分析投资大小对方案资金回收能力的影响,则可选用内部收益率等。

当方案评价所处的阶段和要求深度不同,选用的经济评价指标亦有区别;如果在方案机会研究阶段,深度要求不高,可选用静态的评价指标;如果在详细可行性研究阶段,则选用动态指标评价。

(2) 选择不确定性因素

从理论上讲任何一个因素的变化都会对投资效果产生影响,但在实际分析中没有必要对所有可能变化的因素都进行敏感性分析。选择敏感性分析的主要不确定性因素,主要考虑:

① 预计这些因素在可能的变化范围内,对投资效果影响较大;

② 这些因素发生变化的可能性较大,通常包括项目总投资、项目寿命期、产品价格、销售量、经营成本、基准贴现率等。

(3) 计算影响程度

在计算某特定因素变化所产生的影响时,假设其他因素保持不变。将该因素按一定幅度变化,计算相应的评价指标的变动结果,将计算结果列表、作图,以便于测定敏感因素。

(4) 确定敏感因素

测定某特定因素敏感与否,可采用两种方式进行。第一种方式:假定需分析的因素均从基准值开始变动,且各因素每次变动幅度相同。通过计算并比较每次变动对经济指标的影响效果,就可以判别出各因素的敏感程度。第二种方式:假定某特定因素向降低投资效果的方向变动,并设该因素达到可能的"最坏"值,然后计算在此条件下的经济指标,看是否已达到使项目在经济上不可取的程度,如果项目已不能接受,那么该因素就是敏感性因素。

3. 单因素敏感性分析

单因素敏感性分析就是假定其他因素保持不变,仅就单个不确定因素的变动项目经济效果的影响所作的分析。单因素敏感性分析的步骤如下:

(1) 选择并计算敏感性分析的评价指标

前述的动、静态的评价指标 NPV(NAV)、IRR、P 等,都可作为敏感性分析的经济效果评价指标。一般情况下,应与在确定性评价中使用的指标一致。但是,没有必要将在确定性评价中使用的所有指标都进行敏感性分析。《建设项目经济评价方法与参数》(第2版)中指出:"通常是分析全部投资的内部收益率指标对产品产量、产品价格、主要原料或动力价格、固定资产投资、建设工期等影响因素的敏感程度。"

在确定评价指标后,计算出指标值作为目标值。

(2) 选择不确定因素作为敏感性分析变量

前面所列举的不确定因素当然都可以被选择,但一般主要应当是投资 I、价格 P、成

本 C、产量 X。此外应当考虑：

① 未来其数值变动的可能性比较大的因素；

② 在确定性评价中，对其数据准确性把握不大的因素。

（3）选定不确定因素的变动范围

变量的变动范围应当根据历史统计资料以及对市场的调查、预测进行估计，估计值可以比历史资料预测值略微偏大。

（4）建立变动值的对应关系

逐一计算在其他因素不变时，某一不确定因素的数值在可能的变动范围内变动，所引起经济评价指标的变动值，并建立一一对应的关系，用表格和图形来表示。

（5）确定项目的敏感因素

通过比较，确定项目的敏感因素。并进行综合分析，求出若使项目可行，敏感因素允许的变动范围，判断项目抵御风险的能力。

例题 8-10 某工厂欲新建一条自动生产线，据估算初始投资为 100 万元，寿命期 10 年，每年可节约生产费用 20 万元。若该行业的基准收益率为 12%，试分别就初始投资 I、生产费用节约额 C 和使用年限 N 各变动 $\pm 10\%$ 的范围内，对该项目的 IRR 作敏感性分析。

解：

（1）按题意确定分析的经济效果评价指标为 IRR，并计算出其数值作为目标值。

列方程：

$$\mathrm{NPV} = -100 + 20(P/A, \mathrm{IRR}, 10) = 0$$

$$(P/A, \mathrm{IRR}, 10) = \frac{100}{20} = 5$$

经查表，在 15% 和 20% 之间插入，得

$$\mathrm{IRR} = 15\% + \frac{5.019 - 5.0}{5.019 - 4.192} \times (20 - 15)\%$$

$$= 15\% + 0.1\%$$

$$= 15.1\%$$

（2）计算各不确定因素分别在 $\pm 10\%$ 的范围内变动时，对 IRR 目标值的影响。

① 设投资额 I 变动的百分比为 x，计算 IRR 的相对应变动数值。

$$-100(1+x) + 20(P/A, \mathrm{IRR}, 10) = 0$$

当 $x = -10\%$ 时，方程为

$$-100 \times 0.9 + 20(P/A, \mathrm{IRR}, 10) = 0$$

$$\mathrm{IRR} = 18.1\%$$

当 $x = 10\%$ 时，方程为

$$-100 \times 1.1 + 20(P/A, \text{IRR}, 10) = 0$$
$$\text{IRR} = 12.7\%$$

② 设生产费用节约额 C 变动的百分比为 y，计算 IRR 的相应变动值。
$$-100 + 20(1+y)(P/A, \text{IRR}, 10) = 0$$

当 $y = -10\%$ 时，方程为
$$-100 + 18(P/A, \text{IRR}, 10) = 0$$
$$\text{IRR} = 12.5\%$$

当 $y = 10\%$ 时，方程为
$$-100 + 22(P/A, \text{IRR}, 10) = 0$$
$$\text{IRR} = 17.9\%$$

③ 设使用年限 N 变动的百分比为 z，计算 IRR 的相应变动值。
$$-100 + 2[P/A, \text{IRR}, 10(1+z)] = 0$$

当 $z = -10\%$ 时，方程为
$$-100 + 20(P/A, \text{IRR}, 9) = 0$$
$$\text{IRR} = 13.8\%$$

当 $z = 10\%$ 时，方程为
$$-100 + 20(P/A, \text{IRR}, 11) = 0$$
$$\text{IRR} = 16.3\%$$

(3) 将上述计算结果列表，并作图（如表 8-7 和图 8-13 所示），找出敏感因素。

表 8-7　不确定因素的变动对项目内部收益率的影响

	−10%	0	+10%
初始投资 I	18.1	15.1	12.7
生产费用节约额 C	12.5	15.1	17.9
使用年限 N	13.8	15.1	16.3

(4) 综合分析。主要从以下三个方面进行分析。

① 从表 8-7 和图 8-13 可以明显地看出，三个不确定因素对 IRR 指标的影响按从大到小排列，依次为 $I \approx C > N$。初始投资 I 和生产费用节约额 C 对指标 IRR 的影响较大。可确定 I 和 C 为该项目的敏感因素。

② 分别求出若使项目可行（IRR>12%），敏感因素 I、C 的允许变动范围。首先求出 I 和 C 这两条影响曲线与基准收益率（12%）的交点（当然，在方格纸上，也可以近似地从图 8-13 上做出各交点），也就是在 IRR=12% 时，求出 x 和 y 的值。

求曲线 I 与 i_c 的交点：
$$-100(1+x) + 20(P/A, \text{IRR}, 10) = 0$$

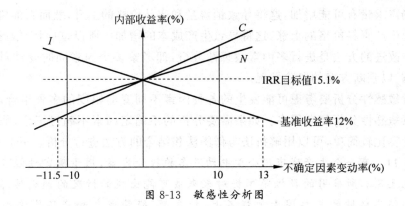

图 8-13 敏感性分析图

当 $IRR = i_c = 12\%$ 时,求出 x 的值。

$$-100(1+x) + 20(P/A, 12\%, 10) = 0$$

$$x = \frac{20 \times 5.650}{100} - 1$$

$$x = 13.0\%$$

同理,求曲线 C 与 i_c 的交点:

$$-100 + 20(1+y)(P/A, 12\%, 10) = 0$$

$$y = \frac{100}{20 \times 5.65} - 1$$

$$y = -11.5\%$$

至此,可以判断出:若使项目可行($IRR > 12\%$),在其他不确定因素不变的情况下,初始投资的变动幅度应小于(或等于)13%;同样,在其他不确定因素不变的情况下,生产费用的节约额的变动幅度应不超过(或等于)-11.5%。

③ 分析项目的抗风险能力。分析上面的两个数值可知,若使项目可行,敏感因素 I 和 C 的允许变动范围都比较小。这就是说,该项目抵御风险的能力是比较令人担心的。或者说,如果初始投资额 I 超出原预期值 13%,或者生产费用节约额 C 低于原预期值 11.5% 的可能性比较大,则意味着该项目将面临较大的风险。所以,在做出该项目的最后决策之前,有必要对初始投资额和生产费用节约额做出更认真、精确的预测和估算。如果项目得以实施,必须注意严格控制初始投资的额度,并尽量提高生产费用节约额,以使预期的经济效果得以实现。

4. 多因素敏感性分析

在进行单因素敏感性分析的过程中,当计算某特定因素的变动对经济效果指标的影响时,假定其他因素均不变。实际上,许多因素的变动具有相关性,一个因素的变动往往也伴随着其他因素的变动。例如,电动汽车的生产,如果世界市场上石油价格上涨,电动汽车的市场需求量有可能增加,这将导致销售量和产品价格的上升,然而石油价格上升还会引起其他生产资料价格的上涨,这将导致生产成本的增加。所以,单因素敏感性分析有其局限性。改进的方法是进行多因素敏感性分析,即考察多个因素同时变动对方案经济效果的影响,以判断方案的风险情况。

多因素敏感性分析要考虑可能发生的各种因素不同变动幅度的多种组合,计算起来要比单因素敏感性分析复杂得多。如果需要分析的不确定因素不超过三个,而且经济效果指标的计算比较简单,可以用解析法与作图法相结合的方法进行分析。下面举例说明。

例题 8-11 有一个生产城市用小型电动汽车的投资方案,用于确定性经济分析的现金流量表见表 8-8,所采用的数据是根据对未来最可能出现的情况的预测估算的。由于对未来影响经济环境的某些因素把握不大,投资额、经营成本和产品价格均有可能在 $\pm 20\%$ 的范围内变动。设基准折现率为 10%,不考虑所得税,试分别就上述三个不确定因素作敏感性分析。

表 8-8 小型电动汽车项目现金流量表 单位:万元

年 份	0	1	2—10	11
投 资	15 000			
销售收入			19 800	19 800
经营成本			15 200	15 200
期末资产残值				2 000
净现金流量	−15 000	0	4 600	4 600+2 000

解:沿用例题 8-10 中使用的符号,如果同时考虑投资额与经营成本的变动,分析这两个因素同时变动对方案净现值的影响的计算公式为

$$NPV = -K(1+x) + [B - C(1+y)](P/A, 10\%, 10)(P/F, 10\%, 1) + L(P/F, 10\%, 11)$$

将表 8-9 中的数据代入上式,经过整理得

$$NPV = 11\,394 - 15\,000x - 84\,900y$$

取 NPV 的临界值,即令 NPV=0,则有

$$11\,394 - 15\,000x - 84\,900y = 0$$
$$y = -0.176\,7x + 0.134\,2$$

表 8-9 不确定因素的变动对净现值的影响 单位:万元

不确定因素 \ 变动率	−20%	−10%	0	+10%	+20%
投资额	14 394	12 894	11 394	9 894	8 394
经营成本	28 374	19 884	11 394	2 904	−5 586
产品价格	−10 725	335	11 394	22 453	33 513

续表

不确定因素 \ 变动率	-20%	-10%	0	+10%	+20%

这是一个直线方程。将其在坐标图上表示出来,如图 8-14 所示,即为 NPV＝0 的临界线。在临界线上,NPV＝0;在临界线左下方的区域,NPV＞0;在临界线右上方的区域,NPV＜0。也就是说,如果投资额与经营成本同时变动,只要变动范围不超出临界线左下方的区域(包括临界线上的点),方案都是可以接受的。

如果同时考虑投资额、经营成本和产品价格这三个因素的变动,分析其对净现值的影响的计算公式为

$$NPV = -K(1+x) + [B(1+z) - C(1+y)](P/A, 10\%, 10)(P/F, 10\%, 1) + L(P/F, 10\%, 11)$$

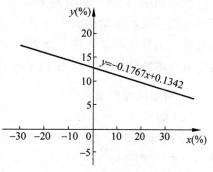

图 8-14 多因素敏感性分析

代入有关数据,经过整理,得

$$NPV = 11\,394 - 15\,000x - 84\,900y + 110\,593z$$

取不同的产品价格变动幅度代入上式,可以求出一组 NPV＝0 的临界线方程。

当 $z = +20\%$ 时,

$$y = -0.176\,7x + 0.394\,7$$

当 $z = +10\%$ 时,

$$y = -0.176\,7x + 0.264\,5$$

当 $z = -10\%$ 时,

$$y = -0.176\,7x + 0.003\,9$$

当 $z = -20\%$ 时,

$$y = -0.176\,7x - 0.126\,3$$

在坐标图上,这是一组平行线,如图 8-15 所示。

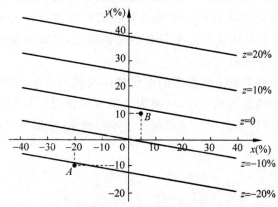

图 8-15 三因素敏感性分析

由图 8-15 可以看出,产品价格上升,临界线往右上方移动;产品价格下降,临界线往左下方移动。根据这种三因素敏感性分析图,可以直观地了解投资额、经营成本和产品价格这三个因素同时变动对决策的影响。

在本例中,如果产品价格下降 20%,同时投资额下降 20%,经营成本下降 10%,则投资额与经营成本变动的状态点 A 位于临界线 $z=-20\%$ 的左下方,方案仍具有满意的经济效果。而如果产品价格下降 10%,同时投资额上升 5%,经营成本上升 10%,则投资额与经营成本变动的状态点 B 位于临界线 $z=-10\%$ 的右上方,方案就变得不可接受了。

5. 对敏感性分析的认识

(1) 敏感性分析的优点

① 敏感性分析使用了项目寿命期内的现金流量及其他经济数据,在一定程度上就各种不确定因素的变动,对项目经济效果的影响做出了定量描述。可以从不确定因素中找出项目经济评价指标的敏感因素,及在项目可行的前提下敏感因素允许变动的范围,从而考察项目的风险程度或承受风险的能力。

② 告知人们在决策前,重点对项目的敏感因素进一步精确地进行预测、估算和研究的机会,减少敏感因素的不确定性,把敏感因素可能引起的项目风险尽量降低。

③ 便于在未来项目的实施中,采取有力措施控制敏感因素的变动,降低项目风险,以保证项目获得预期的经济效果。

(2) 敏感性分析的局限性

敏感性分析没有考虑各种不确定因素在未来发生变动的概率,因而在一定程度上影响了分析结论的准确性。也许另外的、不大敏感的不确定因素未来所发生的对项目不利的变动的概率相当大,实际上将比敏感因素带来更大的风险。这是敏感性分析无法解决的问题。

三、概率分析

如前所述,敏感性分析未考察不确定因素在未来发生变动的概率,影响分析结论的准确性。对于这个问题,可以借助概率分析的方法进行弥补和解决。概率分析法是对不确定性因素发生变动的可能性及其对方案经济效益的影响进行评价的方法。其基本原理是:假设不确定性因素是服从某种概率分布的随机变量,因而方案经济效益作为不确定性因素的函数必然是一个随机变量。

通过研究和分析这些不确定性因素的变化规律及其与方案经济效益的关系,可以全面地了解技术方案的不确定性和风险,从而为决策者提供更可靠的依据。简单或通俗地说,概率分析是一种通过计算出项目净现值小于零的概率,定量测定项目风险的不确定性分析方法。

(一) 随机变量 NCF 和 NPV 的概率描述

1. 随机变量 NCF 和 NPV

投资项目每个周期(各年)的 NCF——净现金流量序列,就是根据上述多种随机因素的取值确定的。所以,项目每年的净现金流量都是一个独立的随机变量。因此,项目的 NPV 是每年净现金流量的现值之和,它必然也是一个随机变量——随机净现值。

例如,某项目两互斥方案的 NPV 并不是在确定性评价中计算出来的、确定性的 NPV。由表 8-10 可知,由于市场需求所造成的销售量的不确定性,形成方案净现金流量的不确定性,进而使该项目每个方案产生三种可能的 NPV 数值。

表 8-10　某项目的两方案的随机 NPV 及其概率

市场需求	发生概率	NPV_j(万元)	
		方案1	方案2
大	0.25	70	30
中	0.5	8	7
小	0.25	−50	−10

2. 随机 NPV 的概述描述

对于一个随机变量,可以通过概率分布和参数来完整地予以描述。

(1) 描述随机变量的参数

描述随机变量的参数,主要有以下三个。

① 期望值

期望值即随机变量所有可能取值的加权平均值。权重就是各种可能取值出现的概率。即

$$E(\mathrm{NPV}) = \sum_{j=1}^{m} \mathrm{NPV}_j \cdot P_j$$

式中:NPV_j 为 NPV 可能出现的第 j 个离散值($j=1,2,\cdots,m$);

　　　P_j 为各 NPV_j 出现的概率。

如果采用净现金流量(NCF)来计算,项目或方案 NPV 的期望值公式为

$$E(\mathrm{NPV}) = \sum_{t=0}^{n} E(X_t)(1+i)$$

式中:$E(X_t)$ 为第 t 年的净现金流量的期望值($t=0,1,2,\cdots,n$);

　　　n 为项目寿命期;

　　　i 为无风险折现率。

$$E(X_t) = \sum_{j=1}^{m} X_{ij} \cdot P_{ij}$$

式中：X_{ij} 为第 t 年的净现金流量的第 j 个离散值；

P_{ij} 为相应 X_{ij} 出现的概率 $(j=0,1,2,\cdots,m)$。

② 方差

方差是反映随机变量的可能取值与其期望值偏离（离散）程度的参数。求项目 NPV 方差的公式为

$$D(\text{NPV}) = \sum_{j=1}^{m} [\text{NPV}_j - E(\text{NPV})] \cdot P_j$$

③ 标准差

净现值与其方差的量纲不同，为了便于分析，通常采用与净现值量纲相同的参数——标准差 σ 来反映随机 NPV 取值的离散程度。

$$\sigma(\text{NPV}) = \sqrt{D(\text{NPV})}$$

标准差用于测度和比较方案的相对风险，标准差越小，说明各个 NPV 的取值越集中靠近其期望值，故风险较小。

例题 8-12 试对表 8-10 所示的两互斥方案进行风险分析，并做出决策。

解：首先求出两方案的 NPV 期望值。

$E_1 = 70 \times 0.25 + 8 \times 0.50 + (-50) \times 0.25 = 9$（万元）

$E_2 = 30 \times 0.25 + 7 \times 0.50 + (-10) \times 0.25 = 8.5$（万元）

$E_1 > E_2$

是否应选择方案 1 呢？进一步分析两方案的 NPV 分布情况，发现方案 1 的 NPV 分布为 $-50 \sim 70$，而方案 2 则为 $-10 \sim 30$，显然，方案 2 比方案 1 密集。为了说明这一点，分别计算了两方案 NPV 的标准差。

$D_1 = (70-9)^2 \times 0.25 + (8-9)^2 \times 0.5 + (-50-9)^2 \times 0.25 = 1\,801$

$\sigma_1 = \sqrt{D} = \sqrt{1\,801} = 42.44$（万元）

$D_2 = (30-8.5)^2 \times 0.25 + (7-8.5)^2 \times 0.5 + (-10-8.5)^2 \times 0.25 = 202.3$

$\sigma_2 = 14.22$（万元）

因为 σ_2 远小于 σ_1，而 E_1 和 E_2 比较接近，故应选择方案 2。

(2) 概率分布

随机变量的各个可能取值对应的概率分布情况称为概率分布。一般说来，投资项目的随机现金流在多数情况下，可以认为近似地服从正态分布，如图 8-16 所示。下面以随机 NPV 为例，说明正态分布曲线的特点。

μ 的值（即期望值）决定了正态分布曲线在横坐标上的位置，是随机所取各值的分布

中心。σ 为标准差，它刻画各个 NPV 对于其均值的分散程度，它的值的大小决定了正态分布曲线的"胖"和"瘦"。

σ 的值大，则曲线较"胖"，说明随机 NPV 的可能取值偏离其期望值的离散程度较大，概率分布密集程度低，亦即随机 NPV 的不确定性程度大，说明项目的风险大。相反，σ 的值小，则曲线较"瘦"，说明随机 NPV 的可能取值偏离其期望值的

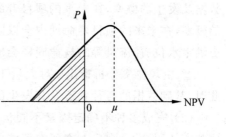

图 8-16　NPV 的概率分布

离散程度较小，概率分布密集程度高，亦即随机 NPV 的不确定性程度小，说明项目的风险小。

正态分布曲线和 X 轴所围成的全部面积等于 1，曲线与区间 (x_1, x_2) 围成的面积表示随机 NPV 在区间 (x_1, x_2) 取值的概率。利用这一点，可以使用标准正态分布表，求出 NPV 小于零的概率，这样就对项目的风险有了一定量的描述。

例题 8-13　利用例题 8-11 的计算结果，分别求出两方案 NPV<0 的概率。

根据概率论的有关知识可知：如果净现值服从正态分布，则 $Z = \dfrac{\text{NPV} - E(\text{NPV})}{\text{NPV}}$ 服从标准正态分布，并通过标准正态分布表，求出各 NPV<0 的概率。

$$P_1(\text{NPV} < 0) = P\left[Z < \dfrac{0 - E(\text{NPV})}{\text{NPV}}\right]$$
$$= P\left(Z < -\dfrac{9}{42.44}\right)$$
$$= P(Z < -0.2121)$$
$$= 0.416$$

$$P_2(\text{NPV} < 0) = P\left(Z < -\dfrac{8.5}{14.22}\right)$$
$$= P(Z < -0.5977)$$
$$= 0.2768$$

从小于零的概率来看，仍然是方案 2 优。

(二) 概率分析的步骤

概率分析的步骤具体如下。

(1) 给出不确定因素可能出现的各种状态及其发生的概率。

在概率分析的实际工作中，可以分成客观概率分析和主观概率分析。

① 客观概率分析指出：根据历史统计资料来估算项目寿命期内基础数据——不确定因素各种状态的取值及其发生的概率。对于一些项目，通过历史统计资料估算的基础

数据及发生的概率,在未来的项目寿命期内基础数据不确定因素各种状态取值及其发生的概率,在未来的项目寿命期内会以同样的规律出现,如水利工程就是一个典型。因为历史洪水水位、径流量等的规律同样会出现在未来。

② 主观概率分析指出:对大量工业和其他项目来说,未来和历史的情况无法相同。此时,基础数据的各种状态及其发生的概率确定,只能凭主观预测、分析和估算。

(2) 完成多种不确定因素不同状态的组合。可以借助"概率树"来完成对各种因素不同状态的组合,并求出方案所有可能出现的净现金流量序列及其发生的概率,以便求出方案所有可能出现的及其发生的概率。

(3) 计算项目或方案的期望值和标准差。

(4) 定量分析项目风险。根据前面给出的期望值与标准差的计算公式可进行计算。用解析法或图解法求出项目大于(或小于)零的概率,从而完成对项目风险的定量分析。

例题 8-14 已知某工程项目寿命期 10 年,基础数据如表 8-11 所示。基准折现率为 10%。通过统计资料分析和主观预测、估计,给出了年销售收入和年经营成本两个独立的不确定因素可能发生的变动率,如表 8-12 所示。试对项目进行概率分析。

表 8-11 工程项目基础数据　　　　　　　　　　　　　　　　　　　单位:万元

项目＼年	0	1—10
投资 I	200	
年销售收入 S		80
年经营成本 C		40

表 8-12 项目不确定因素变动率

项目＼变动率	状态 1＋20%	状态 2 0	状态 3－20%
年销售收入 S	0.5	0.4	0.1
年经营成本 C	0.5	0.4	0.1

解:步骤 1:根据本题给出的数据,题目本身已经完成了上述概率分析的第一步,即已经得到了 S 和 C 两种独立的不确定因素可能发生的变动率及其发生的概率。

由 S 和 C 的变动率,可求出它们各自的三种状态下的数据及其发生的概率,如表 8-13 所示($i=1,2,3$)。

表 8-13 三种状态下销售收入与经营成本的发生概率

三种状态下的销售收入 S_i		三种状态下的经营成本 C_i	
数据（万元）	发生的概率	数据（万元）	发生的概率
$S_1=80(1+20\%)=96$	$P_{S_1}=0.5$	$C_1=40(1+20\%)=48$	$P_{C_1}=0.5$
$S_2=80$	$P_{S_2}=0.4$	$C_2=40$	$P_{C_2}=0.4$
$S_3=80(1-20\%)=64$	$P_{S_3}=0.1$	$C_3=40(1-20\%)=32$	$P_{C_3}=0.1$

步骤 2：借助概率树完成各个不确定因素的不同状态的组合，如图 8-17 和表 8-14 所示。

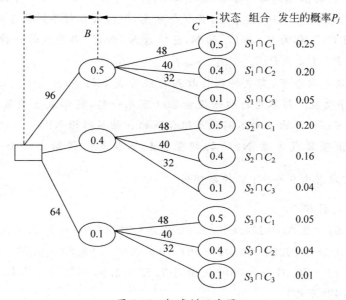

图 8-17 概率树示意图

表 8-14 NPV_j 计算

净现金流量（万元）		NPV_j（万元）($i=10\%$)	加权 NPV_j（万元）
0 年	1—10 年		
−200	96−48=48	94.91	94.91×0.25=23.73
−200	96−40=56	144.06	144.06×0.20=28.81
−200	96−32=64	193.22	193.22×0.05=9.66
−200	80−48=32	−3.39	−3.39×0.02=−0.68
−200	80−40=40	45.76	45.76×0.16=7.32
−200	80−32=48	94.91	94.91×0.04=3.80
−200	64−48=16	−101.70	−101.70×0.05=−5.09

续表

净现金流量(万元)		NPV_j(万元) ($i=10\%$)	加权 NPV_j(万元)
0年	1—10年		
-200	64-40=24	-52.54	$-52.54 \times 0.04 = -2.10$
-200	64-32=32	-3.39	$-3.39 \times 0.01 = -0.03$
		项目NPV期望值	$E(NPV)=65.42$(万元)

借助概率树,把销售收入 S 的每种不同的状态,分别与经营成本 C 的三种不同状态进行组合,从概率树的根部到每一个分枝的末端,每一条路径都代表一种状态组合。概率树上形成 $S_1 \cap C_1, S_1 \cap C_2, \cdots, S_3 \cap C_3$ 共9个分支,即代表9种不同状态的组合。其中,$S_1 \cap C_1$ 即"S_1 且 C_1",称为 S_1 与 C_1 的积,意味着 S_1 和 C_1 都发生的一种状态组合。该状态出现的概率 $P=P_{S_1} \times P_{C_1}$。

在上述9种状态组合下,有9种销售收入与经营成本的差(S_i-C_i),就形成了方案1—10年的9种净收益。与不变的初始投资200万元一起,就形成了项目的9种不同的净现金流量。就可以计算出9种不同状态组合下的9种不同的NPV。

步骤3:求出项目或方案NPV的期望值和标准差。借助上述公式 $E(NPV)=\sum_{j=1}^{m} NPV_j \cdot P_j$ 可以求出9个NPV的期望值。

本题中 $m=9$,则有
$$E(NPV) = 94.91 \times 0.25 + 144.06 \times 0.20 + 193.22 \times 0.05 - 3.39 \times 0.2 + 45.76$$
$$\times 0.16 + 94.91 \times 0.04 - 101.70 \times 0.04 - 52.54 \times 0.04 - 3.39 \times 0.01$$
$$= 24.22 + 28.81 + 9.66 - 0.68 + 7.32 + 3.80 - 5.09 - 2.10 - 0.03$$
$$= 65.42(\text{万元})$$

然后,通过上述公式 $D(NPV)=\sum [NPV_j - E(NPV)]^2 \cdot P_j$ 求出项目NPV的标准差。

本题中 $m=9$,则有
$$D(NPV) = \sum [NPV_j - 65.42]^2 P_j$$
$$= (94.91-65.42)^2 \times 0.25 + (144.06-65.42)^2 \times 0.20 +$$
$$(193.22-65.42)^2 \times 0.05 + (-3.39-65.42)^2 \times 0.2 +$$
$$(45.76-65.42)^2 \times 0.16 + (94.91-65.42) \times 0.04 +$$
$$(-101.70-65.42)^2 \times 0.05 + (-52.54-65.42)^2 \times 0.04 +$$
$$(-3.39-65.42)^2 \times 0.01$$
$$= 217.42 + 1\,236.85 + 816.64 + 946.96 + 61.84 + 34.79 + 1\,396.45 +$$

$$556.58 + 47.35$$
$$= 5\,314.88(万元)$$
$$\sigma(\mathrm{NPV}) = \sqrt{D} = \sqrt{5\,314.88} = 72.90(万元)$$

步骤4：对项目进行风险估计。现在需要求出项目NPV小于(或大于)零的概率从而完成对项目风险的定量描述。通常使用的方法有图示法。

在已知9种不同状态组合的NPV及其发生概率的情况下，可以通过累积概率表和风险分析图，对项目的风险进行定量描述。

借助表8-14，将表8-15中的各种不同状态组合所产生的各NPV_j，按从小到大排列，并将它们发生的概率依次累计。经过插入计算，从表8-15中可以得出，NPV小于零的概率大约为0.31，NPV大于95万元的概率大约为0.25。

表8-15　项目各状态组合的NPV_j及累计概率

NPV_j	发生的概率	累计概率
−101.70	0.05	0.05
−52.54	0.04	0.09
−3.39	0.20	0.29
−3.39	0.01	0.30
45.76	0.16	0.46
94.91	0.25	0.71
94.91	0.04	0.75
144.06	0.20	0.95
193.22	0.01	1.00

依据表8-15所示的数据，可以绘制出如图8-18所示的风险分析图。

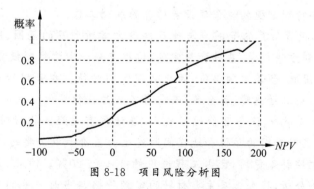

图8-18　项目风险分析图

图示法不仅适用于经济效果指标服从典型概率分布的情况，当项目的经济效果指标的概率分布类型不明，或无法使用典型概率分布描述时，图示法也同样适用。

复习思考

1. 什么是物流投资？简述物流投资活动的构成。
2. 什么是资金的时间价值？
3. 物流投资活动的静态评价法与静态评价指标有什么区别？
4. 物流投资回收期的评价标准是什么？
5. 什么是内部收益率？内部收益率具有什么经济意义？
6. 简述不确定性的含义及来源。
7. 盈亏平衡分析有哪些作用和局限性？
8. 简述敏感性分析的优点和局限性。

案例分析

物流仓库的投资估算

物流仓库的投资估算是物流项目投资决策阶段的主要造价文件，也是可行性研究报告的组成部分。物流仓库投资估算所确定的项目建设与运营所需的资金量，是投资者进行投资决策的依据之一，是项目制订融资方案、进行资金筹措的依据。

物流仓库投资估算得准确与否，将直接影响融资方案的可靠性，直接影响各类资金在币种、数量和时间要求上能否满足项目建设的需要，影响经济评价的可靠性。按照项目建设程序，应在可行性研究报告被审定或批准后进行初步设计。经审定或批准的可行性研究报告是编制初步设计的依据，报告中所估算的投资额是编制初步设计概算的依据。因此造价咨询人员要特别重视物流仓库投资估算的编制工作。

（1）物流仓库投资估算的范围应与项目建设方案所涉及的范围、所确定的各项工程内容相一致，应做到方法科学、基础资料完整、依据充分。由于编制投资估算时，有的采用造价指标，有的采用概、预算定额单价，因此必须区别对待。在采用后者时要另加综合费用、安全防护、文明施工措施费、税金等，而前者不应另收费。

（2）由于近年来材料、设备涨价幅度较大，在使用有关经济指标时，必须注意指标编制的年份和地区，应对不同的年份和地区间所发生的差价予以必要的调整。据统计，有些地区人工、材料、机械补差费用，已占工程造价的15%～20%。因此，必须加强对材料价格市场走势的动态分析，将人工及主要材料的定额价格与当时当地的市场价格间的差价及时列入投资估算。

（3）注意做好建设投资的合理性分析。因为对各项单位工程的投资从局部上可能是合理的,但从总投资反映出来的数字并不一定适当,所以必须从总体上衡量工程的性质、标准和包括的项目内容,是否与当前同类物流仓库工程的造价情况相称,与建设单位的计划要求是否一致。从而作出必要的调整,使整个工程的投资更为正确合理。

(4) 注意做好建设投资构成的合理性分析。应结合建筑工程、设备购置、安装工程的实物量,分析其货币量的合理性,并将物流仓库的建筑工程费、安装工程费、设备购置费占建设投资的比例以及主要工程和费用占建设投资的比例与同行业其他类似项目进行比较。

(5) 注意做好分年投资计划的合理性分析。应结合各年的工程进度、各年的实物工程量、各年实际需要支付的工程建设其他费用等,分析项目分年投资计划的合理性。

(6) 编制投资估算要实事求是,尽可能做到全面、准确、合理。既不可高估冒算,以免积压建设资金,也不应盲目压价少估,以"钓鱼项目"蒙混过关,形成投资先天不足,从而增加建设中的麻烦。

物流仓库建设资金需求量大,物流开发商首先要考虑的问题往往是如何提高土地利用率、物流仓库造几层经济效益最好。同一地区,单层仓库和多层、高层仓库的租金单价相差不大,但总投资相差很大,而地价的差别直接影响投资效益。在城市土地资源紧缺的情况下,多层及高层物流仓库的建设将是今后的发展方向。

随着物流业的兴旺发展,建造物流仓库的设计、施工技术水平正在进一步提高,新工艺、新技术、新材料也日益得到广泛应用,物流仓库的造价将会得到有效控制,而其带来的经济附加值将不断得到提升。

资料来源:李玉.物流仓库的造价编制及经济分析[J].水运工程,2018,10.

问题思考:
1. 物流仓库的投资要做好哪几方面的分析?
2. 结合你身边的仓库投资案例,分析其投资效益。

扩展阅读 8-1

2021—2025年中国物流园区投资分析及前景预测报告

扩展阅读

第九章

企业物流绩效评价

 学习导航

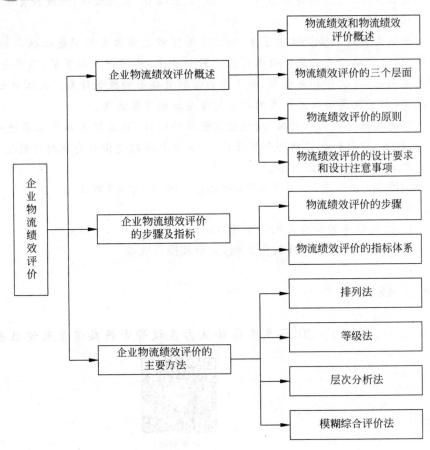

知识目标

1. 了解物流绩效评价的原则；
2. 理解物流绩效指数的基本内涵及其构成；
3. 理解物流绩效评价体系的设计要求；
4. 熟悉物流绩效评价的概念和内涵；
5. 掌握物流绩效评价的步骤、指标体系构成以及方法。

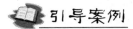

箭牌的物流绩效管理

玛氏箭牌糖果（中国）有限公司，是由美国箭牌糖类公司与全球领先的糖果和消费品公司之一玛氏公司在2008年4月合并而成立的，目前在中国设有两家独资企业：箭牌糖果（中国）有限公司和玛氏箭牌糖类（上海）有限公司。

针对国内快速消费品市场所面临的两类情况，一是地域宽广，地区差异大，偏远地区或小城市物流基础设施不足；二是国内还没有一家第三方物流公司可提供全国性的服务，公司物流管理部门决定摒弃总包物流商的思路，选择物流分包的策略。

这种策略是将公司总仓到区域配送中心（regional distribution center，RDC）的转仓按照运输方式分包给几家供应商，每个区域尽量选择一家本地化的中小型物流公司负责本区域 RDC 的仓储配送业务，这样箭牌公司就可以确保自己是每个物流服务商的 VIP 客户，可得到最好的服务。

分包策略的确给公司带来了比较高的性价比，但相比只承包给两三家物流公司来说，加大了管理上的难度。如何对这些供应商统一进行管理和考核，成为摆在公司物流管理部门面前的突出问题。为此，公司物流管理部门在成功实施仓库管理系统后，于2007年引进了供应链绩效管理系统（supply chain performance management system，SPMS）。实施 SPMS 的目标是：利用财务业绩、生产率业绩、质量业绩等指标体系对物流供应链各操作环节，如客户反应、存货计划和管理、运输、仓储等进行电子化综合评估，通过持续的创新和实施不断提升物流绩效，推动箭牌公司向世界级的物流管理标杆水平迈进。

对箭牌而言，SPMS 的导入，就像是提供了一把无形的"尺子"，一方面给分供方提供了公平、公正、公开竞争的平台，另一方面加强并简化了对各地物流公司的有效监管和考核。箭牌借助于 SPMS 的绩效评估结果，采取末位淘汰制度，对现有物流供应商优胜劣汰，培养了一批绩效优异、能力突出的物流合作伙伴，使其与箭牌共同成长。

资料来源：百度知道. https://zhidao.baidu.com/question/1689549490662126148.html，2018-10-20.

[2021-12-20]

引例思考：
1. SPMS 的使用对提升玛氏箭牌公司的物流绩效管理有何作用？
2. 玛氏箭牌公司对其物流供应商的绩效管理思想对我国企业有何启示？

物流绩效评价是通过对物流价值的事前计划与控制以及事后的分析与评估，衡量物流运作系统中活动过程的投入与产出状况的分析技术和方法。恰如其分的物流绩效评价体系能给组织带来管理优势，否则会适得其反。

第一节 企业物流绩效评价概述

人们从事任何一项工作，都要通过对该活动所产生的效果进行衡量和评判，以评价的结果为基础，采取相应的对策，从而影响人们对被评价事物的心态与行为取向。

一、物流绩效和物流绩效评价概述

随着国际竞争和各国贸易依存性的加剧，物流管理成为企业和国家增强竞争能力的重要方式。各国的决策者均意识到仅仅在企业层面考虑物流管理已经远远不够，由于战略管理的发展，物流管理已转向行业和国家层面，提高物流绩效成为有效融入全球价值链、维持经济增长、提升国家竞争力的核心力量和决定因素。

1. 物流绩效的相关概念

现代物流的研究有三大学说——黑大陆学说、物流冰山学说和第三利润源学说，关于对物流"利润观"的研究带动了对物流绩效的研究。就物流绩效而言，从不同视角出发有不同的定义。

（1）从组织绩效的角度，物流绩效关注成本和顾客服务水平，测度的指标有效率、效用、质量、生产率、创新等。

（2）从企业的角度，物流绩效是指在一定的经营期间内企业的物流经营效益和经营者的物流业绩，即企业根据客户要求在组织物流运作过程中的劳动消耗和劳动占用与所创造的物流价值的对比关系。

（3）从国际贸易的角度，物流绩效是实现连接经济与市场供应链的可靠性。

（4）从供应链的角度，物流绩效是指完成进出口活动的成本、时间和复杂性。

概括而言，物流绩效是各相关主体为实现其组织自身目标和社会目标而采取的计划、组织、控制等管理活动的过程（行为）和结果的总和。

2. 物流绩效评价的概念与意义

物流绩效评价是对多属性体系结构描述的物流系统做出全局性、整体性评价。它是对整个物流结构中特定过程进行的定量衡量。物流绩效评价反映一定顾客服务水平下的物流运行状况。

具体来说,物流绩效评价的意义主要表现在以下几个方面。

(1) 物流绩效评价具有统一而客观的参照标准,这有利于消除或减少由个人主观因素带来的绩效评价中的不公正、不全面和不客观现象。

(2) 通过绩效评价,有利于帮助管理人员及其他活动主体树立正确的价值观和行为取向,激发他们的积极性和主动性,及时发现物流与供应链管理过程中存在的疏漏、缺陷和问题,为改善物流与供应链管理系统经济上的合理性和可行性提供依据。

(3) 通过绩效评价,有利于物流管理机构的日常管理,如有利于对管理人员的工作质量进行评估和考核,有利于奖勤罚懒、奖优罚劣,并可作为管理人员确定岗位、调整工资和评定职称的参考依据。

(4) 通过绩效评价,可以使物流管理本身的效用在某种程度上得到揭示,从而有利于发挥物流管理的作用,引起企业对物流管理工作的重视和监督,尽可能地降低物流管理过程中的费用,提高经济效益。

总之,物流绩效评价具有强烈的导向效应,是驱动人们行为和促进这些行为合理化的内部动力。特别是在当前市场竞争日趋激烈的情况下,通过绩效评价,有利于物流运行主体认清形势、把握方向、抓住机遇、迎接挑战;在国家层面提升物流绩效,能充分发挥物流业作为国民经济动脉系统的作用,高效衔接生产、流通和消费,提高国民经济运行效率;从行业层面提升物流绩效,有利于推动行业提质增效,加速产业转型升级;在企业层面提升物流绩效,能改善企业管理效率,增加企业盈利。

二、物流绩效评价的三个层面

国内外学者从不同的维度探讨了物流绩效评价的研究框架,总体而言可归纳为以下三个层面:国家物流绩效评价、行业物流绩效评价和企业物流绩效评价。

1. 国家物流绩效评价

国家物流绩效评价是对一个国家物流供应链绩效所做出的全局性、整体性评价。

在国家物流绩效评价层面,世界银行与芬兰图尔库经济学院合作提出了国家物流绩效指数,为各国政府制定物流业发展政策提供了参考依据。

物流绩效指数是以面向全球范围内的货运代理行和快运公司进行的问卷调查为基础的,是由世界银行开发的用以衡量一个国家物流供应链绩效的一种基准测试工具。其中,国际物流绩效指数调查内容包括以下6个方面:海关清关效率、基础设施、国际运输、物流能力与竞争力、货物追踪、时效性。国内物流绩效指数调查包括以下4个方面:基础设施、服务、边境手续与时间、供应链可靠性。

国家物流绩效评价能够有效地帮助一个国家物流战略的政策制定者,充分了解本国不同时期的物流绩效水平及其在国际中的地位,从而能够做到有效理解和分解物流绩效的组成部分,这对于提高国家物流绩效的效率和优先投资物流薄弱环节至关重要。

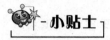

典型国家物流绩效评价体系

欧美发达国家已构建了成熟的物流绩效评价体系,用于衡量国家物流绩效的发展情况。(如表9-1所示)

表9-1　典型国家物流绩效评价体系

国家	国家物流绩效内容摘要
美国	交通运输部制定,以安全、良好的维修状态、经济竞争力、宜居社区和环境可持续性为战略目标,细化物流绩效评价指标,并通过经济全球化实施全球物流战略
英国	交通运输部制定,以环境影响、安全、经济、可接入性、整合等为战略目标,并确定25个评价指标
日本	2001年制定了《新综合物流实施大纲》,建立了"目标－对策－指标"的国家物流绩效评估框架,构建高效、适应循环型社会的物流体系
澳大利亚	物流协会制定,从政治、经济、社会和技术4个维度出发,构建具有澳大利亚特色的区域物流发展评价指标体系
新加坡	致力于发展全球性的整合物流港,在国家物流绩效评价中侧重海运、国际贸易、创新等相关指标体系

2. 行业物流绩效评价

行业物流绩效评价是对一个国某个具体行业物流供应链绩效所做出的全局性、整体性评价。它用以反映一定顾客服务水平下的某个行业整体物流运行状况。行业物流绩效评价集中于构建某一行业的物流绩效标杆,以帮助行业内的企业识别自己的劣势,通过与行业领先者对标,提高竞争力。

3. 企业物流绩效评价

企业物流绩效评价是对某个具体企业物流供应链绩效所做出的全局性、整体性评价。它是为达到降低企业物流成本的目的,运用特定的企业物流绩效评价指标,比照统一的物流评价标准,采取相应的评价模型和评价计算方法,对企业对物流系统的投入和产效(产出和效益)所做出的客观、公正和准确的评判。

三、物流绩效评价的原则

物流绩效评价是一项复杂的系统工程,涉及供应链上的每一个物流运行主体,包括这些物流运行主体之间,以及这些物流运行主体内部各要素之间错综复杂的影响关系。这些要素之间可能相互促进,也可能相互制约,或者二者兼备,并随着环境的调整而不断发展变化。尤其是每一个物流运行主体都是独立的经济实体,分别有自己的发展目标和生存原则。因此,要想对物流绩效做出客观、公正、科学、合理的评价,必须注意遵循以下原则。

1. 多层次、多渠道和全方位评价

多方搜集信息,实行多层次、多渠道和全方位的评价,既有助于尽可能全面和有重点地反映物流供应链绩效,也有助于增强绩效评价的可操作性。在实践中,经常综合运用上级考核、专家评价、同级评价、下级评价、职员评价、客户评价等多种形式。

2. 短期绩效与长期绩效、近期绩效与远期绩效相结合

短期绩效与长期绩效、近期绩效与远期绩效是分别就物流供应链绩效涉及的时间长短、远近而言的,其间均存在着辩证统一的关系。在进行绩效评价时,我们不仅要考虑短期、近期的绩效,更要重视长期、远期的绩效。在物流供应链管理中,某些行为从短期或近期的角度来看,可能绩效甚微或者无绩效可言,但从长期或远期的角度考虑,它对规范供应链上下游物流运行主体的行为,促进物流运行主体间的资源共享和"共赢",推动供应链的协调发展无疑具有重大的意义。

在物流供应链绩效评价中,将短期与长期、近期与远期正确地结合起来,有助于企业提高自觉性,减少盲目性,使物流供应链管理水平稳步提高,有助于物流运行主体对社会资源的生产、流通、分配和消费活动做出更大的贡献。

3. 静态评价与动态评价相结合

绩效评价不仅要对影响物流供应链绩效的各种内部因素进行静态考察和分析评价,还要动态地研究这些因素之间以及这些因素与外部因素之间的相互影响关系。由于供应链是一系列复杂协调活动的结果,其整体绩效不仅取决于政府干预措施,也取决于企业和公众社会的努力程度。因此,我们在进行绩效评价时,一定要在相对稳定的基础上应用动态和发展的观念,才能解决所面临的难题。

4. 宏观绩效与微观绩效相结合

从所涉及的范围来看,物流与供应链绩效可分为宏观绩效和微观绩效两种。宏观绩效是指物流与供应链管理活动从全社会的角度来考察时的总的绩效;微观绩效是指物流与供应链管理活动从企业与供应链系统本身的角度来考察时的绩效。二者既相互矛盾又彼此统一。

从矛盾性来看,微观绩效为了显示自己的基础性作用,必然会做出种种努力,以突出个体,包括要求减少来自宏观层面的控制和干预;而宏观绩效为了发挥自己的主导作用,也必然会对微观层面施加种种限制性措施,以抑制其个性化发展。从统一性来看,微观绩效是宏观绩效的基础,离开了微观绩效,宏观绩效就要落空;宏观绩效又对微观绩效起着导向作用,微观续效只有在符合宏观绩效的前提下,才能得到有效的发挥。

四、物流绩效评价的设计要求和设计注意事项

1. 设计要求

任何一个体系的设计都同组织结构有着密不可分的关系。适应物流系统经营的组织结构,有助于实施适当控制,同时组织结构也影响信息的流向与流量。物流绩效评价体系被设计在整个组织结构之内,这个体系的设计必须满足以下要求。

(1) 准确

要使评价结果准确,与绩效相关的信息就必须准确。在评价过程中,计量什么、如何计量,都必须十分清楚,才能做到准确量化。

(2) 及时

只有及时获取有价值的信息,才能及时评价,及时分析。滞后的信息会使评价失真或无效。因此,何时计量以及以什么样的速度将计量结果予以报告是物流绩效评价体系的关键。

(3) 可接受

物流绩效评价体系,只有被人们所接受才能发挥其作用,而不被人们所接受或者被动地接受下来,就称不上是有价值的体系。勉强被接受,所获得的可能是不准确、不及时、不客观的信息。所以在体系设计时必须满足使用者的需求。

(4) 可理解

能够被用户理解的信息才是有价值的信息。难以理解的信息会导致各种各样的错误,所以确保信息的清晰是设计物流绩效评价体系的一个重要方面。

(5) 反映系统的特性

一个有效的物流绩效评价系统,必须能够反映系统独有的特性。从控制的观点出发,绩效评价的焦点一般集中在评价公司及经理上,以确定被评价的物流系统的业绩及效益。

(6) 目标一致性

有效的物流绩效评价体系目标与企业发展战略的目标应该是一致的。

(7) 可控性与激励性

物流绩效评价指标与发展战略目标对管理者的评价必须限制在其可控范围之内,只有在这样公平的状态下,管理者才能接受。即使某项指标与战略目标非常相关,只要评价对象无法实施控制,他就没有能力对该项指标的完成情况负责,因此应尽量避免非可控指标。另外,指标水平应具有一定的先进性、挑战性,这样才能激发其工作潜能。

(8) 应变性

良好的绩效评价体系,应对物流系统战略调整及内外部的变化非常敏感并且体系自身能够做出较快的相应调整,以便灵活应对变化。

2. 设计注意事项

物流系统在设计绩效评价体系时必须满足上述项要求的大部分，除此之外，还应注意下列问题。

（1）经济效益指标不可过高或过低。物流系统是服务性系统，特别是针对物流中心或配送中心，其经营方略是整体利益最大，经济效益指标过高会使物流运行主体无法接受。但是经济效益指标也不能过低，因为过低会失去评价的意义。国际上物流绩效评价的主要指标是销售的增长、市场份额及利润。

（2）在利用评价结果与同行业进行比较性分析以及在设计绩效评价体系时，如果物流系统的价格有较强的竞争力但是客户不多，要注意彼此间的可比性。

（3）财务绩效评价结果较好，而股票价格毫无起色，需要审查体系设计的指标和标准是否合适。

（4）评价体系兼顾短期效益最大化和长远效益最大化，实现物流系统的可持续发展，获取长期利益。

（5）不可过分注重财务性评价，非财务性的绩效评价也不能忽视，因为它能更好地反映物流运行主体所创造的财务报酬，如顾客满意程度、交货效率、订发货周期等。

第二节 企业物流绩效评价的步骤及指标

针对不同层面的物流绩效评价，其所实施的步骤与指标体系存在着较大差异，本节及之后关于"物流绩效评价"方面的内容都是围绕"企业的物流绩效评价"层面所展开的。

一、物流绩效评价的步骤

1. 确定评价工作实施机构

（1）评价组织机构

评价组织机构直接组织实施评价，负责成立评价工作组，并选聘有关专家组成专家咨询组。评价组织机构既可以是企业自己，也可以是社会中介机构。但无论谁来组织实施评价，对工作组及专家咨询的任务应给以明确的规定。

（2）参加评价工作的成员应具备的基本条件

参加评价工作的成员应具有较丰富的物流管理、财务会计、资产管理及法律等专业知识。专家咨询组的专家还应具有一定的工程技术方面的知识，熟悉物流绩效评价业务，有较强的综合分析判断能力。评价工作主持人员应具有较长的经济管理工作经历，并能坚持原则，秉公办事。专家咨询组的专家应在物流领域具有高级技术职称，有一定的知名度和相关专业的技术资格。

2. 制订评价工作方案

由评价工作组根据有关规定制订物流系统评价工作方案。方案经评价组织机构批准后开始实施,并送达专家咨询组的每位专家。

3. 收集并整理基础资料和数据

根据评价工作方案的要求及评分的需要收集、核实及整理基础资料和数据。

(1)选择物流行业同等规模的评价方法及评价标准值。

(2)收集连续三年的会计决算报表、有关统计数据及定性评价的基础材料,并确保资料的真实性、准确性和全面性。

4. 评价计分

运用计算机软件计算评价指标的实际分数是进行物流绩效评价的关键。具体步骤如下:

(1)按照核实准确的会计决算报表及统计数据计算定量评价指标的实际值。

(2)根据选定的评价标准,计算出各项基本指标的得分,形成"物流绩效初步评价计分表"。

(3)利用修正指标对初步评价结果进行修正,形成"物流绩效基本评价计分表"。

(4)根据已核实的定性评价基础材料,参照绩效评议指标参考标准进行评议打分,形成"物流绩效评议计分汇总表"。

(5)将"物流绩效基本评价计分表"和"物流绩效评议汇总表"进行校正、汇总,得出综合评价的实际分数,形成"物流绩效得分总表"。

(6)对财务效益、资产营运、偿债能力、发展能力4个部分的得分情况进行基本评价,计算各部分的分析系数。

(7)对评价的分数和计分过程进行复核。为了确保计分准确无误,必要时用手工计算校验。

5. 形成评价结论

形成评价结论是指评估组织机构将绩效基本评价得分与物流产业中相同行业及同规模的最高分数进行比较,将4个部分内容的分析系数与相同行业的系数进行对比,然后对物流绩效进行分析判断,形成综合评价结论,并听取物流系统有关方面负责人的意见,进行适当的修正和调整。

6. 撰写评价报告

评价报告主要内容包括评价结果、评价分析、评价结论及相关附件等。评价报告要送专家咨询组征求意见,评价项目主持人签字,报送评价组织机构审核认定;如果是委托中介机构进行评价需要加盖单位公章。

7. 进行工作总结

将工作背景、实践地点、基本情况、评价结果、工作中的问题及措施、工作建议等形成书面材料建立评价工作档案,同时进行备案。

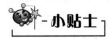 小贴士

中国物流业景气指数

中国物流业景气指数体系(LPI)主要由业务总量、新订单、从业人员、库存周转次数、设备利用率、平均库存量、资金周转率、主营业务成本、主营业务利润、物流服务价格、固定资产投资完成额、业务活动预期12个分项指数和1个合成指数构成。其中,合成指数由业务总量、新订单、从业人员、库存周转次数、设备利用率5项指数加权合成,这个合成指数称为中国物流业景气指数。物流业景气指数反映物流业经济发展的总体变化情况,以50%作为经济强弱的分界点,高于50%,反映物流业经济扩张;低于50%,则反映物流业经济收缩。

物流业景气指数调查采用概率比例规模(probability proportional to size,PPS)抽样方法,按照物流行业对物流业主营业务收入的贡献度,确定各行业的样本数。在此基础上,兼顾样本的区域分布、企业类型分布、规模分布。

物流业景气指数调查问卷涉及业务总量、新订单、库存周转次数、设备利用率、从业人员、平均库存量、资金周转率、主营业务成本、主营业务利润、物流服务价格、固定资产投资完成额、业务活动预期12个问题。对每个问题分别计算扩散指数,即正向回答的企业个数百分比加上回答不变的百分比的一半。

二、物流绩效评价的指标体系

1. 物流经济效益指标

物流经济效益指标有两种:一是基本指标;二是修正指标。

(1) 基本指标

基本指标是评价物流企业绩效的核心指标,也是主要定量指标,用于完成物流企业绩效的初步评价。

① 净资产收益率

净资产收益率是指物流企业在一定时期内的净利润与平均净资产的比率。它体现了投资者投入企业的自有资本获取净收益的能力,突出反映了投资与报酬的关系,是评价企业经营效益的核心指标。其计算公式为

$$净资产收益率 = \frac{净利润}{平均净资产} \times 100\%$$

式中,净利润是指物流企业税后利润,即利润总额减去应交所得税后的净额;平均净资产是指物流企业年初所有者权益同年末所有者权益的平均数,它包括实收资产、资本公积、盈余公积和未分配利润。

一般情况下,物流企业净资产收益率越高,企业自有资本获取收益的能力越强,运营效益越好,对企业投资者及债权人的保证程度越高。

② 总资产报酬率

总资产报酬率是指企业一定时间内获得的报酬总额与平均资产总额的比率。它表示物流企业包括净资产和负债在内的全部资产的总体获利能力,是评价企业资产运营效益的重要指标。其计算公式为

$$总资产报酬率 = \frac{(利润总额 + 利息支出)}{平均资产总额} \times 100\%$$

式中,利润总额是指物流企业实现的全部利润,包括企业当年营业利润、补贴收入、营业外收支净额及所得税等各项内容,如为亏损,以"一"号表示;利息支出是指物流企业在经营过程中实际支付的借款利息、债券利息等;平均资产总额是指物流企业资产总额年初数与年末数的平均值。

一般情况下,总资产报酬率越高,物流企业投入产出的水平越好,企业的资产运营越有效。物流企业可将此指标与市场资本利率进行比较,如果该指标大于市场利率,则表明企业可以充分利用财务杠杆,进行负债经营,获取尽可能多的收益。

③ 资产负债率

资产负债率是指物流企业一定时期负债总额同资产总额的比率。它表示企业总资产中有多少是通过负债筹集的。该指标是评价物流企业负债水平的综合指标。其计算公式为

$$资产负债率 = \frac{负债总额}{资产总额} \times 100\%$$

式中,负债总额是指物流企业承担的各项短期负债和长期负债;资产总额是指物流企业拥有各项资产价值的总和。

资产负债率是国际公认的衡量企业负债偿还能力和经营风险的重要指标。国内比较保守的经验判断一般为不高于50%,国际上一般公认60%比较好。过高的资产负债率表明财务风险太大;过低的资产负债率表明对财务杠杆利用不够。

④ 已获利息倍数

已获利息倍数又称利息保障倍数,是指物流企业一定时期息税前利润与利息支出的比值。它反映物流企业偿还债务的能力。其计算公式为

$$已获利息倍数 = \frac{息税前利润}{利息支出}$$

式中,息税前利润是指物流企业当年实现的利润总额与利息支出的合计数。

$$息税前利润 = 利润总额 + 实际利息支出$$

该指标越高,表明物流企业的债务偿还越有保证;越低则表明没有足够的资金来源偿还债务利息。国际上公认的企业已获利息倍数为3,但是不同行业有不同的标准界限,一般不得低于1,否则企业债务风险会很大。

(2) 修正指标

修正指标是为了对基本指标评价后所形成的初步评价结果进行修正,以形成较为全面的物流企业绩效评价基本结果而设立的指标。它由几项具体的定量指标构成。

① 资本保值增值率

资本保值增值率是指物流企业本年年末所有者权益扣除客观增值因素后与年初所有者权益的比率。它表示物流企业当年资本在企业自身努力下的实际增减变动情况,是评价企业财务效益状况的辅助指标。其计算公式为

$$资本保值增值率 = \frac{扣除客观因素后的年末所有者权益}{年初所有者权益} \times 100\%$$

式中,扣除客观因素后的年末所有者权益中扣除的部分是指我国1994年发布的《国有资产保值增值考核试行办法》中规定的客观因素。

资本保值增值率越高,表明企业的资本保全状况越好;所有者权益的增长越大,债权人的债务越有保障,企业发展后劲越强。如果指标为负值,表明企业资本受到侵蚀,没有实现资本保全,损害了所有者的权益,也妨碍了物流企业的进一步发展。

② 成本费用利润率

成本费用利润率是指物流企业一定时期的利润总额同物流企业成本费用总额的比率。其计算公式为

$$成本费用利润率 = \frac{利润总额}{成本费用总额} \times 100\%$$

式中,成本费用总额是指物流企业营业成本、营业费用、财务费用之和。

成本费用利润率越高,表示物流企业为获得收益所付出的代价越小,成本费用控制得越好,获利能力越强。

③ 库存周转率

库存周转率是评价物流企业购入存货、入库保管、销售发货等环节的管理状况的综合性指标。它是在一定时期内销售成本与平均库存的比率,用时间表示库存周转率就是库存周转天数。其计算公式为

$$库存周转率(次) = 销售成本/平均库存$$

$$库存周转天数 = 360/库存周转率 = 平均库存 \times 360/销售成本$$

式中,销售成本是指企业销售产品、商品或提供服务等经营实际成本;平均库存是指库存年初数与库存年末数的平均值。

物流企业必须重视库存周转率的分析研究,计算本指标的目的在于针对库存控制中存在的问题,促使物流企业在保证经营连续性的同时提高资金使用率,增强企业短期偿债能力。库存周转率在反映库存周转速度及库存占用水平的同时,也反映物流企业运转状况。一般情况下,该指标值越高,表示物流企业运转状况良好,有较高的流动性,库存转换为现金或应收账款的速度快,库存占用水平低,物流企业的变现能力强。另外,运用该指标时,物流企业还应考虑进货批量、季节性变动及库存结构等。

④ 不良资产比率

不良资产比率主要反映物流企业的资产的质量。它是物流企业年末不良资产总额占年末资产总额的比重,是从企业资产管理的角度对企业资产运营状况进行的修正。其计算公式为

$$不良资产比率 = \frac{年末不良资产总额}{年末资产总额} \times 100\%$$

式中,年末不良资产总额是指物流企业资产中难以参加正常经营运转的部分,包括3年以上应收账款、积压商品物资和不良投资等;年末资产总额是指企业资产总额的年末数。

一般情况下,该指标越高,表明物流企业不能参加正常经营运转的资金越多,资金利用率越差。不良资产比率等于零是最佳水平。

⑤ 流动比率

流动比率是企业一定时期内流动资产同流动负债的比率,反映物流企业短期债务偿还能力。其计算公式为

$$流动比率 = \frac{流动资产}{流动负债} \times 100\%$$

式中,流动资产是指物流企业可以在1年或超过1年的一个营业周期内变现或被耗用的资产。

流动负债是指偿还期限在1年或超过1年的一个营业周期内的债务。

流动比率越高,表明流动资产流转得越快,偿还流动负债能力越强。但是,流动比率并非越高越好,如果比率过大,表明物流企业流动资产占用较多,影响企业经营资金周转率和获利能力。我国公认的标准比率为2:1。

⑥ 速动比率

速动比率是物流企业在一定时期内速动资产同流动负债的比率。速动比率用来衡量企业的短期偿债能力,评价物流企业流动资产变现能力的强弱。其计算公式为

$$速动比率 = \frac{速动资产}{流动负债} \times 100\%$$

式中,速动资产是指扣除库存后流动资产的数额,即

$$速动资产 = 流动资产 - 库存$$

速动资产包括现金、各种存款、有价证券和应收账款等资产。这些资产能在较短时间内变为现金。速动比率较流动比率更能表明一个企业对短期债务的偿还能力。我国公认的标准比率为1∶1,过高会造成资金浪费、资金使用效率低;过低则企业偿债能力弱,财务风险大,不利于吸引投资者。

2. 物流运作质量指标

物流运作质量指标主要有运输经济性指标、运输可靠性指标、货物储存质量指标、货物仓储经济性指标等。

(1) 运输经济性指标

① 单位运输成本

单位运输成本用来评企业运输作业效益高低和综合管理水平。

$$单位运输成本 = \frac{运输费用}{货物周转量}$$

运输费用包括燃料、养路、工资、修理等费用支出。货物周转量是运输作业的工作量,它是车辆完成的各种货物的货运量与其相应运输距离乘积之和。

② 运输费用效益

$$运输费用效益 = \frac{经营盈利额}{运输费用支出额} \times 100\%$$

(2) 运输可靠性指标

① 正点运输率

准时运送物资是物资流转的一种保证。正点运输率指标是对此项管理工作的评价,它反映运输工作的质量,促进企业做好运输调度管理,采用先进的看板运输管理技术,保证物资流转的及时性。

$$正点运输率 = \frac{正点营运次数}{营运总次数} \times 100\%$$

② 无缺损运率

$$无缺损运率 = \frac{无缺损运输次数}{运输总次数} \times 100\%$$

在运输过程中,注意对货物的保护,降低货物可能的损坏,这显然对顾客和服务提供商都有好处。

(3) 货物储存质量指标

① 账货相符率

账货相符率是指在货物盘点时,仓库货物保管账面上的货物储存量与相应库存实有数量的相互符合程度。品名、规格、等级、产地、编号、数量等不一致的情况均属账货不符。

$$账货相符率 = \frac{账货相符笔数}{储存货物总笔数} \times 100\%$$

② 收发货差错率

收发货差错率是指在报告期收发货差错累计笔数与同一时期收发货总笔数之间的比率,常用百分比来表示。

$$收发货差错率 = \frac{收发货差错累计笔数}{收发货累计总笔数} \times 100\%$$

(4) 货物仓储经济性指标

储存的经济性指标主要指有关储存的成本和效益指标,它可以综合反映仓库的经济效益水平,可用储存费用水平指标来反映。

$$储存费用(元/吨) = 储存费用总额(元) / 货物周转量(吨)$$

储存费用水平是仓库经济核算的主要经济指标之一。它可以综合地反映仓库的经济成果、劳动生产率、技术设备利用率、材料和燃料节约情况和管理水平等。

3. 物流服务质量指标

(1) 客户满意度

客户满意度是指客户对物流企业所提供的物流服务的满意程度,是指物流企业向客户提供的物流服务没有得到抱怨的次数与物流企业提供服务的总次数之比。

$$客户满意度 = \frac{(物流企业服务次数 - 客户抱怨次数)}{物流企业服务次数} \times 100\%$$

(2) 客户保持率

客户保持率反映物流企业的市场保持状况,是指一定时期内保留或维持同老客户的业务关系的比例。

$$客户保持率 = \frac{(企业当期客户数量 - 企业当期新增客户数量)}{企业上期客户数量} \times 100\%$$

一般而言,客户保持率越高越好。据统计,客户保持率每增加5%,企业的利润会增加25%~95%。由此可见,物流企业经营的绩效如何与客户满意水平有着直接的关系,客户满意水平越高,则客户保持率越高,企业的绩效就越好。

(3) 客户获得率

客户获得率反映物流企业拓展市场的绩效,是指一定时期内物流企业吸引或赢得新客户或业务量的比例。

$$客户获得率 = \frac{当期新增客户或业务量}{上期客户或业务量} \times 100\%$$

(4) 订单满足率

订单满足率反映企业满足顾客需求的情况,可以用一定时期内满足顾客订货需求的次数占顾客总订货次数之比来表示:

$$订单满足率 = \frac{一定时期内满足顾客订货需求的次数}{一定时间内顾客订货总次数} \times 100\%$$

根据物流企业经营项目的不同,这里的订单主要是指顾客要求物流企业提供运输、仓储等服务的订单。

4. 企业发展潜力指标

企业发展潜力指标主要有市场实力和员工素质。

(1) 市场实力

① 市场增长率

市场增长率是指物流企业本期物流收入与前期物流收入的差额与前期物流收入之比,反映了企业在市场中的发展速度。

$$市场增长率 = \frac{(本期物流总收入 - 前期物流收入)}{前期物流收入} \times 100\%$$

② 市场开拓能力

市场开拓能力是指新客户开发能力。随着物流企业的竞争越来越激烈,生存空间越来越小,物流企业是否有能力保留已有的市场,并不断开拓新的生存空间尤为重要。

$$新客户开发能力 = \frac{一定时期内新开发的客户数量}{一定时期内客户总数量} \times 100\%$$

(2) 员工素质

① 员工的知识结构

员工的知识结构反映物流企业的员工文化素质及员工接受教育的程度,是指物流企业的员工所具备的知识水平,可根据员工所拥有的学历层次进行评价。

$$员工的知识结构 = \frac{企业某一学历层次员工数量}{企业全体员工数量} \times 100\%$$

② 员工流动率

对员工满意度的评价可采用员工流动率指标来衡量,它是影响客户服务质量的一项重要因素。员工流动率可以用一定时期内(通常为一年)企业重要人事变动的百分比来计算与评价。

$$员工流动率 = \frac{员工辞职数}{全体员工数} \times 100\%$$

它主要反映员工对企业的满意度,也反映企业在智力资本投资方面的损失,尤其是那

③ 员工生产效率

员工生产效率是指一定时期内每个员工平均创造的收入或每个员工创造的价值增值。

$$员工生产效率 = \frac{企业一年内的运营收入或净利润}{企业全体员工数} \times 100\%$$

第三节　企业物流绩效评价的主要方法

绩效评价的方法有很多种，各种方法都有其适用范围和优缺点。下述 4 种方法常在物流绩效评价中选用。

一、排列法

排列法也叫排队法，是指在绩效评价中，对评价对象做比较，进行最优到最差的排列。例如，在对 5 个规模大致相同、类型相似的配送中心进行绩效评价时，先从这 5 个配送中心中评价出一个绩效最好的和一个绩效最差的，接下来再评出第二个好的和第二个差的。这种方法以评价对象的综合绩效为基础，按其总体效益和业绩进行排列比较，评出最好、次好、中等、较差和最差。这种方法简便，常被广泛采用。

排列法的缺点是：

（1）不是按评价对象的工作绩效与每项评价标准进行对照比较评分，而是根据总体的综合绩效进行比较，缺乏可信度和精确度。

（2）无法鉴别处在中间状态的评价对象之间的差别。

（3）在同一物流系统中的不同单位或部门之间无法进行排列比较。

二、等级法

等级法是先制定具体的评价标准，在进行绩效评价时，根据已制定的有关各项评价标准来评价每一个评价对象的业绩和效益。所谓等级评价法是，首先明确并确定物流系统的评价项目及其影响因素；然后对每个评价项目制定出具体的评价标准及要求，再对每一项又设立评分等级数，一般分为 5 个等级，最优的为 5 分，次之为 4 分，依次类推；最后，把各项得分汇总，总评分越高，工作绩效就越好。这种评价方法比排列法科学。但是对每个评价对象有关方面都要确定相应的评价项目及评分标准，按其重要程度设置权数，评价工作量大而繁重，而且权数不易设置准确。

三、层次分析法

层次分析法(analytic hierarchy process,AHP)是对一些较为复杂、较为模糊的问题做出决策的简易方法,它特别适用于那些难以完全定量分析的问题。它是美国运筹学家萨蒂(T. L. Saaty)教授于 20 世纪 70 年代初期提出的一种简便、灵活而又实用的多准则决策方法。

人们在进行社会的、经济的以及科学管理领域问题的系统分析中,常常面临的是一个由相互关联、相互制约的众多因素构成的复杂但往往缺少定量数据的系统,层次分析法为这类问题的决策和排序提供了一种新的、简洁而实用的建模方法。

运用层次分析法建模,大体上可按以下 4 个步骤进行:①建立递阶层次结构模型;②构造出各层次中的所有判断矩阵;③进行层次单排序及一致性检验;④进行层次总排序及一致性检验。

物流绩效评价层次包括目标层、第一准则层、第二准则层、决策层。模型的目标层是对物流企业进行绩效评价,其评价是通过比较来实现的;准则层根据评价侧重点不同可以进行调整;决策层表明可以就同类企业进行评价,也可根据企业自身不同的时间段进行评价。物流绩效评价层次如图 9-1 所示。

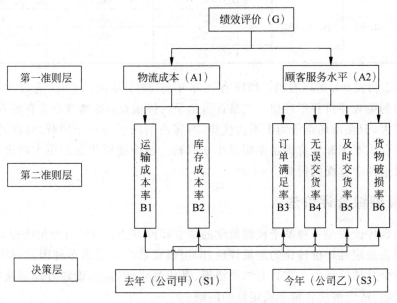

图 9-1　物流绩效评价层次

假设物流企业甲在 2019 年 1 月底运用该模型对企业进行绩效评价。在评价期该企业通过各种渠道获得了本市另外两个类似物流企业的相关数据,甲物流企业做了二维绩效评价,其结果如表 9-2 和表 9-3 所示。

表 9-2　横向绩效评价表

目标层 G 得分		第一准则层 A 层的权重	第二准则层 B 层的权重	决策层 S 评分(百分制)		
				甲	乙	丙
甲	85.2	A1(0.55)	B1(0.481)	87.2	90.1	86.8
			B2(0.519)	85.4	90.5	92.5
乙	91.1	A2(0.45)	B3(0.395)	80.2	98.1	82.5
			B4(0.260)	93.6	94.5	81.8
丙	85.3		B5(0.205)	75.0	82.1	88.4
			B6(0.140)	90.1	85.4	92.6

表 9-3　纵向绩效评价表

目标层 G 得分		第一准则层 A 层的权重	第二准则层 B 层的权重	决策层 S 评分(百分制)	
				2018 年上半年	2017 年上半年
2018 年上半年	85.2	A1(0.55)	B1(0.481)	87.2	80.5
			B2(0.519)	85.4	79.2
2017 年上半年	81.6	A2(0.45)	B3(0.395)	80.2	85.1
			B4(0.260)	93.6	86.5
			B5(0.205)	75.0	72.1
			B6(0.140)	90.1	92.3

由表 9-2 和表 9-3 可以看出:2018 年上半年与 2017 年同期相比,有较大进步,但在同类企业中的绩效评价并不理想。二维评价给予的提示是:虽然该企业在经营规模和效益上有所扩大,但在市场竞争力上不占优势,对客户的吸引力小于同行,对在评价中占较大比重的库存成本率和订货满足率明显小于同行。该企业要想获取更大的市场份额,就必须加强对这两个方面的控制。

四、模糊综合评价法

模糊综合评价法是一种基于模糊数学的综合评价方法。该综合评价法根据模糊数学的隶属度理论把定性评价转化为定量评价,即用模糊数学对受到多种因素制约的事物或对象做出一个总体的评价。它具有结果清晰、系统性强的特点,能较好地解决模糊的、难以量化的问题,适合解决各种非确定性的问题。

1. 与模糊综合评价法相关的几个要素

(1) 评价因素(F)。它是指对招标项目评议的具体内容(如价格、各种指标、参数、规范、性能、状况等)。

为便于权重分配和评议,可以按评价因素的属性将评价因素分成若干类(如商务、技术、价格、伴随服务等),把每一类都视为单一评价因素,并称之为第一级评价因素(F_1)。第一级评价因素可以设置下属的第二级评价因素(F_2),第二级评价因素可以设置下属的第三级评价因素(F_3),依此类推。

(2) 评价因素值(F_v)。它是指评价因素的具体值。例如,某投标人的某技术参数为120,那么,该投标人的该评价因素值为120。

(3) 评价值(E)。它是指评价因素的优劣程度。评价因素最优的评价值为1(采用百分制时为100分);欠优的评价因素,依据欠优的程度,其评价值大于或等于零、小于或等于1(采用百分制时为100分),即 $0 \leqslant E \leqslant 1$(采用百分制时 $0 \leqslant E \leqslant 100$)。

(4) 平均评价值(Ep)。它是指评标委员会成员对某评价因素评价的平均值。

平均评价值(Ep)=全体评标委员会成员的评价值之和/评委数

(5) 权重(W)。它是指评价因素的地位和重要程度。

第一级评价因素的权重之和为1,每一个评价因素的下一级评价因素的权重之和为1。

(6) 加权平均评价值(Epw)。它是指加权后的平均评价值。

加权平均评价值(Epw) = 平均评价值(Ep) × 权重(W)

(7) 综合评价值(Ez)。它是指同一级评价因素的加权平均评价值(Epw)之和。综合评价值也是对应的上一级评价因素的值。

2. 模糊综合评价法的特点

(1) 相互比较。以最优的评价因素值为基准,其评价值为1;其余欠优的评价因素依据欠优的程度得到相应的评价值。

(2) 可以依据各类评价因素的特征,确定评价值与评价因素值之间的函数关系(即隶属度函数)。确定这种函数关系(隶属度函数)有很多种方法,如F统计方法、各种类型的F分布等。当然,我们也可以请有经验的评标专家进行评价,直接给出评价值。

在招标文件的编制中,应依据项目的具体情况,有重点地选择评价因素,科学地确定评价值与评价因素值之间的函数关系以及合理地确定评价因素的权重。

3. 模糊综合评价法的应用程序

(1) 设定各级评价因素(F)。具体做法为:①设定第一级评价因素;②依据第一级评价因素的具体情况,如有需要,设定下属的第二级评价因素;③根据第二级评价因素的具体情况,如有需要,还可以设定下属的第三级评价因素。

(2) 确定评价细则。它是指确定评价值与评价因素值之间的对应关系(函数关系)。

(3) 设定各级评价因素的权重(W)分配。

(4) 评标。

复习思考

1. 简述物流绩效评价的原则。
2. 简述物流绩效评价的意义。
3. 物流绩效评价的方法有哪些？
4. 介绍评价企业物流绩效的排列法。
5. 简述模糊综合评价法的特点。

案例分析

金杯通用汽车的物流绩效考评

沈阳金杯通用汽车公司(JBGM)是通用汽车公司与中方合作伙伴共同在沈阳建立的合资企业，投资总额2.3亿美元，通用汽车占50%的股份。该公司生产通用汽车公司最畅销的两个车型：雪佛兰"开拓者"运动型多功能车和雪佛兰S-10双排座皮卡车。

沈阳金杯通用汽车公司大约使用2 500种零部件装配整车，国产件主要通过公路运输，CKD进口件大部分来自巴西，占50%以上，经过海运进入大连港口。金杯通用实行零库存的JIT精益模式，生产车间空间非常小，只能满足生产两个小时的配件储存，这就要求采购、包装、海运、进口报关、检疫、陆路运输、拉动计划等一系列操作之间的衔接必须十分密切。金杯通用通过建立地区配送中心(RDC)和制造中心的JIT供给仓库，减少生产线存货压力，实现精益制造；建立整车配送中心(VDC)，将成品车向全国各分销中心配送。

金杯通用秉承通用全球战略发展模式，实行物流外包的企业战略。从生产开始就将大部分物流功能外包给第三方物流服务商，自己只保留核心业务——新产品设计研发和生产制造。经过招标，金杯通用与美集物流(APL)公司签订了为期5年的第三方物流合作协议。APL是世界上最大的物流管理和集装箱化运输公司之一，APL获得金杯通用第三方物流项目合作后，考虑到自身资源的有限性和核心业务所在，将部分物流项目进行了二次分包，但双方合作一段时间后出现以下问题：日零拉动(零拉动即物料不能在规定时间准确送到生产准备库)次数达几百个，生产经常停线；物流成本急剧上升；库存不准确。鉴于这些严重后果，金杯通用公司开始寻找新的合作伙伴，主要解决仓库距离生产线远和空间太小的问题。

金杯通用对第三方物流项目进行重新招标，辽宁国际货运有限公司中标。经协商辽宁国际货运投资为金杯通用在距生产线3公里的地方建立RDC和VDC仓库。金杯通用总结与 APL 合作失败的主要原因,就是 JBGM 对第三方物流企业缺乏管理监控,没有进行有效的项目跟踪;对第三方物流服务的评价体系不完善,没有建立有效的激励约束机制;合作过程中,双方缺乏沟通协调,出现问题没有得到有效的解决。

因此,金杯通用在新的合作中加强了对每一项目的管理、监控和评价。主要表现为以下方面:

(1) 成立专门的第三方物流项目小组,成员来自企业不同部门,直接到 RDC 仓库工作;

(2) 国产订货专项小组到 RDC 与物流服务提供者一起工作,加强双方的交流沟通;

(3) 建立项目评价指标,对每一物流项目的供应商,通过专家打分的方式进行总体考核,同时物流专门项目小组根据不同项目的特点,分别建立一套完整的细化考核指标体系,通过现场监控和周期报告制度,对第三方物流提供商实施有效的考核管理。

针对 RDC 管理项目,建立了一系列的考核指标:库存准确率、送货准时率、送货出错率、定期标准操作流程的审计、员工的培训记录报告、周再包装完成报告、索赔反馈期限长度报告、紧急订货的空运费用报告等。

通过金杯通用专门物流项目小组的监控管理和辽宁国际的不断努力,零拉动由原来的每日几百个降为十几个,生产停线时间降低 150%,送货及时率达到 98% 以上,库存准确度大幅度提高,由于库存不准确造成的紧急订货频率也大幅下降,物流成本得到了有效控制。

资料来源:张令荣.现代物流管理[M].北京:清华大学出版社,2013:303.[2021-12-20]

问题思考:

1. 我们应从金杯通用与 APL 双方合作失败中得到什么教训?

2. 金杯通用在新的合作中是如何加强对第三方物流的管理、监控和评价的?成效如何?

扩展阅读 9-1

供应链绩效管理

扩展阅读

第十章 物流产业与国民经济

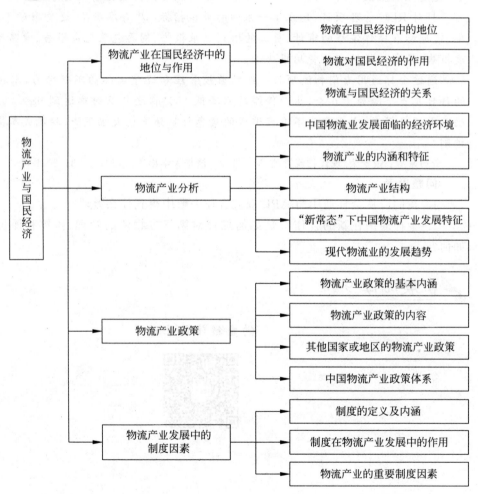

> **知识目标**
>
> 1. 了解物流在国民经济中的地位,了解物流对国民经济的作用;
> 2. 熟悉物流产业的内涵、特征与结构;
> 3. 熟悉制度在物流产业发展中的作用以及物流产业的重要制度因素;
> 4. 掌握物流产业政策的概念、特点及功能;
> 5. 掌握物流产业政策的主要内容。

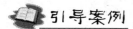

"一带一路"建设与中国国际物流新机遇解读

改革开放之初,我国优先开放东南沿海地区,并在东南沿海大规模进出口货物,带动东南沿海地区物流发展。随着我国加快沿边开放步伐、扩大内陆地区对外开放以及推进"一带一路"建设,将会增加我国西向国际物流规模和一些重要节点城市物流发展机会,为我国国际物流发展带来新的战略机遇。

一、推进"一带一路"建设将会增加我国西向国际物流规模

1. 推进"一带一路"建设,将进一步深化沿线国家的经贸合作并带来物流发展,增加我国西向国际物流规模。

"一带一路"建设的重点内容就是深化与沿线国家的经贸合作。我国与沿线国家经贸合作具备坚实基础。目前,我国是不少沿线国家的最大贸易伙伴、最大出口市场和主要投资来源地。沿线国家的要素禀赋各异,发展水平与阶段不一样,比较优势有所差异,具有较强的互补性。

推进"一带一路"建设,加强政策沟通、设施联通、贸易畅通、资金融通、民心相通,积极与沿线有关国家和地区发展新的经贸关系,将有助于形成稳定的贸易、投资预期,进一步深化与沿线国家的经贸合作,增加我国经中亚、俄罗斯至欧洲(波罗的海)和我国经中亚、西亚至波斯湾、地中海的贸易规模,并由此带动我国西向物流规模。

2. 推进"一带一路"建设,将降低物流成本,促进我国西向国际物流发展

虽然我国与中亚国家的互联互通基础设施方面有了很大进展,但是相对运输需求的增长还有很大的差距。比如:我国与中亚国家铁路技术标准不统一;道路运输运力有限;除了在铁路、公路等主要交通基础设施上实现了基本连接以外,其他方面的基础设施连接情况相对较差,有的还未起步,在民航方面中国具备与中亚国家通航条件的大型机场少,直航线路少,这都严重影响物流的快速发展。基础设施水平不高,导致了运输成本偏高,制约了中欧陆上通道贸易。基础设施互联互通是"一带一路"建设的优先领域。

推进"一带一路"建设,推进国际骨干通道建设,抓住交通基础设施的关键通道、关键节点和重点工程,优先打通缺失路段,畅通瓶颈路段,加快互联互通、大通关和国际物流大通道建设,提升道路通达水平和贸易便利化水平,将会降低物流成本,有助于我国西向物流发展。

二、推进"一带一路"建设将会为我国一些重要的节点城市带来物流发展机遇

1. 为我国与周边国家接壤、相邻的一些重要节点城市物流发展带来新机遇

我国与周边国家接壤、相邻的节点城市,与周边国家进行经贸合作已有一定的基础。随着"一带一路"建设推进、东南沿海部分产业转移到中西部地区以及我国加快沿边开放步伐,必然会深化与周边国家经贸合作,并带动我国与周边国家接壤、相邻的东北、西北、西南、东南地区节点城市的经贸发展,形成一批商贸物流枢纽中心。

2. 推进"一带一路"建设,实施陆海统筹,为国内一些节点城市的物流发展带来新机遇

推进"一带一路"建设,实施陆海统筹,构筑东中西部联动发展新模式,建设连接南北东西国际大通道。建立中欧通道铁路运输、口岸通关协调机制,打造"中欧班列"品牌,建设沟通境内外、连接东中西的运输通道。支持郑州、西安等内陆城市建设航空港、国际陆港,加强内陆口岸与沿海、沿边口岸通关合作。这将为"一带一路"重要节点城市物流发展带来新机遇。

三、推进"一带一路"建设将带来我国制造业、能源、资源和电子商务等物流发展

1. 推进"一带一路"建设将会带来制造业物流发展新机遇

我国劳动力成本上升,东部沿海地区制造业熟练工人平均工资已相当于周边发展中国家的2~7倍。我国低廉劳动力的因素正在逐渐弱化,综合比较优势正在形成。虽然劳动力成本提升,使得我国部分劳动密集型制造业转移到东南亚国家,但我国拥有经济规模世界第二、国内市场不断扩大、人力资本不断提升等优势,转移到东南沿海及周边国家的劳动密集型产业的市场可能在国内;我国有些附加值低端环节转移出去,但高端环节仍需在我国境内完成。这都将会深化我国与周边国家的制造业合作,促进制造业物流发展。

2. 推进"一带一路"建设将会带来能源物流、资源物流发展

"一带一路"沿线国家大多数与中国具有经济互补的合作基础,尤其是具有较强的资源互补性。比如:中亚国家的油气,印尼、菲律宾的镍、铁,越南的铝土、铁,泰国、老挝的钾盐等,都是中国急需进口的大宗矿产品。推进"一带一路"建设,加强能源基础设施互联互通合作,共同维护输油、输气管道等运输通道安全,推进跨境电力与输电通道建设,积极开展区域电网升级改造合作,将会推进中国与一带一路沿线国家能源、资源合作,带来能

源、资源物流发展。

3. 推进"一带一路"建设将会加快电子商务物流发展

在全球化的时代背景下,电子商务和物流成为各国企业参与全球化的重要方式。各国将高度重视电子商务和物流发展,推动电子商务和物流跨区域、跨经济体延伸。跨境电子商务活动日益频繁和活跃,对跨境电子商务物流从体系到能力都提出更高要求。

我国新一轮的对外开放、构建丝绸之路经济带和21世纪海上丝绸之路、自贸园区建设、积极参与全球经济治理等为跨境电子商务物流发展带来重大历史发展机遇。

资料来源:中国物流与采购联合会. http://www.chinawuliu.com.cn/xsyj/201608/26/314767.shtml, 2016-08-26.[2021-12-20]

引例思考:
1. "一带一路"战略有何重要意义?
2. "一带一路"战略对我国物流发展有何重大影响?

国民经济发展依靠发展生产力,丰富产品数量,提高产品质量,来充分满足人民日益增长的多样化需要。如果众多的产品不能及时送达消费者手中或者制造企业的原材料供应得不到保障,提高生产力就落为空谈。

随着电子商务快速发展,商业交易也更为便捷,使物流成为电子商务的重要支撑。物流产业的发展已经成为国民经济可持续发展的关键。因此,国民经济发展水平越高,对物流业的要求也就越高,物流业在国民经济中发挥着越来越重要的作用,同时国民经济的发展也为物流业打开了广阔的市场,推动着物流业的快速发展。

第一节 物流产业在国民经济中的地位与作用

一、物流在国民经济中的地位

1. 物流是实现国民经济运营的基础

农业在我国国民经济中居于基础地位,第一产业在社会经济中与其他产业之间有着不可分割的联系,由此决定了第一产业物流在实现国民经济运行中的基础地位和作用。

(1)物流业与第一产业之间存在着以农业产品、农业服务、农业科技为纽带的广泛的经济联系和产业关系。第一产业中大量的农副产品进城和大量的工业品下乡离不开物流的支持,大量的农业生产资料、农牧业产品和农副产品的流通构成了第一产业物流的主体,没有第一产业的发展,物流业发展就没有根基;没有物流业的支持,第一产业的发展就失去了动脉。

(2)现代农业的发展和第一产业流通体系的建设,尤其是运输系统的建设与完善,使第一产业物流成为实现国民经济运营的关键环节。

2. 第二产业物流是实现国民经济运行的主导力量

由于第二产业在国民经济中的主导地位,决定了第二产业物流的主导作用。第二产业物流不仅发生在第二产业内部,而且还有相当数量产品的物流在更大的范围和领域完成,第二产业物流与国民经济发展息息相关。

工业化的发展对现代物流的影响表现在以下几个方面:

(1)一些具备条件的大型生产制造企业,正在积极推进物流的社会化变革,现代物流在这些大企业得到推广和实践。

(2)一些企业正在逐步将企业内部物流向外移动,通过走合作路线实施部分的或全部的物流业务外包。

(3)我国现阶段,建立在供应链基础上的社会化物流是一种理想化的物流运作模式,但是这种运作模式只有可能在具备条件的特大型企业或极少数大型企业实施,大多数企业不具备在供应链基础上的发展空间和条件。

特别是目前我国生产制造业领域不同程度地存在生产集中度低、资源短缺、配置不合理、流通体系不健全、流通不畅等问题,制约了现代物流业的发展。

3. 物流业是从属于国民经济第三产业的行业

(1)第三产业的物流活动是由铁路、公路、水路、空路、仓储和货代等行业为主体的物流活动和由商业、物资、供销、粮食、外贸等行业为主体的物流活动共同构成的。随着国民经济的发展,各种专业化物流企业大量涌现,专业化物流服务作为一个新的领域逐步发展成为新兴的产业部门和国民经济的一个重要组成部分。

(2)物流服务业既服务于国民经济各个行业、各个部门,同时为社会生产及人民生活创造着价值。物流为社会所创造的价值,表现在三个方面。①为社会创造的时间价值。创造时间价值,可能通过缩短时间差、弥补时间差或延长时间差的方式获得。②为社会创造的空间价值。创造空间价值可以通过物品从集中地到分散地、从分散地到集中地、从产地到销地、从积压地到脱销地的流动方式获得。③为企业创造的价值。可以通过降低物流成本,为企业提供良好的物流服务,提高企业的经济效益。

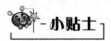
小贴士

国民经济的产业划分

早在20世纪30年代,英国著名经济学家阿·格·费希尔和科林·克拉克就提出了产业划分的概念。我国经济学界也沿用了这一划分方法,2003年根据《国民经济行业分类》中规定的国家标准,对国民经济相关产业进行了重新划分。其标准和范围如下。

第一产业包括由农、林、牧、渔业各部门组成的大农业。

第二产业包括采矿业、制造业、电力、燃气及水生产和供应业、建筑业等。

第三产业包括第一产业、第二产业以外的其他行业,具体有流通部门、为生产和生活服务的部门、为提高科学文化水平和居民素质服务的部门和社会公共服务部门。

二、物流对国民经济的作用

1. 物流是国民经济的基础,是连接国民经济各个部分的纽带

由于社会分工的日益深化和经济结构的日趋复杂化,各个产业、部门、企业之间的交换关系和相互依赖也越来越错综复杂,物流产业是维系这些复杂交换关系的纽带和血脉。物流产业的发展有助于一国经济资源的有效配置。

2. 物流是企业生产的前提保证

(1)物流为企业创造经营的外部环境

一个企业的正常运转,一方面,要保证按企业生产计划和生产节奏提供与运送原材料、燃料、零部件;另一方面,要将产品和制成品不断运离企业。这个最基本的外部环境正是依靠商流、物流及相关的其他活动来提供保证的。

(2)物流是企业生产运行的保证

企业生产过程的连续性和衔接性,是靠生产工艺中不断的物流活动来保证的,有时生产过程本身便和物流活动结合在一起。

(3)物流是企业发展的支撑力量

企业的发展靠质量、产品和效益,物流作为全面质量的一环,是接近用户阶段的质量保证手段。更重要的是,物流通过降低成本,间接增加企业利润。

3. 特定条件下,物流是国民经济的支柱

物流产业为全社会提供全面、多样化的物流服务,并在物流全过程及其各环节实现价值增值。相对于产品的生产过程而言,物流服务创造的是产品的空间价值和时间价值,是产品价值的重要组成部分。因此,物流业是国民经济中创造价值的产业部门。

有些国家的特殊地理位置或特定的产业结构,使物流在国民经济体系和地区经济中发挥带动和支持整个国民经济的作用,成为国家和地区经济收入的主要来源。例如欧洲的荷兰、亚洲的新加坡、中美洲的巴拿马和我国的香港,特别是日本以流通立国,物流的支柱作用是显而易见的。

4. 物流业的发展可以加速国民经济产业结构的调整

发展物流产业是我国经济结构调整的现实要求,加快经济结构调整是当前扩大内需、促进经济增长的迫切要求,也是适应我国经济发展阶段性变化、应对日趋激烈的国际竞争的根本性措施。

我国经济经过30多年的高速增长,国民经济进入"新常态",产业结构以及经济增长方式进入深入调整期。由于我国缺少大规模的流通组织和流通网络来支撑工业产业的产业结构调整,分散的流通加剧了企业之间的盲目竞争,使得我国大公司进行大规模产业整合缺少合理的、低成本的流通环节。这是我国进行产业调整中出现的流通环节的重要"瓶颈"。因此,可以说,没有大流通就没有大产业,没有大物流就没有大流通,发展物流产业是完成我国经济结构调整的关键。

5. 物流业的发展强化了中心城市功能

经济的发展以城市为中心,物流系统是城市系统工程中一个非常重要的子系统,这个系统保障着生产,保障着建设,也保障着人们的生活。物流系统质量的高低、效率的高低,决定着这个城市的经济水平和竞争能力的高低。

6. 物流业的发展必然带动固定资产投资

物流基础设施的落后,加上设施布局不合理,使我国交通运输矛盾日益突出,加上管理粗放,造成我国物流运输、仓储等效率与效益低下。据有关部门统计,每年因包装造成的损失为150亿元,因装卸、运输造成的损失为500亿元,因保管不善造成的损失为30亿元。因此,物流基础设施,特别是交通运输与信息通信业仍是国家投资与吸引外资和民间投资的重点。

三、物流与国民经济的关系

物流业是融合运输、仓储、货代、信息等产业的复合型服务业,是支撑国民经济发展的基础性、战略性产业。加快发展现代物流业,对于促进产业结构调整、转变发展方式、提高国民经济竞争力具有重要意义。

物流发展与一个国家的经济总量成正比,与一个国家的经济发展水平成正比。《物流业发展中长期规划(2014—2020年)》指出:"物流业增加值年均增长8%左右,物流业增加值占国内生产总值的比重达到7.5%左右。"物流业已成为国民经济的重要组成部分。

一个国家国内生产总值越高,物流支出也越多,即社会物流总费用同时增加,所以社会物流总费用的绝对值是逐年增加的。2020年我国社会物流总费用与国内生产总值的比率高达14.7%,显著高于全球平均水平;而美国的物流费用只有GDP的7%,欧洲、日本在6%~7%,甚至连东南亚的发展中国家也只有10%左右。我国社会物流总费用占GDP的比重偏大,反映出我国物流业发展总体水平还不高,发展方式比较粗放,社会化、专业化水平低,经济增长付出的物流成本较高。

我国社会物流增加值的增幅高于国民经济增长水平。物流产业增加值由交通运输业物流增加值、仓储物流业增加值、批发物流业增加值、配送加工包装物流业增加值和邮政业增加值构成。我国物流社会化、专业化水平在不断提高,第三方物流企业在加速发展。

第二节 物流产业分析

一、中国物流业发展面临的经济环境

中国经济经过 30 多年高速增长,正在进入一个相对平稳的"中高速增长"阶段。我国正处于经济增长速度换挡期、结构调整阵痛期和改革开放攻坚期"三期叠加"的特殊阶段。中国经济进入"新常态",总体来看包含了增长速度的新常态、增长动力的新常态、结构调整的新常态和宏观政策的新常态。

具体来看,我国经济增长速度已经告别了以往 10 多年 10% 以上的高速增长,未来几年将维持在 7.5% 上下区间波动,进入中高速增长阶段;经济增长动力正在加快从政府投资让位于民间投资,出口让位于国内消费,将更多依靠转型升级、效率提升和创新发展;结构调整正在发生新的变化,第三产业比重已经于 2013 年首次超过第二产业,服务业特别是生产性服务业得到重点扶持;宏观政策容忍度增加,经济增速在 7.5% 左右的合理区间,将不会采取非常规的刺激措施。

在"新常态"下,长期掩盖在高速增长下的问题逐步显现,粗放式运行方式难以为继。从需求结构看,与内需相关的社会物流需求保持较快增长,中西部地区以及农村物流需求增速加快。从资源条件看,物流基础设施逐步完善,对物流运作的"硬约束"开始减缓,但要素成本、资源环境负担进一步加重。

从增长动力看,新技术、新模式不断出现,整合优化、创新驱动成为"新常态"下物流业发展的动力源泉。从经济发展趋势看,中国特色新型工业化、信息化、城镇化和农业现代化,以及打造国际竞争新优势,都对物流业发展提出了新的要求。

二、物流产业及其特征

1. 物流产业的内涵

在物流理念被引入产业界后,其内涵一直伴随着市场经济的发展而不断扩充。

所谓现代物流业,是指产品从生产地到消费地之间的整个供应链,运用先进的组织方式和管理技术,进行高效率计划、管理、配送的新型服务业。它通过对物流的各个环节,包括运输、储存、包装、装卸、加工、配送和信息处理等相关活动,进行一体化管理,达到降低流通成本、提高生产效率、增加企业利润的目的。

2. 物流产业的特征

物流产业具有以下特征。

第一,物流产业是国民经济中的动脉系统,它连接社会经济的各个部分并使之成为一个有机整体。在现代经济中,由于社会分工的日益深化和经济结构的日趋复杂,各个产

业、部门、企业之间的交换关系和相互依赖程度也愈来愈错综复杂，物流产业是维系这些复杂交换关系的纽带和血管。因此，物流产业是经济运行中不可或缺的重要组成部分。

第二，物流产业通过对各种物流要素的优化组合和合理配置，实现物流活动效率的提高和社会物流总成本的降低。当物流活动分散在不同企业和不同部门时，各种物流要素很难充分发挥其应有的作用，例如，仓储设施的闲置等。随着物流活动从生产和流通领域分化出来，各种物流要素也逐渐成为市场资源，专业化物流企业可以根据各种物流活动的要求在全社会范围对各种物流要素进行整体的优化组合和合理配置，从而可以最大限度地发挥各种物流要素的作用，提高全社会的物流效率。

第三，物流产业可以为全社会提供更为全面、多样化的物流服务，并在物流全过程及其各个环节实现价值增值。当物流活动从生产过程和交易过程中独立出来后，物流就不再是一个简单的成本因素，而成为一个为生产、交易和消费提供服务的价值增值因素，其中也蕴藏着巨大的商业潜力。

专业化物流企业不仅可以提供货物运输、配送、流通、加工等有形服务，而且可以提供物流方案设计、物流信息管理等无形服务，这是商业企业、运输企业、仓储企业等传统流通部门所难以企及的。相对于产品的生产过程而言，物流服务创造的是产品的空间价值和时间价值，是产品价值的重要组成部分。因此，物流产业是国民经济中创造价值的产业部门，并正在成为全球经济发展中的热点和新的经济增长点。

三、物流产业结构

物流产业是流通产业的组成部分，物流产业结构包括以下五个主要部分。

1. 物流基础产业

由各种不同的运输线路、运输线路的交汇中心与节点以及理货终端构成，主要包括铁路、公路、水运、空运、仓储等部分。物流基础产业是物流产业最重要的组成部分，它直接反映一个国家的经济发展水平。

2. 物流装备制造产业

这个产业是物流生产力中提供劳动手段要素的产业。这个产业大体上可划分为集装设备生产行业、货运汽车生产行业、铁道货车生产行业、货船行业、货运航空器行业、仓库设备行业、装卸机具行业、产业车辆行业、输送设备行业、分拣理货设备行业、物流工具行业等。

3. 物流系统产业

物流产业涵盖范围广泛且普遍，因此支撑这个大系统运行的系统产业就格外重要。这个产业提供物流系统软件、硬件，提供系统管理，是计算机系统技术和通信技术在物流领域的独特组合。

4. 第三方物流产业

第三方物流产业是向货主提供物流代理服务的产业。过去企业向货主提供的物流服务局限于仓库存货代理、运输代理、托运代办和通关代理等。第三方物流的代理作用是全部物流活动的系统的全程代理,这种代理需要在物流平台上运作,因此代理活动的水平在很大程度上取决于物流平台。

5. 货主物流产业

货主物流产业是自营物流产业,有可能部分从事第三方物流活动。货主物流产业着重于建立巨型企业内部物流系统,尤其是配送中心及配送系统、流通加工系统。

四、"新常态"下中国物流产业发展特征

物流业作为重要的生产性服务业近年来受到国家和有关部门的高度重视,物流业在国民经济中的产业地位稳步提升。特别是 2014 年 9 月国务院出台了《物流业发展中长期规划》,在对我国物流业发展现状、问题和面临形势深入分析的基础上,提出了指导思想、目标和原则、主要任务和重点工程。

我国物流业良好的政策环境为未来产业健康发展奠定了重要基础。受我国经济进入"新常态"影响,也是应对新时期转变发展方式的需要,我国物流业正在进入"新常态"的发展阶段。

一是行业进入温和增长阶段。物流业结束了过去十多年 20% 以上的高速增长,增长速度逐步放缓到 9% 左右。同时物流业在服务业中的支柱地位较为稳固,占服务业增加值的比重长期维持在 15% 左右。物流业进入温和增长阶段,长期掩盖在高速增长下的一系列问题开始浮现,倒逼行业加快转型升级。

二是资源要素进入高成本时代。物流用地依然紧缺。资源要素成本持续走高,依靠资源投入、规模扩张的粗放式增长方式难以为继。

三是内需成为增长主要动力。近年来,与内需相关的社会物流需求保持高速增长态势。受扩大内需特别是消费需求带动,电商、快递、快运、食品、电子、快消、医药、冷链等物流细分市场保持较高增长态势。

四是整合与创新助推转型升级。物流业的核心价值就在于整合,这也是现代物流业区别于传统的运输、仓储行业的主要特征。领先企业通过流程再造、兼并重组、联盟合作等多种方式,加快功能整合、组织整合、信息整合和平台整合,挖掘物流整合潜力,发挥资源利用效率,有效提升发展的质量和效益。

近年来,在公路货运市场,出现了传化公路港、林安物流、卡行天下等一批平台整合型企业,集中分散的货运资源,提升了市场的集约化水平。当前,创新驱动已经成为我国物流业的重要支撑,领先物流企业通过技术创新、管理创新、模式创新、集成创新、制度创新,

打造战略竞争新优势。

顺丰速运推出快递＋电商协同发展模式,加速与电商渗透融合,线上线下资源实现战略共享。海尔日日顺物流推出"送装一体化"服务模式,打造四网融合核心竞争力。此外,大数据、云计算、物联网等新的信息技术,给物流业带来了重大变革和新的挑战。专业化、一体化、个性化的物流模式创新,引领企业抢占产业竞争制高点。

五是物流基础网络初步成型。对行业的制约作用逐步消退,依托物流基础网络的创新将逐步加快。

五、现代物流业的发展趋势

现代物流业发展呈现出以下五大趋势。

1. 物流的系统化趋势

系统化包含两层含义:一是流通的系统化;二是物流的系统化。所谓流通的系统化,就是把从生产到消费的流通全过程看成一个系统,谋求其总体的、综合的效率化,使流通的现代化与整个国民经济的现代化融为一体。

物流的系统化也叫总体物流、综合物流,使社会物流与企业物流有机地结合在一起,从采购物流开始,经过生产物流,再进入销售物流,经过包装、运输、仓储、装卸、加工、配送到达消费者手中,最后还有回收物流。可以这样讲,现代物流包含产品从生到死的整个物理性的流通全过程。物流系统成了一个跨部门、跨行业、跨区域的社会系统,物流的系统化可以大大节约流通费用,提高流通的效率与效益,从而提高整个国民经济的质量与效益。

2. 物流的信息化趋势

电子数据交换技术与国际互联网的应用,使物流效率的提高更多地取决于信息管理技术,因为计算机的普遍应用提供了更多的需求和库存信息,提高了信息管理科学化水平,使产品流动更加容易和迅速。物流的信息化,包括商品代码和数据库的建立、运输网络合理化、销售网络系统化、物流中心管理电子化等。

3. 物流中心、批发中心、配送中心的社会化趋势

随着市场经济的发展,专业化分工越来越细,一个生产企业生产某种产品除了一些主要部件自己生产外,大都是外购,生产企业与零售商所需的原材料、中间产品、最终产品大部分由不同的物流中心、批发中心或配送中心提供,以实现少库存或零库存。

目前配送中心提供的产品已十分广泛,不仅有生产资料、日用工业品,连图书、光盘也配送。这种配送中心或物流中心、批发中心可以进行集约化物流,在一定半径内实现合理化物流,从而大量节约流通费用,节约大量的社会流动资金,实现资金流的合理化。

4. 仓储、运输的现代化与综合体系化趋势

物流离不开运输与仓储，仓储现代化要求高度机械化、自动化、标准化，组织起高效的物流运作系统。运输的现代化要求建立铁路、公路、水路、空运与管道的综合运输体系，这是物流现代化的必备条件。所以发达国家都致力于港口、码头、机场、铁路、高速公路、仓库等建设。为了减少运输费用，还大力改进运输方式与包装方式，比如发展集装箱运输、托盘技术，提高粮食与水泥的散装率，研制新型的装卸机械等。

5. 物流与商流、信息流一体化趋势

按照流通规律，商流、物流、信息流是三流分离的。商流解决的是商品价值的实现，经过商流，商品变更了所有权；物流解决的是商品生产地域与销售地域的位移，解决的是生产时间与销售时间的变更，所有权没有改变；信息流解决的是流通主体之间的信息传递。

在现代社会，不同产品形成不同的流通方式与营销状态，比如生产资料不仅有直达供货与经销制，即买断，还有代理制，还有配送制，与人民生活有关的产品还有连锁经营。这就要求物流随之而变化，许多国家的物流中心、配送中心实现了商流、物流、信息流的统一。代理制的推行也使物流更科学、更合理，许多代理公司也实现了三流的合一。

第三节　物流产业政策

产业政策作为一种重要的公共产品，是产业发展的制度基础。产业政策可以加速对市场失灵的校正，但也存在政策失灵的现实风险。物流产业政策本质上体现了政府为实现物流产业的发展目标而对物流产业活动所实施的政府干预行为。

一、物流产业政策的基本内涵

1. 物流产业政策的概念及特点

产业政策是国家为了促进市场机制的发育，纠正市场机制的缺陷及其失败，对特定产业活动以干预和引导的方式施加影响，进而促进国民经济快速协调增长的、带有宏观性和中长期性的经济政策。

物流产业政策就是国家为实现物流产业结构合理化，促进经济发展所采取的宏观管理政策和措施。也可以说，它是国家为扶持物流产业或物流行业而实施的倾斜政策，具有稳定性、干预性、宏观性的特点。

2. 物流产业政策的功能

物流产业政策的功能主要是：弥补市场缺陷；有效配置资源；保护幼小民族产业的成长；熨平经济震荡；发挥后发优势，增强适应能力。

3. 物流产业政策的作用

（1）通过实施物流产业政策，确定物流产业发展的宏观战略和阶段目标，促进物流产业与其他产业之间的协调发展。

（2）扶持弱小的物流企业，改造传统的运输和仓储企业，优化物流产业结构，并推动其向高级化的方向发展，促进现代物流产业空间布局、地区分工协作、资源配置和利用合理化。

（3）建立正常的物流市场秩序，提高物流市场绩效，加快物流产业基础硬件设施和软件设施的建设，支持物流产业的高速、高效发展。

4. 物流产业政策的操作手段

（1）经济手段

主要有财税措施、金融措施、价格措施、政府采购与收入调节等。

（2）法律手段

主要包括物流主体法（即确立物流主体资格、明确物流主体权利义务和物流产业进入与退出机制的法律规范）、物流行为法（即调整物流主体从事物流活动的行为的法律规范，它是各种物流交易行为惯例法律化的产物）、物流宏观调控法（即调整国家与物流主体之间以及物流主体之间市场关系的法律规范）、物流标准法（即确定物流行业相关技术性标准的法律规范）。

（3）行政手段

主要包括信息指导、行政审批、行政处罚、行政强制、制度改革等。

在新制度经济学家看来，与政府其他政策一样，产业政策同样是利益集团反复博弈公共选择的结果。

二、物流产业政策的内容

作为体现政府为实现物流产业发展目标而对物流产业活动实施政府干预行为的物流产业政策，主要包括三个方面的内容，即物流产业结构政策、物流产业组织政策和物流产业发展政策。

1. 物流产业结构政策

（1）物流产业结构政策的概念

物流产业结构政策，是政府根据一定时期社会经济结构的内在联系，揭示物流产业结构的发展趋势及过程，以及为促进这种结构变化所应采取的政策措施，并按照物流产业结构高度化的演变规律，规定物流产业在国民经济发展中的地位和作用，确定物流产业结构协调发展的比例。它包括对物流产业所采取的扶持、鼓励、调整、保护或限制等政策。

由于物流产业结构高度化的目标是规划、制约物流产业发展的前提，因此物流产业结构政策在物流产业政策体系中居于核心地位。

（2）物流产业结构政策的主要内容

① 规划物流产业结构高度化的目标

物流产业结构高度化的目标，是物流产业政策尤其是物流结构政策的重要内容。

发达国家的物流产业结构高度化，旨在加快发展后工业社会代表当代先进技术水平的高新技术和服务业；发展中国家的产业结构高度化，旨在巩固基础产业、扶持支柱产业和培育战略产业的发展，加快产业结构转换。

② 选择物流产业发展主导类型，安排物流产业发展序列

在产业结构高度化目标的前提下，根据物流产业发展阶段和现阶段的需要，按照物流产业各部门在国民经济中的地位和作用，确定一定经济时空下物流产业主导部门的发展序列，这是产业结构政策的又一重要内容。

确定物流产业部门发展序列，是各部门、各地区执行物流产业结构政策的基本依据，也是各项物流产业政策的导向目标。当然，主导部门或主导方面及发展序列会随着科技进步和经济发展阶段的更替而相应变化，因此物流产业结构政策中确定的物流产业序列，应保证物流产业结构高度化目标演进的有序性、连续性和稳定性。

③ 物流产业的保护与扶持政策

保护与扶持政策可分为对外和对内两个部分。在对外经贸关系中，要注意对本国物流产业结构实行贸易保护政策，目的是在对外开放和发展国际经贸中培育本国的物流产业组织，防止不利于本国利益的国际分工格局对本国经济结构的冲击和不良影响，同时防止本国资源的不合理利用。

对内的保护与扶持政策，主要是指对物流产业组织采取的各种优惠性政策，如对国家投资的重点倾斜；财政方面的贴息、减免税、特别折旧等；金融政策方面的措施，如低息贷款、政府保证金、特别产业开发基金等；经济法规方面的措施，如物流产业的振兴与保护法规等。2018年5月16日国务院常务会议，审议并通过的《调整运输结构提高运输效率，降低实体经济物流成本》，就是针对解决我国物流产业发展中"成本高、效率低"问题所采取的具体政策。

④ 物流产业的限制政策

物流产业结构政策中的限制政策，主要是针对生产要素和资源的合理利用与节约使用而制定的。限制政策体现了国家在一定时期的技术政策和资源利用政策。为了顺利实现产业结构的高度化，就应当规定必须限制或淘汰的技术和产品。在资源开发和利用方面，产业结构政策中的限制政策对于鼓励开发什么资源、限制开发什么资源都有规定。

对某些生产要素和资源开发的限制必然影响到关联产业部门，从而引起产业结构的变动，向着产业结构高度化的目标前进。例如，2018年6月7日国务院公布的《打赢蓝天保卫战三年行动计划》（国发〔2018〕22号）就是针对解决我国物流产业发展中的"不环

保"问题所采取的具体政策。

⑤ 物流产业衰退部门的调整、援助政策

物流产业结构政策,不仅要保护和扶持物流产业的发展,还要对将陷入衰退的物流产业的部门或内容实行调整和援助政策。其目的是帮助和促进衰退部门有秩序地收容,使衰退部门的资源顺利地流向其他部门,实现资源的优化配置。调整、援助政策主要分为两个方面:一是消除生产要素退出障碍的措施;二是有关衰退部门的援助措施。

2. 物流产业组织政策

物流业的产业组织政策,是政府为了获得理想的物流服务市场绩效而制定的干预物流业市场结构和市场行为方面的政策。其实质是政府通过协调规模经济与竞争的矛盾,建立正常的市场秩序,提高市场绩效。

(1) 物流产业组织政策的内容

物流产业组织政策以物流产业组织理论为基础。因此,物流产业组织政策包括物流市场结构政策、物流市场行为政策、物流市场绩效政策三个方面的内容。

物流市场绩效构成物流产业组织政策的目标,物流市场结构和物流市场行为是实现物流产业组织政策的前提和途径。从物流产业组织政策的目标来看,特定时期有特定内容,不同时期有着不同的侧重面。这是因为物流市场绩效作为物流产业组织政策的目标,包括物流产业利润率、稳定就业与物价、所得分配公正、技术进步等,所以在不同时期反映出来的情况会有所不同。

针对我国物流市场行为和绩效的现状,物流产业组织政策的重点在于:一是打破条块分割的市场结构,鼓励跨部门、跨行业的物流企业兼并,以实现物流活动的一体化和规模化;二是提高物流市场准入门槛和市场集中度,防止物流市场的无序竞争,这也是解决目前我国物流市场存在问题的有效办法;三是规范物流服务市场行为,提高物流服务信誉,使物流市场在建立初期,就能有一个规范化的市场环境。

(2) 物流产业组织政策的手段与实施途径

从物流产业组织政策的手段与实施途径来看,其政策是配套的而不是板块分离的,因此要注意研究各种政策手段之间内在的有机联系。例如,促进竞争政策与限制竞争政策是物流产业组织政策的重要组成部分,但促进竞争可能会带来过度竞争,不利于资源的有效分配;若限制竞争鼓励规模经济的作用,又可能会导致垄断,同样会影响资源分配效率。因此,必须把促进竞争政策与限制竞争政策有机地结合起来。而有机结合的关键是规范、适度的物流市场结构和物流市场行为,最终反映在物流市场绩效与宏观经济效益上。

综上分析,物流产业组织政策就是政府为解决物流产业内企业之间的矛盾,为实现规模经济效益和开展有效竞争而制定的一系列政策的总和,如鼓励企业联合、发展企业集团的政策,反垄断法与反不正当竞争法,等等。

3. 物流产业发展政策

物流产业发展政策是围绕物流产业发展,旨在实现一定的物流产业发展目标,而使用多种手段制定的一系列具体政策的总称。物流产业发展政策与物流产业结构政策、物流产业组织政策共同构成物流产业政策体系。在物流产业政策体系中,物流产业发展政策的作用更加直接。因此,物流产业发展政策具有综合性、多样性、一定的识别性和规范约束性的特点。

现代物流的产业发展政策主要包括物流产业技术政策、物流产业布局政策、物流产业金融政策、物流产业财税政策、物流产业收入分配政策、物流产业外贸政策、绿色物流环保政策等。其中,物流产业技术政策和布局政策是最基本的政策内容。

(1) 物流产业技术政策

物流产业技术政策是指政府对物流产业的技术进步、技术结构选择和技术开发所进行的预测、决策、规划、协调、监督和服务等方面的政策措施。在现代社会经济活动中,物流活动是贯穿于所有生产和服务活动之中的跨度最大的活动,如果没有现代物流技术的支撑,尤其是信息技术、通信技术、网络技术等技术方面的支撑,现代物流业的活动只能停留在传统意义上。因此,物流产业技术政策至少应包括以下几个方面的主要内容。

① 物流技术发展规划

它是政府根据经济和社会发展对科学技术的要求,对未来时期的物流技术进步做出总体分析,确定物流技术发展的目标和方向,列出重点发展的物流技术领域,并制定具体实施的步骤和时间安排。

② 物流技术开发政策

物流技术开发是指主要依靠自己的技术力量,进行物流新技术、新工艺的研究、推广工作。物流技术开发政策主要包括物流技术开发的鼓励、保护政策;促进新技术传播与扩散政策;协调基础研究、应用研究和发展研究的政策;促进高新技术开发的政策;提高新技术、新工艺、新产品普及率的政策等。

③ 物流技术结构政策

此项政策旨在安排好各种物流技术类型和物流技术层次之间的相互联系与数量比例,实现物流技术结构的合理化。因此,合理的物流技术结构政策,应根据一定时期的具体国情、资源状况和技术发展规律等各方面因素综合考虑确定。一般来说,要根据劳动者数量和质量状况,考虑是采取先进技术为主,还是以中间技术为主;根据资源状况、资金水平,确定是以提高劳动生产率的技术为主,还是以节约原材料、能源和防治污染的技术为主。

④ 物流技术改造政策

它包括制订物流技术改造总体计划,确定与审查重大技术项目、技改资金的筹集、使用与管理等。

⑤ 物流技术引进政策

它的重点应放在：加强政府在物流技术引进方面的指导作用；以税收、外汇等优惠政策鼓励和支持多种方式的引进；用经济、法规和必要的行政干预等手段鼓励引进物流关键技术，做好引进物流技术的消化吸收工作。

(2) 物流产业布局政策

物流的产业布局政策是为了实现现代物流产业空间合理化而制定的政策。物流产业的合理化，实质上是地区分工协作的合理化、资源地区配置和利用的合理化。因此，物流产业布局政策的目标可归纳为：服务本地区（区域）经济发展，实现社会稳定、生态平衡和国家安全等方面。

从服务经济发展目标来看，物流产业首先应以服务本地区或本国经济发展为目标。因此，区域经济发展规模和水平是物流业布局的基础。其次，物流产业的布局要结合地区物流业基础设施和区位特点来考虑，产业空间布局政策应体现于各中心城市物流园区、物流基地、物流中心的规划与建设之中。最后，物流产业的布局要考虑在整个国家范围内的布局平衡，尤其是要注意不发达地区的物流产业布局。

从社会稳定目标来看，物流产业的产业布局要兼顾民族团结和充分就业。毫无疑问，物流基础设施的建设及物流园区等方面的建设和发展应该能为相关地区提供良好的就业机会。

从生态环境目标来看，物流产业的产业布局应兼顾生态环境与城市交通、城市发展规划。

从国家安全目标来看，物流产业的产业布局要从整个国家范围来考虑布局原则和规划方案。

物流产业布局政策的主要内容有以下四个方面。

① 制定合理、有效的地区物流产业政策

地区物流产业政策应当服从国家物流产业总体布局的要求，按照统筹规划、因地制宜、发挥优势、分工合作、协调发展的原则，正确处理国家经济发展与地区经济发展的关系，正确处理地区与地区之间的关系。各地区要选择适合本地条件的发展重点和物流产业发展方向，避免地区间产业结构的趋同化。

② 合理划分物流产业布局的决策权限

国家宏观物流产业布局和各大经济区域的物流产业布局由中央政府统一规划和组织，会同地方政府有关部门具体实施；各地区内的物流产业布局由地方政府规划、组织与实施。

③ 正确选择地区物流产业的主导发展方向

各地区对物流产业的主导发展方向的选择和优势部门的配置，应充分考虑资源的存量、市场容量、技术成熟度、经济规模以及产业关联度等因素。在配置物流产业的主导发展方向的同时,积极发展专业化协作和配套产业。围绕物流产业的主导发展方向和其配套产业的发展,重视加强基础产业和基础设施的建设以保证地区各物流产业的协调发展。

④ 鼓励发展地区间的横向联合,推进物流资源优化配置

采取优惠政策,鼓励地区物流资源的横向联合,这对于推进物流资源的优化配置具有十分重要的作用。

地区物流产业布局政策要与国家物流产业结构政策相结合,以实现物流产业政策区域化、区域政策产业化。

(3) 物流产业金融政策

一个国家的物流产业发展状况如何,与该国实行的物流金融和货币政策关系极大。从某种意义上说,金融与货币政策可以决定物流产业是兴旺繁荣还是停滞不前。

银行利率的变化、货币供给的波动,都会给物流产业发展带来或多或少的影响。利率变化和信贷投向往往是国家利用金融与货币政策支持地区和主导产业部门的有效杠杆,而货币量的控制也会对物流发展产生很大影响。一个稳定的货币供应政策,能防止经济的大起大落,维持长期的供求平衡关系,从而保证物流产业的长期稳定发展。一个合理的金融货币政策,又能对物流产业发展状态进行及时调节。例如在物流产业发展的扩张期和收缩期,国家通过利率和货币供给量的变动,可使物流产业保持动态均衡。

(4) 物流产业财税政策

物流产业财税政策是国家运用权力参与经济收入和支出流量的运动,从而达到推动物流产业发展、实现物流产业发展目标的目的。财政收支的基本实现形式有征税、政府投资或政府购买、转移支付三种。这三种基本形式都对物流产业的均衡发展起着自动稳定器的作用。

在实际中财政政策面临着三种选择:一是平衡预算政策,即收入与支出相抵的政策;二是赤字预算政策,即支出大于收入的政策选择,它能刺激社会总需求,促使产业扩张;三是盈余预算政策,即收入大于支出的政策选择,这种政策有利于压缩社会总需求,冷却过热的经济。因此,对于不同的物流产业发展时期,财政政策要给出有益的选择:当经济高涨时期,财政政策应当采取多收少支的姿态,以减少需求,给过热的经济降温;当经济衰退时期,财政政策应当采取少收多支的姿态,以减缓经济衰退的态势。

(5) 物流产业收入分配政策

产业收入分配政策是调节社会各集团、各阶层成员收入和经济利益的政策。在物流收入分配中,必须坚持以按劳分配为主体,多种分配方式并存的原则,体现效率优先,兼顾公平,把国家、企业、个人三者的利益结合起来。

通过合理的收入分配政策,消除经济发展中收入分配高低过分悬殊的不合理现象,从而促进物流产业经济的高速发展。国家一定时期的财力是有限的,应当在分配方面优先支持那些回报率高的地方、产业,支持和鼓励一部分地方、一些行业和企业先富起来,然后

运用这些地方、产业、企业上缴的税收,共同加大对另一些地区尤其是贫困落后地区的投入,加大对新兴产业的投入,从而实现经济的均衡发展和共同富裕。

(6) 物流产业外贸政策

物流产业外贸是指物流产业的对外贸易活动,它包括一国与别国进行的物流产品服务及物流劳务的交换活动,如物流设备、技术、劳务等外贸活动。

物流产业外贸政策包括许多方面的内容,如关税和出口税政策、汇率政策、出口刺激和对进出口额的控制政策,等等。

实行一定的物流产业外贸政策,实际上是根据本国的相对优势参与国际市场竞争,通过国际交往来实现物流产业迅速发展与资源合理配置的目的。采取替代进口战略的发展中国家,往往采取逐步提高关税或规定进口限额等措施。

另外,汇率的变动对货币发行国的产业发展有很大的影响。汇率的高低取决于货币代表的实际价值和外汇市场对该种货币的供求情况。而货币的供求情况受该货币发行国的国际收支情况和政治、经济因素的影响。世界各国都把汇率作为一项重要的政策工具,通过汇率的调整来促进本国物流产业经济的发展。

(7) 绿色物流环保政策

绿色物流环保政策是指政府为了保护环境和生态平衡、合理利用自然资源、防止物流产业污染所采取的,由行政措施、法律措施和经济措施所构成的政策体系。发达国家政府主导的绿色物流政策是从发生源规制、交通量规制和交通流规制三个方面进行的。

发生源规制主要是对产生环境问题的来源进行管理。造成环境问题的主要物流形式是货车的普及、物流量的扩大和配送服务的发展,这导致诸如排气污染等环境问题。

交通量规制主要是发挥政府的指导作用。政府推动企业从自用车运输向商业用车运输转化,发展共同配送,建立现代化的物流信息网络,以最终实现物流的效率化。

交通流规制的主要目的是通过建立都市中心地域环状道路、道路停车规制以及实现高度化的交通管制来减少交通阻塞、提高配送效率。实现绿色物流的最佳途径是智能交通运输系统。智能交通运输系统既体现了政府主导的绿色物流环保政策,又涵盖了民间及企业的绿色物流活动。

三、其他国家或地区的物流产业政策

物流产业的发展水平代表着一个国家的经济发展程度。各个国家因为经济发展的历史和经济发展的模式不同,在发展物流产业的过程中积累了各自不同的政策经验。学习发达国家物流产业的发展政策,对研究我国物流产业发展政策具有积极的借鉴意义。

1. 美国物流业的管理体制及产业政策

美国作为市场经济体制最为完善的国家,在物流产业发展过程中,不强调政府的直接管制。政府对物流产业的管理方式主要是利用健全的法律、法规创造公平的竞争环境。

此外政府通过提供良好的宏观物流管理体制、建设高效的运输体系、完善人才培养与教育等辅助性措施推动物流产业发展。

(1) 美国物流业的管理体制

① 国家未设统一管理物流业的专职政府部门

美国联邦层次的物流管理机构主要有各种管制委员会,其中州际商务委员会负责铁路、公路和内河运输的合理运用与协调;联邦海运委员会负责国内沿海和远洋运输;联邦能源委员会负责州际石油和天然气管道运输。美国不存在集中统一的专门管理物流的政府部门,各政府部门依旧按原职能对物流各基本环节(如海运、陆运、空运等)进行分块管理。虽然那些组成物流服务的基本运输服务一般是由联邦政府来管束的,但对物流服务提供者没有一般意义上的专门管束。

从政府架构上看,虽然美国运输部统辖国家公路交通安全管理局、联邦航空局、联邦公路管理局、联邦铁路管理局、联邦运送管理局、海运管理局、海岸警备队等政府机构,但"当涉及安全问题时,联邦航空管理局负责联邦航空业;海岸警备队负责海运业,包括国内海运和国际海运;联邦机动车管理局负责商业公路和客运业;联邦铁路管理局负责铁路运输业"。

由此可见,各管理局仍是以运输方式的不同各负其责,各管一摊。需要特别提及的是,海运业由于其特殊性,在美国是由联邦海事委员会集中管理的。另外,美国一直设有州际商务委员会,主要职责是制定除法律之外的规章制度,协调州与州之间的贸易矛盾、商业与进出口事务、消费者权益以及交通运输方面的事宜,为交通运输企业提供咨询服务。

② 联邦法院从法的角度管理物流业

美国是一个较为成熟的法治国家,其健全的法律制度为物流业管理奠定了坚实的基础。立法机构是总的运输政策颁布者、各管理机构的设立和授权者,它们和各州相应机构一起,构成美国全国物流市场的管理机构体系。在美国大部分物流所涉及的货运业务是根据所签订的正规贸易合同进行的,在这种合同下出现的任何问题,都可由联邦法院根据相关法律来处理,就像处理私人商业纠纷一样。所有货物的承运人必须遵守有关操作人员和运输工具安全的法律。如果要运输危险货物或有害货物,那么联邦法规安全规则中关于包装和运输标志的要求必须得到遵守。

③ 物流行业组织间接促进物流业管理

民间性的物流行业组织,在美国的物流管理体制中也占有一席之地。它们并不是"管理机构",而是一种由对物流管理感兴趣的个人组成的非营利性学术组织。它们主持物流培训集会,并提供物流方面的书籍及其他资料,趋向于进行学术理论方面的研究,而不是实践。美国物流管理协会的主要任务是通过发展、创新和传播物流知识来促进并服务于物流行业的发展,举行年会和研讨会是其传播与创新物流理论的主要途径。

④ 物流业依据市场需求自主决定物流业发展战略

应该说,美国作为典型的市场经济类型国家,其政府只负责掌控企业的设立及其行为的合法性。至于企业是否从事物流业务以及其制定任何物流发展战略、经营模式、竞争手段等,则完全由企业自主决定。只要物流企业依法登记即可自主经营,自负盈亏,政府不会多加干预。

⑤ 物流业人才教育培养体系比较完善

美国已形成了较为完善的物流人才教育培训体系,现已建立包括本科、研究生及职业教育的多层次物流专业教育体系,许多大学都设置了物流管理专业或附属于运输、营销和生产制造等其他相关专业。美国物流管理委员会建立了美国物流业的职业资格认证制度,如仓储工程师、配送工程师等职业资格认证制度。所有物流人员必须接受职业教育,经过考试获得相关资格后,才能从事物流工作。

美国奥尔良州立大学的调查结果表明,物流管理者的受教育程度和专业结构的情况是:大约92%的被调查者有学士学位,41%的人有硕士学位,22%的人有正式的资格证书。美国一些知名企业都设立了物流主管,聘用专业物流人员从事物流管理,而且这种趋势越来越明显。

(2) 美国的物流政策法规

美国的立法体系是由宪法、国会的法律、司法判例、政府执行的行政法规和部颁行政规章组成的。美国的公路交通法规体系主要包括公路法系统和运输法系统,两个系统的法规分别汇编于《美国法典:23 公路》和《联邦规章:23》,以及《美国法典:49 运输》和《联邦规章:49》。美国于1940年制定了《运输法》,该法律全面阐述了国家对交通运输的政策;1967年通过《运输部法》成立了专门的运输部;到1980年将"鼓励和促进综合联运"作为国家的运输政策写进运输法。

美国的水运交通法规体系包括贸易运输法系统、船舶法系统、船员法系统、航道法系统、港口法系统、海上安全法系统和海事审判法系统。继第一部比较完整的航运法规——《1916年航运法》后,美国先后出台了《1920年航运法》《1936年商船法》《商船销售法》《1954年货载优先法》《1970年商船法》和《1998年远洋航运改革法》等法律。这些法律都体现了美国奉行的航运保护性、扩张性政策。

从20世纪80年代起,美国的运输结构发生了根本性的变化,通过了《机动车辆运输法修正案》《地区运输补助法》《汽车承运人规章制度改革和现代化法案》《斯泰格斯铁路法》,这些法规的出台形成了一种运输改革的环境;接着,在20世纪90年代又相继通过了《多式联运法》《协议费率法》《机场航空通道改善法》和《卡车运输行业规章制度改革法案》,并修改了《1984年航运法》,推出了《1998年航运改革法》。

这些法律上的改革促进了美国综合运输的发展,在某种程度上减少了国家对运输业的约束和控制,推动运输业更接近"自由市场的体系",从而有效地将物流业融于市场经济体系。

2. 欧洲物流业的管理体制及产业政策

欧盟为了促进欧洲统一大市场的形成,制定并推行了一系列的贸易政策、运输政策、关税政策、货币政策等,其中最有代表意义的是《欧洲统一法》(1993年)和《马斯特里赫特条约》。随着《欧洲统一法》的颁布,货物、人员、资金在欧共体的28个国家内开始自由流动。《马斯特里赫特条约》为欧洲统一货币"欧元"的启动提供了法律上的依据。货币的统一,极大地促进了欧洲物流业的迅速发展。从某种角度来讲,欧洲物流业的迅速发展应该归功于欧洲统一大市场的形成。

(1) 政府在物流管理中的作用:监督控制

以德国为例,德国货运管理的部门是联邦货运交通局。联邦货运交通法中规定联邦货运交通局的任务就是监督和控制。为了更好地运用监督功能,联邦货运交通局对所有参加运输的人员不仅在办公室内还在室外(公路、高速公路、停车场)进行监督,其中也包括发货人、中介人或运输公司。联邦货运交通局规定,如违反规定,要受到主管局的惩罚或联邦货运交通局的制裁。

(2) 基础设施:政府兴办,民间经营

德国的货运中心是为了提高货物运输的经济性和合理性,以发展综合交通运输体系为主要目的。德国的货运中心建设遵循以下原则:联邦政府统筹规划、州政府扶持建设、企业自主经营。

① 联邦政府统筹规划。联邦政府在统筹考虑交通干线、主枢纽规划建设的基础上通过广泛调查生产力布局、物流现状,根据各种运输方式衔接的可能性,在全国范围内规划物流园区的空间布局、用地规模与未来发展。为引导各州按统一规划建设物流园区,德国交通主管部门还对规划建设的物流园区给予资助,未按规划建设的则不予资助。

② 州政府扶持建设。政府提供建设所需要的土地、公路、铁路、通信等交通设施,把物流园区场地出租给物流企业,按股份制形式共同出资,由企业自己选举产生咨询管理委员会。该委员会代表企业与政府打交道,与其他物流园区加强联系,但不具有行政职能,同时负责兴建综合服务中心、维修保养厂、加油站、清洗站等公共服务设施,为成员企业提供信息、咨询、维修等服务。

③ 企业自主经营。入驻企业自主经营、照章纳税,依据自身经营需要建设相应的库房、堆场、车间,配备相关的机械设备和辅助设施。

以不来梅市货运中心为例,除德国政府设立海关负责进出口货物验关之外,政府在货运中心不再设置其他管理机构,企业自主经营,照章纳税,政府也不再从货运中心成员那里征收除法定税费以外的任何税费。

货运中心自身的经营管理机构采取股份制形式,市政府出资25%,货运中心50家经营企业出资75%,由经营的企业选举产生咨询管理委员会,推举经理负责货运中心的管理活动,实际上采取了一种企业"自治"的方式。企业按实有工作人员每人每月向货运中心交纳一定数额的管理费,货运中心不再收取任何费用。货运中心的职能主要是为成员企业提供信息、咨询、维修等服务,代表50家企业与政府打交道,与其他货运中心联系,不具有行政职能。

(3) 整体运输安全计划

为了有效监控船舶状态,欧盟各国政府提出了一项整体运输安全计划,希望通过测量船舶的运动、船体的变形情况和海水的状况,提供足够的信息,避免发生事故,或者是在事故发生之后,确定造成事故的原因。

(4) 统一标准,协调发展

为提高欧洲各国之间频繁的物流活动效率,欧盟组织之间采取了一系列协调政策与措施,大力促进物流体系的标准化、共享化和通用化。例如,由全欧洲铁路系统及欧盟委员会提出的"在未来20年内,努力建立欧洲统一的铁路体系,实现欧洲铁路信号等铁路运输关键系统的互用"就是这一努力的具体体现。

另外,为了优化整个欧盟地区的物流资源,使之实现资源共享,欧洲还建立了欧洲空运集团,由7个成员——比利时、法国、德国、意大利、荷兰、西班牙和英国组成,并在荷兰的 Eindhoven 空军基地建立了空运联合协调中心(Air Transport Coordination Cell),该中心在2002年正式开始运作。协调中心的职责是规划并协调空中运输支持、紧急事件处理、空中加油机、重要人物运输和医疗抢救等任务。

(5) 扩大行业影响力:行业协会的作用

欧洲的运输与物流业组织——欧洲货代组织(FFE)在2001年的董事会年会上决定,为了整个行业的利益和长远发展大计,将积极在欧洲乃至国际上扩大行业影响力。为此,该组织制定的工作重点是:与技术财产保护协会(TAPA)成员洽商高科技产品在运输、装卸、管理过程中的安全要求,并达成一致意见;向欧盟委员会提交有关行业建议,要求欧盟在交通运输政策"白皮书"中反映出欧洲交通运输行业尤其是物流业的利益;运用先进的经营管理手段(包括IT管理)维护客户的利益,巩固与客户的合作关系。

3. 日本物流业的管理体制及产业政策

日本作为一个重视立法的国家,在物流服务产业发展过程中,不乏各种法律类物流政策,诸如20世纪70年代对《日本国有铁路法》《道路运输法》的修订,20世纪80年代颁布的《货物卡车运输事业法》和《货物运输经营事业法》等,都为物流服务产业的发展营造了良好的制度环境。但相比较而言,日本物流服务产业发展的重要特征是政府的主导作用,其具体表现在1997年通产省制定的《综合物流施政大纲》和2001年日本政府颁布的《新综合物流施政大纲》两个行政类政策文件上。

(1) 制定物流服务产业发展方针和总体目标

日本政府发表了促进物流服务产业发展的纲领性文件以引起全社会对促进物流服

产业发展的重视。1997年通产省制定的《综合物流施政大纲》，明确了物流服务产业发展的目标并制定了相应措施。该文件致力于以下三个物流目标的实现：

① 日本要在亚太地区提供便利性最高、最具魅力的物流服务。
② 在不妨碍产业结构竞争力的前提下，降低成本，提供物流服务。
③ 解决有关物流中的能源、环境及交通安全问题。

为实现以上目标，日本政府在相互联合的综合措施、适应多样化的要求、扩大选择性、促进竞争、激活市场三个方面，采取了放宽规章制度、完善社会资本及提高物流系统效率等措施。2001年7月6日，日本政府又发布了《新综合物流施政大纲》，进一步明确了其构筑整体高效运行并具有国际竞争力、符合社会效益和有利于国民生活的物流系统的总体目标，并在《新综合物流施政大纲》的第3部分确定了实现上述目标的具体政策措施。

(2) 完善物流服务产业管理体制

① 物流服务产业管理体制

日本物流与运输省、通产省、建设省、劳动省、农水省、公正交易委员会等多家官厅有关，其中主要由通产省和运输省共同行使物流管理职能，不存在一个统一的物流管理机构。但日本在物流法规、政策上明确了具体分工：运输省负责运输业界物流基础设施；通产省负责对物流机器、工业产品和流通业物流；建设省负责公路物流据点用地；劳动省负责对物流业者的雇用；农水省负责食品业物流；公正交易委员会负责有关物流的市场竞争交易条件等。

除了政府的省厅介入物流服务产业的管理以外，行业协会也积极发挥着重要作用。日本物流系统协会作为日本唯一的综合性物流团体，主要从事物流知识普及、调查研究、人才培训、国际学术往来等多方面的活动，在政府和企业之间搭建起沟通的桥梁。

② 物流服务产业管理制度

在运输业、仓储业发展初期，日本政府曾对这些行业中新企业的进入或老企业规模的扩大都实行严格审查。随着日本物流业相关经济部门、行业基础的具备和竞争力的提升，日本政府对这些行业的规定、管理政策进行了大幅度的调整，以推动行业向效率化、服务多样化方向发展。

在《综合物流施政大纲》中，日本政府明确提出"简化有关物流市场的参与、退出规制，在使参与、退出尽可能简便的同时，尽量减少在物流服务内容及价格方面政府的干预，以促进从业者之间的竞争为基本原则"，以及"进一步巩固规制改革成果，继续放宽行业准入资格限制、运费及收费项目限制，通过自我责任管理的形式扩大物流企业的选择范围，促进物流企业自主经营。具体做法可参照《推进规制改革三年计划》，有计划、有步骤地展开"的政策措施。

③ 统辖物流环节的政府部门

虽无专职物流管理部门，但有统辖大部分物流环节的政府部门。日本政府的运输省主管陆运、空运、水运的运输行政,还负责对海上保安厅和气象厅以及地方运输局、港湾建设局、地方航空局、航空交通管制部等机构进行管理。随着国有铁路的民营化和交通运输体制的变化,日本运输省增设了运输政策局和地域交通局等机构。

由此,日本运输省的主要职能由直接的行政管理和指挥,转为对交通运输综合政策的设计和组织。运输政策局的职能不仅覆盖了运输省所辖范围内主要运输方式的政策设计、计划制订及城市与区域运输的规划与协调,还包括了现代物流"供应链"概念所涉及的仓储与配送等市场准入方面的管理工作。由此可见,日本运输省的行政职能范围几乎统揽了物流业所覆盖的主要行业,物流业大部分业务环节的活动已在其调控之中。

(3) 针对物流服务产业系统层次的政策措施

① 物流基地和交通运输体系建设

日本政府为了加强对资源的合理配置,对物流基地建设进行严格管理。由通产省、运输省、农林水产省、建设省和经济企划厅4省1厅共同负责制定全国统一的总体构想,并决定具体有哪些城市可以获准建设物流基地。在规划物流基地时,考虑到其国土面积小、国内资源和市场有限、商品进出口量大的实际情况,按照"流通据点集中化"战略在大中城市的郊区、港口、主要公路枢纽区域规划建设物流园地。同时,政府给予主要的财政出资。例如日本和平岛货物中心建设总投资572亿日元,其中70%由中央财政出资,20%由东京地方财政出资,10%由企业出资。

日本政府在《新综合物流施政大纲》中提出要推行多元化运输模式,让各种运输形式既竞争又协作,通过货主自由选择,形成货运量均衡的交通运输体系,以求整体运输的效率化。比如,卡车运输的效率化,要建设好物流据点,干线公路要网络化,干线货物运输要实现共同化。沿海运输的效率化,要实现船舶大型化、行驶高速化等,则必须考虑船舶运输效率与航行安全的一致性,同时也要形成高效运输网络。

为此,要求政府各相关部门共同协作,努力构筑综合交通运输体系,重点加强区域交通建设,依据携手共建的计划,把机场、港湾、车站等物流基地与高等级干线公路连成网络,充分发挥综合交通体系的作用,推动多功能交通网络协作事业的发展。

② 物流市场培育

在物流供给方面,日本主要是通过规划建设物流园区、货运中心、配载中心,鼓励社会化、专业化的物流企业发展,使其成为货主、车主之间的纽带和桥梁,成为社会物流资源的整合者、运作者和高质量服务的提供者。《综合物流施政大纲》明确提出要"通过提供公正的物流服务,适应物流市场活跃化、多样化、高度化的要求,开拓新的业态和服务项目,创造具有国际魅力的、充满活力的事业环境"。

在物流需求方面,日本政府推行自由经济政策,企业在激烈的市场竞争中,为了自身的生存和发展,必须寻求最有利的流通渠道,采取最有利的经营形式。

（4）物流服务产业的技术进步

① 新技术开发和利用

日本政府针对本国物流技术的发展状况和需要，分别在其两个施政大纲中提出了政策建议：

"在陆地、海上、空中运输的所有领域，推进卫星定位系统。另外由于食品等有必要进行低温物流，要配备冷冻车、冷库等低温设施，开发、引进保冷容器等保鲜材料，完善从产地到消费地的冷链系统。开发在一般道路上正常运行、专用道路上自动运行的专用卡车等新型物流设备及技术。

在公路运输领域，要促进道路交通信息通信系统（VICS）、不停车自动交费系统（ETC）、现代安全汽车（ASV）、行驶支援系统、新交通管理系统（UTMS）、电子车牌（智能车牌）、互联网 ITS（智能交通管理系统）、传感信息系统等新技术的开发和利用。

在海运领域，要研究开发新一代内航货船（超级生态船），在努力构筑应用智能技术的超现代化海上交通系统的同时，积极推行现代化货轮海上运输。航空运输领域也要加强新一代航空安全系统建设。此外，作为货物和运输机械的电子化管理手段，要引进和普及今后可能会广泛使用的狭域通信系统（DSRC）和无线移动识别技术。"

② 物流一体化、信息化和标准化

日本政府为了构筑具有国际竞争力的社会化高效物流体系，在其两个施政大纲中都提出了物流一体化、信息化和标准化对于物流系统建设的重要性，并在物流电子数据交换（electronic data interchange，EDI）方面，公路领域、海运领域、航空货运等交通信息应用方面提出了发展的方向和建设目标。

例如在物流 EDI 方面，其提出应详细了解、掌握这种 EDI 的利用情况，努力普及使用；同时，国际物流业务要积极开发、引进标准 EDI，要抓紧进行生鲜食品等行业标准 EDI 的普及；此外，与 EDI 相配套的发货、运输、接货作业通用标签（STAR 标签）也要符合标准 JIS（日本工业标准）。在交通信息应用方面，日本要充分发挥地理信息系统的作用，建立各种运输工具通用的物流综合信息系统，同时要促进各运输领域的信息交流。

③ 物流教育与人才培训

日本在进行物流人才培养时，特别关注基本理念、基本方针、培训体系以及年度培训计划制订等。首先，在人才培养的具体方法方面，除了在日本的大专院校进行正规的物流知识与技术学习外，各个企业采取多种方法进行人才的培养和培训，主要有在职培训、脱产培训、自学和工作轮岗等。其次，在物流人才培养的实践方面，各个企业与大学合作，使大学接收学生进行培训。

例如，三菱电器物流公司承担着日本大型外资超市家乐福的家电商品配送业务，该公司与东京商船大学流通信息专业进行学生的见习制合作，每年夏季接收学生接受物流部门的培训，该公司还从技术部门派出人员作为讲师在这所大学教授有关物流的课程。

四、中国物流产业政策体系

目前,现代物流业已经引起了中国各级领导、各级政府的高度重视。中央和地方政府相继出台了众多相关的物流发展政策,特别是2009年3月发布的《物流业调整和振兴规划》,为进一步完善我国的物流产业政策体系起到了决定性的作用。一般而言,产业政策主要由产业结构政策、产业组织政策、产业发展政策三个方面构成。我们根据产业政策的功能将物流产业政策体系划分为支持性政策、引导性政策和发展性政策三个组成部分,如图10-1所示。

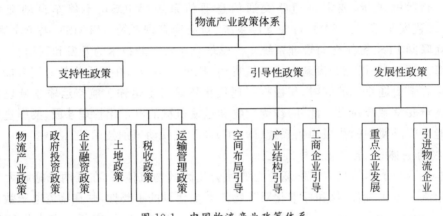

图10-1 中国物流产业政策体系

1. 支持性政策

物流是一个复合型产业,物流产业的发展与基础设施的建设以及相关的配套环境息息相关。支持性政策体系旨在为物流产业提供一个发展的基础平台,其主要包括以下几个方面。

(1) 物流产业政策

我国政府应进一步完善现有的物流产业政策体系,努力将阻碍物流畅通的各类不符合市场竞争原则,违反国家法律法规的关于地方保护、区域封锁、行业垄断、市场分割的政策废除,建立统一开发、公平竞争、规范有序的现代物流市场体系;规范物流业市场行为,建立物流服务质量标准及行业规范。

(2) 政府投资政策

对于投资规模较大的物流基础设施及配套设施、公共信息平台等公共建设项目,政府通过投资、补贴等方式参与建设。

(3) 企业融资政策

我国政府应充分发挥金融机构在扶持现代物流企业发展中的杠杆调节作用,降低物流企业融资成本；支持物流企业利用境内外资本市场融资或募集资金发展社会化、专业化的物流企业；对资产质量好、经营管理好、具有成长潜力的物流企业鼓励上市；鼓励各类金融机构对效益好、有声誉的物流企业给予重点支持。

(4) 土地政策

我国政府应通过出台优惠的土地政策，整合存量资源，优化物流产业空间布局，鼓励物流企业入驻相关的物流园区，充分发挥政府在物流产业发展中的宏观调控作用，避免物流企业的重复建设，提高资源利用率。

(5) 税费政策

现代物流产业包括不同服务业态和经营类别，如运输业、仓储业、多式联运及物流代理、流通加工、物流信息及咨询，税务部门应针对物流产业不同的业态提供合理的，有利于物流业持续、稳定发展的税目及税率。

(6) 运输管理政策

我国政府应开辟物流绿色通道，提供在市区通行和停靠的便利；进一步提高货物运输、配送效率，优化各物流节点之间的转运环节，支持物流企业提供"一体化、门到门"的先进物流服务，实现"货畅其流"。

2. 引导性政策

物流产业在我国仍处于"导入期"，各地方在物流基础设施的建设过程中仍然存在一定的盲目性。引导性政策体系旨在为物流产业提供一个理性发展的平台，具体体现在引导不同区域物流产业的合理分工，引导物流节点的合理规划，解决工商企业"大而全、小而全"这种商业运作体制带来的问题，提高企业物流的运作水平，引导传统的运输企业、仓储企业向发展现代物流转轨，指导物流企业在政府宏观规划的指导下有序发展。引导性政策主要包括以下几个方面。

(1) 空间布局引导政策

从国家宏观环境来分析，我国经济的发展过程呈现出明显的区域特征，中央政府可以根据东、中、西部不同的物流需求制定相关的区域物流产业发展引导政策。从各区域的环境来分析，地方政府也应该根据自身的经济发展模式，构建科学、合理的现代物流体系，制定相关的土地、服务等优惠政策，引导不同类型的物流企业入驻相应的物流园区，避免重复建设，达到规模经济效益，促进物流企业发挥协同发展优势。

(2) 产业结构引导政策

我国政府应通过各种支持性政策，引导不同类型的物流企业合理分布、共同发展，优化物流产业结构，在未来的几年内，构建以公路、铁路、航空、水运货运企业为基础的立体高效的物流产业结构，大力发展多式联运型物流企业。

(3) 工商企业引导政策

我国政府应通过政策实施，引导工商企业剥离物流业务，提高物流活动社会化、专业化水平,促进工商企业提高其核心竞争能力,支持工商企业进行内部产权改造和制度建设,以提升企业管理能力;鼓励工商企业进行资产重组,整合各种物流资源,成立独立核算、自负盈亏的物流公司,充分降低物流成本,提高物流运作效率。

3. 发展性政策

物流企业是物流产业的市场主体,物流产业的成熟与相关物流企业的发展壮大是同步的。发展性政策旨在为物流产业提供一个产业升级平台,其主要包括以下两个方面。

(1) 重点企业发展政策

在对物流企业进行考评的基础上,我国政府应通过资金支持、土地、税收等优惠政策扶持重点物流企业的发展,鼓励物流企业走整合、兼并的道路,做大做强,促进物流产业的结构升级。

(2) 引进物流企业政策

我国政府应创造公平、公正的物流企业竞争环境,积极引进国外一流物流企业,扩大物流领域的对外开放,鼓励国外大型物流企业根据我国法律、法规的有关规定设立分公司或办事处。

此外,物流产业政策体系的制定和实施也需要一定的保障措施,如资金保障、体制保障等。随着我国物流政策体系的完善,物流将日益发挥其国民经济"支柱型"产业的优势。

电子商务与快递物流协同发展

2018年1月23日,国务院办公厅印发《关于推进电子商务与快递物流协同发展的意见》。其核心内容为:电子商务与快递物流协同发展仍面临政策法规体系不完善、发展不协调、衔接不顺畅等问题。为全面贯彻党的十九大精神,深入贯彻落实习近平新时代中国特色社会主义思想,落实新发展理念,深入实施"互联网+流通"行动计划,提高电子商务与快递物流协同发展水平,《意见》从以下6个方面开出了18条"处方":强化制度创新,优化协同发展政策法规环境;强化规划引领,完善电子商务快递物流基础设施;强化规范运营,优化电子商务配送通行管理;强化服务创新,提升快递末端服务能力;强化标准化、智能化,提高协同运行效率;强化绿色理念,发展绿色生态链。每一条都是针对当前面临的实际问题,明确了国家邮政局与各部委、各地人民政府等在快递行业发展中应承担的责任,为两个行业下一步更好地协同发展提供了强有力的保障,指明了方向。

第四节 物流产业发展中的制度因素

物流活动除受到需求和技术等一系列重要因素的影响外,还受到许多制度因素的影响。因为物流产业不可能孤立于制度和市场环境而独自发展,其必然受到一系列规则和市场力的激励与约束。

一、制度的定义及内涵

制度是一种"规范人行为的规则"。制度分为正式制度和非正式制度。正式制度包括政治规则、经济规则和合约,它可做如下排序:从宪法到成文法、普通法,再到明确的细则,最终到确定制约的单个合约。政治规则可广义地定义为政治团体的等级结构,以及它的基本决策结构和支配议事日程的明晰特征;经济规则用于界定产权,即关于财产使用,从中获取关于收入的权利约束,以及转让一种资产或资源的能力;合约包含着对交换中一个具体决议的特定条款。

正式制度具有明确的强制性和有意识性。虽然这类规则也是由人们自己制定或选择的,但是这类规则明确以奖赏和惩罚的形式规定什么是可以做的,什么是不可以做的。正式制度的实施需要有一定的实施机制。离开了实施机制,正式制度就形同虚设。

非正式制度主要包括价值信念、伦理规范、道德观念、意识形态等因素,其中意识形态处于核心地位。非正式制度是人类在适应稀缺世界的过程中,经过长期的试错过程与经验积累无意识形成的,具有持久的生命力,并构成代代相传的文化的一部分。非正式制度最重要的特征是经验性与自发性。

从历史来看,在正式制度设立之前,人们之间的关系主要靠非正式制度来维持。即使在现代社会,正式制度也只占整个制度很小的一部分,人们的大部分活动仍然受非正式制度的约束。一般来说,非正式制度包括对正式制度进行拓展、细化和限制的社会公认的行为规则和内部实施的行为规则。非正式制度的产生减少了衡量和实施成本,使交换得以发生。但是,非正式制度存在一定的局限性,如果没有正式制度,缺乏强制性的非正式制度会提高实施成本,从而使复杂的交换不能发生。在现代社会,正式制度与非正式制度同时发挥着作用。

二、制度在物流产业发展中的作用

从制度的观点来看,物流产业若要快速发展,不仅需要快速、稳定增长的市场需求来拉动和刺激,还要具备有效率的市场交易制度和高效益的市场交易活动。因此,制度作为一种"规范人行为的规则",在促进现代物流产业的发展中起着举足轻重的作用。

1. 规范物流市场秩序

从某种意义上讲,制度的本质是某种特定的信息。因为制度代表一套规则,成为社会共识或一般性的认识基础,从而减少了不确定性和风险,帮助人们估计其他人可能出现的行为,进而矫正自己的行为。

现代物流产业的发展涉及对诸如运输、包装、仓储、配送、货运代理等各物流功能和要素的管理与协调问题,对这些物流功能和要素的管辖权涉及诸多政府管理部门,如在我国就要涉及发改委、商务部、交通运输部、民航总局、海关、工商、税务等十几个部门。有了完善的物流制度体系,就可以向物流市场的供需主体及管理主体提供共同遵守的行为规则,规范物流行业管理和物流企业的自律行为,建立自由畅通、规范有序的物流市场,从而促使物流产业按其共同的规则健康、快速地发展。

2. 提高物流组织的效率

美国经济学家诺斯(North)于1963年在分析1600—1850年的250年间世界海洋运输发展中,发现这一时期海洋运输业并没有出现重大技术进步,但海洋运输生产率大幅度提高,主要原因在于海洋运输管理变得更完善,市场经济变得更成熟,也就是航运制度和市场制度发生了变化,从而降低了海洋运输成本,最终使海洋运输生产率有了提高。诺斯指出,即使在没有技术变化的情况下,通过制度创新也能提高生产率和实现经济增长。

3. 协调物流供需主体间的关系

物流产业是物流资源产业化而形成的一种跨行业、跨地域的复合型或聚合型产业,它既涉及运输业、仓储业、装卸业、包装业、加工配送业、物流信息业等行业,又涉及制造业、农业、流通业等领域。要发展涉及如此多的行业和领域的物流产业,并使物流组织有效地运行,就需要有一个科学、有效的协调机制。

这种协调机制不能完全按市场机制来办,应由政府来建立一个与物流相关部门组成的全国性物流协调机构,以协调物流组织间的相互关系。

4. 合理配置物流资源

由于物流组织最初基本涉及基础设施行业,如铁路、公路、水运、邮政、航空等,这些基础设施行业的特点决定了它最初基本由国家经营或私人垄断经营,从而在这些行业形成了行政性垄断或行业垄断。这样既使得物流资源配置不合理,造成物流资源浪费,又使得物流组织运行效率低下,影响了物流产业的发展。因此,我们需要进行制度创新,打破物流产业这种行政性垄断,突破制度性障碍,放松市场准入,鼓励多元竞争,促进物流资源的合理配置。

5. 影响交易成本

新制度经济学的创始人科斯认为:企业与市场是两种不同但又可以相互替代的交易制度。对追求利益最大化的经济人来说,究竟采取哪种方式以获得所需的物料或服务,取决于哪种方式的费用较低。由企业自己生产所需的物料和服务,其费用除直接的生产费用之外,还有与组织、协调生产相关的管理费用。在市场上购买商品(包括货物和服务),其费用除商品的成交价格之外,不容忽视的还有为获得这些商品所必须付出的交易费用,如搜寻交易对象及其信用状况的信息成本、保证契约执行的监督成本以及对方违约所承受的商业风险等。

物流市场上"购买物流服务"的交易费用主要包括：搜寻有关物流服务产品的价格、质量信息及潜在买者或卖者行为方面的信息所花费的成本；签订合同的成本以及在对方违约后寻求法律救济索求赔偿的成本；监督物流服务的履约成本。合适的制度安排将会有助于降低在物流市场上"购买物流服务"的交易费用，更好地限制不同经济人的机会主义行为。

三、物流产业的重要制度因素

市场、政府、产权、意识形态和文化传统等制度因素对于一国或地区的物流发展有着直接或间接的重大影响。许多发展经济学家在对发展中国家实践经历进行回顾与反思的基础上，提出了新的发展观：不仅要注重资源配置，更要注重有效地利用这些已有的资源；不仅要制定出正确的政策，更要注重构造执行政策的恰当的制度安排。

1. 市场

市场是一个制度的混合物，它涉及一系列与人的经济活动或经济行为有关的制度安排。这些安排包括对人在经济中的权利界定、保护承诺人的正当经济利益和确立人们经济活动的行为规则，因此市场规则具有重要的激励和约束功能。

市场经济是分散决策的、通过价格实现资源配置的机制，它通过制度安排对物流企业的生产和创新给予了强有力的激励；同时又对每一个经济决策者具有约束力，这种约束力使得他要对自己经济决策的后果负责。因此，物流市场是一种重要的制度安排，它主要包括价格机制、供求机制、竞争机制、风险机制及其相互作用机制。

（1）物流市场通过价格机制反映相关要素的变化和物流市场需求的变化来对物流技术变迁的速度与方向产生影响。价格信号会告诉物流企业：什么是消费者真正需要的物流服务；哪些要素资源稀缺，从而需要寻找新的替代物。当创新的物流服务产品带来高额的利润时，意味着这种创新满足了消费者的物流服务需求。这样，当物流企业通过创新去追求更高额的利润时，物流市场也就在调节着人们的技术创新活动，使创新不断地提高人们的空间位移和时间位移的水平与能力。

（2）竞争性市场是物流理念得以产生的最重要激励，而物流市场的竞争机制则是增加物流供给、缓解物流基础设施"瓶颈"制约的根本手段。20世纪50年代，发达国家进入买方市场，使得生产企业把从注重产品生产和销售的观念转变到关注市场需求上，从而实体配送就成了一种有效赢得消费者需求的重要手段。但随着竞争的进一步加剧，企业必须从物品的采购、生产、销售、顾客、服务等全过程的角度来考虑企业竞争力的提升，供应物流、销售物流、集成化物流、供应链管理、价值链管理等理念相应得到重视和发展。市场的竞争机制也促进了发达国家的物流基础设施网络的迅速形成和完善，特别是铁路、高速公路的迅速成网。

（3）物流市场可以减少物流技术创新的不确定性。不确定性是创新的内在属性，因而也是制约创新的一大因素。在市场经济下,允许多个企业为某一新产品进行竞争性的研究开发。这种做法,从表面上看会造成一定的资源浪费,但从现实效果来看,这种做法的效率更高。因为:一是在事前并不知道哪条途径会通向成功,数家企业同时进行创新有助于尽快找到创新的捷径;二是数家企业同时进行同一创新,会形成一个竞争性的环境,将大大提高创新的效率;三是市场把创新成功与否的裁决权交给消费者,这既达到了使创新服务于消费者的目的,又达到了引导创新的目的;四是市场具有优胜劣汰机制,竞争会给企业带来很大压力,迫使企业不断创新。

2. 政府

政府是国家统治者用于实现其目标的一种重要组织制度安排,国家利益、社会利益以及统治者自身的利益是政府决策的依据。政府将会根据物流产业发展对于本国国民经济和社会发展的促进作用,发挥相应的职能:为物流产业发展确立法律框架、制定国家物流发展战略、制定物流产业政策、加强物流基础设施建设、对物流市场实施一定程度的宏观调控以及对物流产业进行管制等。

(1)出于对国家利益的考虑,政府往往会对物流行业进行立法和制定国家物流发展战略,来规范和管理本国物流产业的发展。当国家认识到物流产业的发展对于本国发展和提高国际竞争力十分重要时,它就会采取促进物流产业发展的政策。但出于同样的目的,可能会执行相反的政策,如由于国家与国家、地区与地区之间的互相防备,而约束了运输的发展。南美大陆桥胎死腹中就是一例。

(2)政府在决定国家物流产业的发展方向和模式方面的作用是十分关键的。尽管政府并不具备全面实施各种物流技术创新和扩散活动的能力,但作为制度创新方面具有优势的社会组织,它可以通过物流政策调控来选择物流制度、物流结构和物流发展模式,从而促进物流产业的高速发展和结构优化。当然,政府这种重要作用是正面的还是反面的,是推动物流产业的发展还是阻碍物流产业的发展,将取决于政策的正确与否,也取决于它是否符合经济发展的客观规律。

(3)政府的建设目标和政策措施直接影响着物流基础设施建设,如运输线路的选址、规模和质量。政府往往是物流基础设施投资的一个主要来源。物流基础设施投资规模大,建设周期长,属于资本密集型产业,需要大量的资本投入,且投资形成生产能力和回收投资往往需要许多年。这些特点决定了物流基础设施建设很难由个别企业的独立投资来完成,这也使得几乎大部分的物流基础设施,特别是运输线路、港口的建设与维护都由政府承担。因此国家或各级政府的建设重点以及投资政策对物流基础设施,特别是运输线路、港口的建设、选址、建设规模和质量具有决定性的影响。

(4)政府对物流企业行为的管制是一把双刃剑。合理的管制行为,对维护物流市场秩序、推动物流产业的发展无疑将会起到积极的作用,而一旦措施过当,则会阻碍物流产业的发展。由于管制本身的内在缺陷和管制方法的内在矛盾,会使得政府管制存在失效的情况。如果政府为了防止物流产业出现过度的竞争而对物流产业进行严格的管制,其结果虽然可以防止出现过度竞争的局面,但有可能提高物流企业的市场进入门槛,容易形成物流产业的行业垄断和为地方保护主义提供借口,从而不仅不能降低社会物流成本,反而会增加企业负担,抑制物流产业的发展。但若政府不对物流产业实施管制,必然会带来不正当的竞争和流通秩序的混乱,物流交易所进行的程度、规模、水平必然会受到一定的限制。为此,各级物流产业管理部门必须建立协作机制,统筹各自的产业政策,保证政策之间的一致性,以提高政府管制的效率。

3. 产权

在实践中,一国产权制度对于物流基础设施发展的作用显得尤为突出。从 20 世纪七八十年代开始,在物流基础设施方面出现了一些产权制度方面的变化,如建设—经营—转让(build-operate-transfer,BOT)方式用于物流基础设施发展方面。目前许多国家采用了BOT 及其他变形的方式,取得了良好的效果。

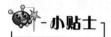

BOT

BOT 是指政府通过契约授予私营企业(包括外国企业)具有一定期限的特许专营权,许可其融资建设和经营特定的公用基础设施,并准许其通过向用户收取费用或出售产品以清偿贷款、回收投资并赚取利润;特许权期限届满时,该基础设施无偿移交给政府。

1. BOT 项目的特征

(1) 私营企业经许可可以取得通常由政府部门承担的建设和经营特定基础设施的专营权(由招标方式进行)。

(2) 由获得专营权的私营企业在特许权期限内负责项目的经营、建设、管理,并用取得的收益偿还贷款。

(3) 特许权期限届满时,项目公司必须无偿将该基础设施移交给政府。

2. BOT 的 6 种演变形式

(1) 建设—拥有—经营(build-own-operate,BOO)。项目一旦建成,项目公司对其拥有所有权,当地政府只是购买项目服务。

(2) 建设—拥有—经营—转让(build-own-operate-transfer,BOOT)。项目公司对所建项目设施拥有所有权并负责经营,经过一定期限后,再将该项目移交给政府。

(3) 建设—租赁—转让(build-lease-transfer,BLT)。项目完工后一定期限内出租给第三者,以租赁分期付款方式收回工程投资和运营收益,以后再将所有权转让给政府。

(4) 建设—转让—经营(build-transfer-operate,BTO)。项目的公共性很强,不宜让

私营企业在运营期间享有所有权,须在项目完工后转让所有权,其后由项目公司进行维护经营。

(5)移交—经营—转让(rehabilitate-operate-transfer,ROT),即修复—经营—转让。项目在使用后,如有损毁,项目设施的所有人进行修复—经营—转让。修复是指在获得政府特许专营权的基础上,对政府陈旧的项目设施、设备进行改造更新,由投资者经营若干年后再转让给政府。

(6)设计—建设—出资—经营(design-build-finance-operate,DBFO)。它是指从项目的设计开始就特许给某一机构进行,直到项目经营期收回投资和取得投资效益。

有效的产权制度安排之所以有利于物流产业的发展,是因为它造成了对创新行为的制度性激励,即通过制度安排,使创新者的个人收益率尽可能地逼近社会收益率。从产权制度来看,我国物流组织有国有物流企业和民营物流企业两大类。由于体制和历史的原因,大多数国有物流企业基本上属于基础性行业如铁路、航空、邮政、公路等部门。在进行现代企业制度产权改革之前,大多数国有物流企业处于效率低下、竞争力较弱、大而不强的状况。但经过20多年的现代企业制度改革,产权清晰、权责分明、政企分开、管理科学的现代企业制度已经在国有物流企业中建立起来,从而使大多数国有物流企业效率明显提高,市场竞争力长足增强,成为中国物流产业的主力军。

同样,在改革开放40年的历程中,民营物流企业在受益于市场准入和融资等体制性方面利好的前提下,得到了空前的大发展,涌现出了像顺丰、四通一达等大型民营物流企业,从而基本形成了国有物流企业与民营物流企业共同发展与竞争的良性态势。

4. 观念、意识形态和文化传统

物流产业的发展涉及社会中的诸多不同的因素,其中非正式制度明显地发挥着作用。非正式制度是人们在长期交往过程中无意识形成的规约,一般具有持久的生命力,并构成代代相传的文化中的一部分。它主要包括价值信条、道德观念、伦理规范、风俗习惯和意识形态等内涵,其中意识形态处于主导地位。

诺斯认为意识形态既是一种规范制度,又是一种世界观,还是个人与环境达成协议的一种节约成本的工具。他还认为,意识形态是经济增长的一个变量,人们必须建立一个有利于经济增长的成功的意识形态。显然,意识形态不但可以节约交往中的信息费用,而且可以降低强制执行法律或实施其他规定的成本,还可以在思想上形成某种正式制度安排的"先验"模式。

因此,作为人的观念、习俗、意识形态等非正式制度必然会影响物流产业的发展速度、模式、组织结构等。例如"重生产、轻物流""大而全,小而全""肥水不外流"的观念,往往会使许多企业不愿意把一些非核心物流业务进行外包,而乐于自办物流企业,形成"大而全"和"小而全"的物流企业,这既使得物流市场需求增长受到抑制,也使得物流企业专业化程度和组织效率低下。

复习思考

1. 物流对国民经济的影响作用是什么?
2. 物流产业的基本特征有哪些?
3. 物流产业结构的构成内容是什么?
4. 简述"新常态"下中国物流产业发展特征。
5. 现代物流业的发展趋势是什么?
6. 物流产业政策的作用有哪些?
7. 简述物流产业结构政策的概念及主要内容。
8. 中国物流产业政策体系由哪几部分组成?
9. 简述制度在物流产业发展中的作用。
10. 影响物流产业发展的重要制度因素有哪些?

案例分析

优惠政策助推打造京津冀区域物流产业基地

为进一步发挥沧州渤海新区在港口、区位、交通、资源等方面的优势,迅速做大做强以港口为核心的现代物流产业,努力把渤海新区打造成为京津冀区域物流产业的基地,沧州渤海新区管委会在及时准确掌握相邻区域港口物流产业发展政策措施,以及全国各地物流政策的基础上,迅速跟进,适时出台了《关于扶持物流贸易发展的优惠政策》,并严格落实执行,其优惠力度远优于其他地区。

在《关于扶持物流贸易发展的优惠政策》中明确规定,新区将以年实际纳税总额为标准,对新设立的物流企业进行高额补助。其中对新设立的年实际纳税总额在400万元以上的煤炭、矿石、油品、化工品、粮食等贸易企业,开业后1~3年,按其缴纳增值税地方留成部分的100%标准给予补助;开业后4~5年,按其缴纳增值税地方留成部分的80%标准给予补助;获利后1~3年,按其缴纳企业所得税地方留成部分的100%标准给予补助;获利后4~5年,按其缴纳企业所得税地方留成部分的80%标准给予补助。

对新设立的年实际纳税总额在100万元以上的物流公共信息平台、电子商务(包括各类大宗商品交易平台)等物流综合服务类企业,开业后1~3年,按其缴纳营业税(增值税)的100%标准给予补助;开业后4~5年,按其缴纳营业税(增值税)的50%标准给予补助;获利后1~3年,按其缴纳企业所得税地方留成部分的100%标准给予补助;获利后

4～5年,按其缴纳企业所得税地方留成部分的80%标准给予补助。

新设立的年实际纳税总额在200万元以上的装卸、仓储、分拨、配送、采购、包装、期货交割库、货代、船代等物流辅助服务类企业,开业后1～3年,按其缴纳营业税(增值税)的100%标准给予补助;开业后4～5年,按其缴纳营业税(增值税)的80%标准给予补助;获利后1～3年,按其缴纳企业所得税地方留成部分的100%标准给予补助;获利后4～5年,按其缴纳企业所得税地方留成部分的50%标准给予补助。

新设立的年实际纳税总额在300万元以上的公路、铁路、海运货物运输企业,开业后1～3年,按其缴纳营业税(增值税)的100%标准给予补助;开业后4～5年,按其缴纳企业所得税地方留成部分的50%标准给予补助;获利后1～3年,按其缴纳企业所得税地方留成部分的100%标准给予补助;获利后4～5年,按其缴纳企业所得税地方留成部分的50%标准给予补助。

同时,《关于扶持物流贸易发展的优惠政策》也兼顾到已经设立的物流贸易企业,规定将以2012年各税种实缴税额为基数,超基数部分享受上述政策。另外,对于在新区从事物流贸易工作年薪超过15万元的高级管理人员,个人所得税也将获得地方留成部分100%补贴。物流企业自有的(含自用和出租)大宗商品仓储设施用地,城镇土地使用税也将获得减半征收。新区还将设立物流贸易发展专项资金,专项支持物流贸易项目企业。

资料来源:舒辉.物流经济学[M].第2版.北京:机械工业出版社,2015:326-327.[2021-12-20]

问题思考:

1. 沧州渤海新区管委会出台的优惠政策,将会对把渤海新区打造成为京津冀区域物流产业的基地产生什么样的深远影响?

2. 要发挥现代物流业的作用,政府可在哪些方面有所作为?

扩展阅读 10-1

快递物流对社会经济发展的促进效果

扩展阅读

第十一章

物流创新效益分析

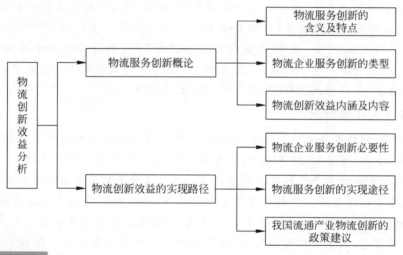

知识目标

1. 了解物流服务创新的含义和特点；
2. 掌握物流创新效益的实现途径。

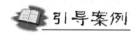

创新驱动下的四大物流痛点

2016年大经济环境条件下，物流行业也步入了另一个发展阶段——创新发展阶段，虽然物流创新在去年已经迈开了步子，但总体上看，这种创新对全社会物流效率提升的带动作用还不强，物流产业创新驱动发展的效应尚未显现。

1. 物流行业成本越来越高

近年来,随着资本进入、互联网渗透、竞争加剧,物流业在变革、调整中蹒跚前行。我国社会物流总费用与GDP的比率常年徘徊在18%左右,比全球平均水平高6.5个百分点。加之近年来,物流新玩法加速显现,竞争手法更残酷、更具有创意,传统物流人处于守势,除了抱团取暖、价格竞争、人脉关系等传统手段,应对手法似乎没有新招,更加剧了企业的生存困难。这正是行业进入深度调整与转型期的信号,这个时候行业的利润将继续维持低水平,直到行业整合进入中后期,市场集中度进入中高集中度的水平,这需要一个过程。

2. 物流企业多、小、散、弱

物流企业是国家的基础产业,在如今的市场格局中,规模化仍旧是企业地位的象征。如今想整合物流行业的企业越来越多,也越来越浮躁,都想一步到位走捷径,所以,依然摆脱不了多、小、散、弱的现状。"小、散"并非致命弱点,而"弱"确是物流企业经营困难的核心原因。在国外,小、散并不一定导致弱,而在国内很多因素导致大家低价恶性竞争,自身没有核心竞争力,让小、散和弱画了等号,而且推波助澜,愈演愈烈。

3. 物流全面进入红海时代

互联网、移动互联网的发展加快了物流业的信息透明,每一个热点的诞生很快就会有不少跟进者,如福佑卡车、货车帮、运满满等,但未必都能成功,往往是那些踩准时点,靠团队、创新、人才等组合拳的物流企业取得了竞争优势。目前在物流行业福佑卡车比较受大家热捧,也许正是基于以上原因。我们可以毫不夸张地说,物流的蓝海正在逐步消失,新的创业者要寻找新的蓝海必须跳出去,看回来,跨点界,回本源。这正成为行业变革、行业整合、行业调整的新常态,未来将持续多久,或许只有时间与空间的变换将会给我们明确的答案。

4. 物流首尾仍在痛,格局变化大

近年来国内的物流市场围绕最后一公里花了不少工夫,如自提点、门店、便利店、共同配送、互联网同城物流等,大家似乎都觉得最后一公里是痛点所在,拼命地布局与解决。但实际中我们却发现这并不是问题的根源,根源在于用户的需求更趋多元化、随机化、碎片化,核心在于商流的方式在变化。

于是,在这个格局下,这两年我们看了更多的物流或者创新的商业企业引入了O2O,以期望整合商流,间接转移痛点,挖掘机会。然而,在实践中成功的案例仍旧是少数,物流仍旧需要重新定位、重新思考、重新组合。随着个性化、定制化、碎片化的全面渗透,这种趋势将更为明显。作为物流人,你需要多沉下去、跳出来,懂得顾客的真需求、真痛点,用创新的物流玩法、用高质量的物流服务抓住其痒点。这条路或许是2016年一条成功

之路。

资料来源：搜狐.http://mt.sohu.com/20160803/n462375471.shtml,2016-08-03.[2021-10-18]

引例思考：
1. 物流行业创新驱动的瓶颈在哪里？
2. 试总结物流创新的成功要素。

第一节 物流服务创新概论

一、物流服务创新的含义及特点

1. 创新的内涵

创新是一个国家社会经济发展的动力，是一个产业和企业赢得竞争优势的根本手段。党的十九大提出："实施创新驱动发展战略"，这对各行各业都具有重要指导意义。熊彼得（Schumpeter）于1912年从经济学角度系统提出了"创新"的概念。他认为，经济生活的发展过程就是"实现新的组合"，而且在竞争的经济中，"新的组合意味着竞争性消灭旧的组合"。

他确认的五种创新情况是：引进一种新产品；采用一种新生产方式；开辟一处新市场；获得一项新的供给来源；实现一种新的企业组织形式。

2. 物流企业服务创新的概念

欧洲的学者首先发起了对服务创新内涵的研究，主要集中在欧洲共同体创新调查（Community Innovation Survey, CIS）以及欧洲服务业创新研究项目——创新中的服务和服务中的创新（Service In Innovation, Innovation In Service, SI4S）方面。CIS调查认为，对企业而言，服务创新是全新的或改进的产品、过程与传递的创新。

SI4S对欧洲的服务企业进行调查后提出，服务创新是新的、改进的产品及服务，在服务中使用新技术或对现有技术进行新的应用。我国学者许庆瑞提出，服务创新是指服务型组织为了获得更大的商业或社会利益，在服务过程中应用新思想和新技术来改善和变革现有的服务流程与服务产品，提供差异化的服务，提高现有的服务质量与服务效率，扩大服务范围，更新服务内容，增加服务项目，为顾客创造新的价值，以达到差异化的目的，最终形成企业竞争优势的过程。

基于上述分析，结合物流服务产品特点，我们认为，物流企业服务创新是指物流企业为了满足客户的需求，在企业战略的引导下，采用新的管理理念和方法，应用以现代信息技术为主的各种新型物流技术，改进现有的物流服务产品与物流服务流程，或者开发新的物流服务产品与物流服务流程，扩大服务范围，提高服务效率，提升服务质量，降低物流成本，在为客户创造价值的同时，提高企业绩效，逐步形成企业核心竞争力的过程。

3. 物流企业服务创新的特性

物流企业可以成为制造业、商贸业以及需要消费实体产品的部门及个人的物流服务供应商。物流服务产品的特点决定了物流企业的服务创新不同于制造企业的产品创新、技术创新,具有自己独特的性质。

(1) 物流服务创新具有无形性

技术创新的结果往往体现在一定的有形实体产品身上,而物流服务实际上是一个过程,物流服务创新常常体现为一种新的服务概念的设计与运作过程,其结果是一种无形的流程改变或再造,形成一个新的服务标准、新的服务规程等。比如,物流企业在为制造企业提供产成品销售物流服务的同时,将其服务延伸到原材料供应环节,将供应与销售物流环节集成起来,实施运输过程双程满载,降低运输成本。

这仅仅是因为物流运作模式的改变,产生了新的运作流程和标准,与传统的技术创新结果存在较大差异。

(2) 物流服务产品创新与过程创新具有同一性

实际上,物流服务创新可能是一种新的服务思想、新的运作模式,其本质上是一种服务内容与过程的创新,而且物流服务在大多数情况下是不能被储存的,它在生产过程中同时被消费掉了。这意味着,在物流业中,物流服务产品不能完全与过程分离开来,很少能在不改变过程的情况下改变物流服务产品。

例如,使物流与资金流相结合,开展代收货款服务,就必须对原有的收发货流程进行改造,增加收款和放款的操作以及内控环节,保证资金安全。因此,物流服务产品与服务过程创新经常同时进行,具有同一性。

(3) 物流服务创新具有较强的客户导向性

物流业属于服务业,在市场经济环境下其物流供给取决于物流需求。比如,物流企业为承接制造企业外包的物流业务,在设计物流解决方案时,就必须与制造企业合作,了解制造企业的生产制造流程,熟悉制造企业的生产经营模式,必须在制造企业指导下制定物流运作与管理方案,并在执行过程中与制造企业密切配合。

只有如此,才能实现物流系统的无缝对接,进行高效低成本的运转。物流服务产品的不可分割性也决定了物流服务过程中客户的高参与性,这一点与技术创新存在很大的区别。尽管技术创新会考虑到客户的需求,但一般客户参与有限,因此客户导向性是物流服务创新的一个重要特性。

(4) 物流服务创新内容具有多样性

物流企业作为物流供给方,服务于第一、第二、第三产业中的各种物流需求方。比如,宝供物流公司作为第三方物流企业,同时服务于日用消费品、快速消费品、电子产品、石化、汽车等行业。不同的行业其物流特性不同,要求物流企业提供的服务也不同,即使都是配送服务,也可能因为客户所处行业不同,需要提供的服务在内容、方式上也不相同。

如汽车行业的零部件配送需要根据生产序列实施准时配送,日用消费品配送则需按照库存量与销量的变化展开配送。

因此,物流企业必须根据客户的行业特性开展不同的服务创新,提供多样化的服务产品,以适应不同行业客户的需要,从而呈现出丰富多彩的创新局面。

（5）物流服务创新过程具有高交互性

物流服务创新是一个与外部行为者特别是客户交互作用的过程。物流服务创新一般以客户需求为导向制定相应的物流创新方案,并通过与客户合作来实施方案。例如,风神物流公司率先开展的汽车零部件循环取货模式(Milk-Run),就是按照东风日产公司的要求,顺应其准时制(Just In Time,JIT)、准时化顺序供应(Just In Sequence,JIS)生产方式,适应东风日产公司供应商的分布情况,创新性地导入汽车零部件入厂物流新模式,实施远距离循环取货。

在这种情况下,客户不仅仅是物流企业服务创新的驱动者,而且是服务创新思想的重要来源,并作为合作生产者参与了服务创新的过程。此外,物流企业还会与外部的技术供应商以及其他外部行为者发生交互作用。例如,信息服务供应商经常会介入物流服务模式的创新过程,与物流企业合作开发适应新模式的信息系统,确保创新模式得以实现。

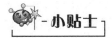

"互联网+"时代下物流的未来

未来3~5年,随着高速铁路、大型高速船舶、绿色航空、新能源汽车、智能交通、智能仓储、新材料技术、节能环保技术,特别是"物联网、下一代信息技术"、现代管理科学技术等在物流领域的推广和应用,互联网、移动互联、大数据、云计算将与物流业深度融合,让物流更加"智慧化""智能化",这些都会对物流业的转型升级带来促进作用。

与之相应,政府管理部门、物流企业也要学会用"互联网思维"思考,不断优化行业的管理、运营、市场等各环节,用"互联网+"的"天网"改变物流"地网"格局,构建高效透明、信息对称、价格公开的社会化现代物流体系。

二、物流企业服务创新的类型

尽管物流服务产品创新与过程创新具有同一性,且物流服务创新过程具有高交互性,但为了更好地认识物流企业服务创新活动的规律,本文在借鉴前人研究成果基础上,结合对我国物流企业的调研和考察,将物流企业服务创新划分为服务产品创新、服务过程创新两类,而其中的过程创新又可细分为服务生产过程创新与服务传递过程创新。

1. 服务产品创新

法国学者甘德瑞(Gadrey)等指出,提供一项服务就是寻求对一个问题的解决办法,它并不是提供一个实物产品,而是将很多不同的能力(人力、技术、流程、组织等)集中起来,寻求针对客户与组织问题的解决方案。因此,物流企业服务产品创新实际上就是物流企业为解决客户存在的物流问题、满足客户的物流需求,在设计改进的或全新的物流解决方案、为客户创造价值的同时,也提升自身的经济效益。具体包括:

(1) 全新的服务产品

这是指物流企业根据客户的需求,围绕基本物流功能要素即核心服务内容,延伸服务范围,形成新的服务概念,增加新的服务内容与服务功能,提供全新的服务产品。

第一,多流集成创新。围绕仓储、运输、配送等核心服务,与资金流、信息流整合,增加服务内容与功能,实现集成创新。物流企业在开发这种新的服务产品时,往往会根据企业自身的资源优势、经营优势以及核心竞争力,结合客户需求,沿着供应链横向考虑服务产品的延伸领域,并与相关行业合作,如与银行合作,与信息技术(IT)企业及通信企业合作,甚至与一些物流咨询机构、科研机构合作,共同推动新型服务产品的开发和运作。

例如,以仓储业务为核心的中储发展股份有限公司、南储仓储管理有限公司等,其早期的主营业务都是仓储管理,但随着市场的迅速发展与客户需求的不断增加,为解决中小企业融资难问题,它们开始与银行合作,率先推出了全新的服务理念,进入物流监管领域,提供全新的仓储融资服务。

又如,以运输服务为核心的山东佳怡物流有限公司,围绕其核心产品,即公路零担、整车货物运输、货物快递等业务,拓展服务内容,提供代收货款、保价运输、代收运费等增值业务,将物流与资金流服务紧密结合了起来;同样,以快递服务为核心的宅急送公司,也围绕其标准快递产品,对资金流与信息流服务进行了整合,如代收货款、保险保价以及定制报表、实时查询、客户操作系统(COM)的客户端自助服务等,创新服务产品的内涵和外延。这些物流企业均以核心物流业务为中心,充分发挥自身优势,拓展资金流、信息流等服务,开发全新的服务产品,满足客户的新增需求。

第二,专门化创新。面向特定客户提供特定的延伸服务产品,以实现专门化创新。此类创新活动经常发生于以下两种情形:

一是面向特定的单个客户。物流企业在一定时期内向特定的客户提供某些核心服务产品并赢得客户信赖,成为客户稳定的战略合作伙伴。实际上,物流企业已经成为客户物流系统的管理者和运作者,深深嵌入了客户的供应链中,与客户之间形成了共赢发展的局面。比如,浙江八达物流有限公司(以下简称"八达物流公司")与杭钢集团的合作至今已经持续了近12年,风神物流与东风日产公司的合作持续了近10年,物流企业面向这些特定的客户,不断研发新型服务产品,以满足客户的需要,解决客户的物流难题。

二是面向特定行业的客户。不同行业的客户在消费同样的物流服务产品时,经常会产生不同的特殊需求或延伸需求。比如,同样是运输服务,成品车运输与汽车零部件运输的要求就完全不一样;同样是仓储服务,家电仓储与电子产品仓储的要求就不一样。因此,风神物流公司专门针对汽车制造商提供零配件包装设计与制作服务;福建中邮物流公司为降低东南汽车公司备件配送过程中的货损率,专门改进了备件的运输包装;安得物流公司以及宅急送公司等企业都能根据客户的特殊需要,提供专用的物流信息系统对接设计与系统升级等服务。

这类专门化的服务创新,个性化较强,经常面对不同的行业,甚至同一行业内不同的客户,都需要提供专门化的服务产品,以满足客户的定制化需求。

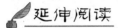延伸阅读

"甩挂"与"甩箱"

交通部对甩挂运输的推广已经历了近3年,从第一批甩挂运输试点,到马上将要公布的第四批甩挂运输试点,甩挂运输这种运输组织方式渐渐地被货运企业和车老板所接受。在我们努力推广甩挂运输的时候,欧洲(特别是德国)出现了很多的货车会拖挂一节车厢(也有拖挂两节及以上的),这些货车将随车携带的货箱甩留(卸交)在目的地后,再装上其他货箱返回原地或驶向新的目的地。这种运输方式基于Swap body,被称为"甩箱运输"。

国内所说的"甩挂运输",一般都是一个牵引车+挂车,实行"一拖一"。而如果法规允许,"甩箱运输"可以实现"一拖N"。使用"交换厢体"的甩箱运输在德国及其他地方被广泛地使用,其优势十分明显。

(1) 提高效率,交换作业时间缩短。交换厢体的使用,类似于甩挂,但是比甩挂更方便,货物可以"先装后卸",交换作业时间可以大幅缩短。另外,由于一个牵引动力可以拖多个交换箱体,交换箱体可以按目的地划分,来实现沿途甩箱运输,大大提高运输效率。

(2) 降本增效。由于车辆等待时间大幅度缩短,可以有效地提高车辆利用率;采用大功率牵引动力,载货量提高,可以有效地减少在用车辆数,减少牵引动力部分的成本;另外通过测算,在相同运量情况下,使用车厢可卸式汽车列车,单位油耗可减少35%,同时还可减少驾驶员的人数。

(3) 除此之外,由于"先装后卸",可以实现均衡作业,交换厢体也可以充作临时仓库,以减轻场地压力。

资料来源:中国物流与采购联合会。http://www.chinawuliu.com.cn/xsyj/201410/08/294148.shtml,2014-10-08.[2021-10-18]

(2) 组合或改进的服务产品

这是指物流企业根据客户的需求,在核心服务内容基本不变的情况下,将基本物流功能要素进行组合或改进,为客户提供改进的服务产品。

第一,标准服务组合创新。物流企业依据功能对服务产品进行标准化设计与模块化

划分,再根据客户的需求进行多功能多模块组合,为客户提供专业化的综合物流服务。此类创新在目前的物流企业中最为常见。

比如,宅急送公司配合电子商务企业商品仓储与配送的需要,可以提供包装＋配送、仓储＋配送、仓储＋包装＋配送、仓储＋包装＋配送＋代收货款、仓储＋包装＋配送＋逆向物流等多种组合的物流服务,以满足客户不同种类的需求。此类物流企业并没有对服务功能作太大的改变,而是通过把标准化的服务产品进行组合创新,来满足客户更多的需求。

第二,物流环节组合创新。物流企业借助自身在供应链上特有的协调与控制能力,将多个物流环节进行结合与集成,为客户提供全程化的物流服务。比如,八达物流公司充分利用自身在铁路运输资源方面的优势,整合铁路、公路、水路、航空等多种运输方式,将宁波港与杭钢集团等制造企业连接起来,提供港口—铁路—工厂全程化物流服务;风神物流公司为东风日产等大客户提供汽车物流的全价值链服务,包括汽车零配件供应物流、主机厂内生产物流、整车销售物流、售后服务备件物流等。此类物流企业均拥有很强的控制力与协调力,能够有效整合社会物流资源,将多个物流环节进行无缝衔接,来满足客户的全程化物流需求。

第三,物流服务改进创新。物流企业根据客户需求的变化,进行部分服务内容与功能的改进。目前,此类创新在物流企业中也是比较常见的。很多由传统储运企业转型而来的物流企业,在早期提供物流信息查询服务时主要依靠电话、传真等人工方法。但是,随着信息技术与网络技术的发展,客户已经不再满足于人工查询服务了,而是希望物流企业能够提供更加便捷和多样化的查询方式。因此,为顺应形势的发展,现代物流企业,特别是AAA级以上(含AAA级)的物流企业,都开始提供方便的网站查询服务,甚至能够将客户的信息系统与物流企业的企业资源计划系统(ERP)对接起来,直接从系统中读取全程的物流信息,全程跟踪货物状态与物流运作状态,也就是实现了从人工服务到电子化服务的创新。这是对服务功能的部分改进或创新,比较容易实施。

综上,物流企业都是紧紧围绕市场需求的变化与客户不断增长的需要来展开服务产品创新设计的,呈现出多样化的特点。同时,许多物流企业在开发全新的服务产品或改进现有服务产品时,经常将上述类型交叉使用,让创新产品最大化地满足客户的需要。

2. 服务过程创新

物流企业服务过程创新指服务生产与传递程序(规程)的变化,是在运作与实施物流解决方案的过程中开展的创新活动。具体包括以下类型。

(1)服务生产过程创新

服务生产过程创新,我们称之为"后台创新",这些创新活动基本上属于客户感知不到的、主要发生在企业内部的创新活动。

第一,服务产品内容不变,仅生产过程创新。物流企业在基本不改变物流服务产品或服务内容与功能的情况下,在企业内部实施服务生产过程创新,包括运作方式改变、流程优化以及管理规范化、透明化等,其目的主要在于提高企业运营效率,降低企业物流成本,增加企业经济效益,更好地为客户提供服务,提高客户满意度。比如,目前有些道路货运企业,如盛丰物流、盛辉物流、鸿达物流、八方迅通等公司,开展甩挂运输,实际上并没有改变运输服务的内容与功能,本质上还是在为客户提供干线运输服务,只不过在运作方式与流程上进行了改进,其直接受益者是物流企业本身,当然客户也可间接获得收益,如货物运输过程占用时间缩短、分拨速度加快等。

第二,服务产品与生产过程同时创新。物流企业在改进或开发新的服务产品时,必然会涉及新服务方案的运作与执行,而企业内部原有的服务生产过程很难适应新的方案,这就要求物流企业重新调整或配置组织结构,优化原有业务流程或设置相应的新流程,完善相应的配套管理制度与考核制度,应用一些新的物流技术与信息技术,其目的在于通过服务生产过程创新,配合实现服务产品的创新。

例如,为保证服务创新项目得以顺利实施,八达物流公司专门设置了客户服务部,中邮物流、风神物流、宅急送等公司设置了相应的专职项目组,佳怡物流公司设置了负责代收货款的事业部等,这些物流企业或多或少都对组织结构进行了调整或重新配置。

另外,这些物流企业对内部管理制度也进行了相应的调整或新增,如风神物流公司编制了风神物流作业标准,宅急送公司针对不同的新型服务产品制定了相应的业务操作流程及标准、服务标准、关键绩效(KPI)考核指标等。同时,为配合业务流程创新,还会应用一些新的技术,如八达物流公司采用自卸式K14K铁矿石漏斗车,宅急送公司、南储仓储管理有限公司等构建信息平台,其中最为常见的技术创新应用是物流信息系统的构建或优化。这些服务生产过程的创新有效保证了服务产品创新的实施。

(2) 服务传递过程创新

另外一类服务过程创新是服务传递过程的创新,我们称之为"前台创新"。这些创新内容或行为是直接面对客户的,客户在使用创新的服务项目时,可以感知到这些变化。服务传递过程创新指物流企业传递系统的创新,包括企业与顾客交互作用界面的变化,反映出了服务创新的顾客参与和交互作用特性。物流服务传递方式的优劣与效率的高低直接影响服务提供的结果和顾客感知到的服务质量。

第一,服务产品内容不变,仅传递过程创新。与服务生产过程创新一样,在基本不改变物流服务产品或服务内容与功能的情况下,物流企业仅实施交互界面创新,以使客户能够感知到服务创新。比如,宅急送公司不改变其服务产品的内容,通过设计并开发客户操作系统,让客户借助该系统可以直接实现自助单票或批量打印工作单、批量查询、取派区域查询、价格查询、投诉及建议、返款对账等,大大方便了客户,使之感受到了服务创新带来的收益。

第二,服务产品与传递过程同时创新。通常情况下,为支持服务产品创新,对服务传递过程也要相应地实施创新。针对新的物流解决方案,必须与客户沟通,协商创新内容,共同合作执行创新方案,而这必然需要改进或建立新的沟通渠道,构建或优化传递系统。比如,八达物流公司建立协调合作机制,定期召集港口、铁路、客户等多方参与的协调会;中邮物流公司建立了良好的客户关系管理机制,实行项目组周沟通机制与客户经理月沟通机制。

此外,物流企业还借助新技术来改善与客户交互的界面,以实现服务传递过程的创新。例如,浙江传化物流公司通过研发停车场管理系统,可以十分便捷地采集入场车辆信息,并及时发布到信息平台上,同时车主、货主可以十分方便地通过多种信息渠道(网站、短信、交易大厅屏幕、触摸屏、公示牌)获知相关信息,迅速完成交易。此外,还有中邮物流公司的信息系统与东南汽车公司的企业资源计划系统的对接、风神物流公司与东风日产公司之间管理信息系统的对接等。在服务传递过程创新中,信息技术的创新性应用是相当普遍的。

综上,物流企业服务过程创新包含与客户对接的"前台"传递过程创新和"后台"生产过程创新。物流企业服务过程创新虽然可能会在服务产品内容不发生改变的情况下进行,但更多情况下是与服务产品创新同步进行。

三、物流创新效益内涵及内容

物流创新效益就是物流企业通过物流创新所创造的效益,它直接来源于物流创新活动。物流创新效益的内容可以从两个方面加以分析。

一是从创新的立场来看,创新效益包括主动创新的效益和被动创新的效益。主动创新是物流企业基于自身资源的能力,依据对市场需求的把握和潜在技术发展的支持,在较为宽泛的层面上进行的物流创新活动。这些创新活动包括理念上的、技术上的、服务内容与服务方式上的,以及企业制度上的创新等。其目的是拓展业务空间,提高市场竞争力,进一步培育企业的核心竞争力。

二是从创新的内容来看,创新效益包括理念创新、技术创新、服务创新以及制度创新等多种创新活动所带来的效益。其中,理念创新是对企业服务时所遵循的基本原则、规范以及思路所进行的创新,包括应用一体化的服务理念、追求整体最优化等;技术创新既有引入外部先进技术创新企业物流服务产品,又有自身独立进行的技术创新,如管理信息系统创新等;服务创新包括服务内容的创新,如提供其他物流企业无法提供的特色服务、提供量身定制的个性化服务等,还包括服务方式的创新,如从短期交易服务向长期合同服务转变、从单纯提供服务向伙伴合作转变等;制度创新是企业管理层面的创新活动,它对于提高企业运作和物流服务的效率与效益起着重要的保障作用。

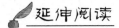

何谓"物流互联网"?

物流互联网就是实体物理世界的物流系统与线上互联网世界的物流信息系统实现一体化融合的互联网。在这一系统中,互联网成为物流实体运作的主导与控制核心,成为物流系统的"大脑"和神经系统,并通过物流信息互联网向网下物流系统延伸和无缝对接,实现物理世界物流系统全方位的互联互通。目前,物流互联网的飞速发展已经引发了一场新的物流领域的革命,使现代物流真正进入"智慧物流时代"。

物联网技术是物流互联网的基础,现代物流的自动识别领域是物联网技术的发源地,基于RFID/EPC和条码自动识别等技术、各类传感器的感知技术、GPS/GIS的定位追踪技术,实现了物流系统的信息实时采集与上网,实现了"物与物自动通信"(M2M),从而使得物理世界的实体物流网络"地网"才能够与虚拟世界的互联网的"天网"对接与融合。

互联网与移动互联网是物流互联网的中枢系统,是物流实体世界的神经系统传输系统,进入互联网的物流信息通过在互联网中集合、运算、分析、优化、运筹,再通过互联网分布到整个物流系统,实现对现实物流系统的管理、计划与控制。

大数据、云计算是物流互联网的智慧分析与优化系统,是物流互联网的大脑,是物流信息系统的计算与分析中心,其计算与分析模式是分布式的和网格式的云计算模式,适应了现代物流实体网络体系的运作。

智能物流技术装备是物流互联网的根本,物流互联网的实体运作与应用需要通过各类智能设备来完成。智能设备是指嵌入了物联网技术产品的物流机械化和自动化的设备,也可以是普通的物流技术产品,其核心是这些设备与技术产品一定要可以实时接入互联网。如嵌入了智能控制与通信模块的物流机器人、物流自动化设备;嵌入了RFID的托盘与周转箱;安装了视频及RFID系统的货架系统等。

资料来源:中国IT通讯网. http://it.chinairn.com/news/20150316/111619945.html,2015-03-16. [2021-12-20]

第二节 物流创新效益的实现路径

一、物流企业服务创新必要性

1. 不断变化和差异化的服务需求要求物流企业对服务流程和服务产品进行创新

服务创新是贯彻顾客导向的服务理念的一个重要方面,顾客的期望和需要是不断变化的,当现有需求得到满足时,进而会产生新的需求,这就要求TPL服务公司在针对不同外包业主提出的不同要求时进行差异化的创新,以满足不同行业的物流需求,完善自身的市场适应力和物流能力。

2. 服务创新是第三方物流企业获取和维持一定竞争优势的主要手段

对于物流企业来说,大多数的物流服务易被模仿,物流企业的核心竞争力并不是一套一成不变的服务模式或流程,而是企业满足差异化和更替性的客户需求的能力,企业只有通过定期的市场调查和分析来捕捉顾客不断变化的需求和期望值,并通过制定和实施相应的服务计划来满足顾客需求,提高顾客满意度。

3. 物流服务创新是推动行业技术发展和提高整体经济效益的重要举措

一方面,先进的通信技术和管理信息技术的广泛运用可以推动整个行业的发展进程,提升物流产业结构、促进产业升级;另一方面,第三方物流企业的服务创新可以提高物流运作效率,节约物流成本,为企业带来新的利润增长空间,同时也可以提高物流相关利益者的共同利益,实现企业物流外包"1+1>2"的优化效应,促进多方的长期合作与共同发展。

二、物流服务创新的实现途径

1. 企业物流组织创新

(1) 物流组织由职能化转变为一体化

所谓一体化的物流组织就是将采购、运输、搬运等物流功能放到一个组织中去,在一个物流经理的领导下管理物流过程而不是采购、运输、搬运等这些物流功能,进而提高企业间的合作关系,使物流系统的运作效率得到提高。

(2) 建立以客户为中心的水平组织结构

由于传统企业的效率损失较大,企业要想有效地跨越职能部门和有效地与不同的企业组织物流活动,必须建立以顾客为中心的流程导向型物流组织。企业要想在物流成本、质量、服务和速度方面有所提高,就必须缩小企业组织的管理层,将信息共享和沟通的渠道缩小。

(3) 建立物流战略联盟参与市场竞争

中国的制造企业和商业企业"大而多"但还未达到"大而全"。中国物流企业应该从这一经营误区中走出来,抓住时机与更多的制造商、供应商等结成战略联盟。通过战略联盟与核心企业结成长期稳定的合作关系,以供应链的整体优势参与市场竞争,进而提高企业在国内、国际上的市场竞争力和企业在市场上的份额。

2. 企业物流管理技术创新

(1) 充分利用物流设施、设备,创新企业管理技术

目前,许多软件公司致力于企业供应链管理软件和物流管理软件的开发。我国企业

要想提高企业物流管理水平和物流管理效率,就应该抓住时机,积极引进国外的先进技术、管理经验。诸如自动化立体仓库、优化配送调度、综合物流中心、智能交通、专用车辆、先进的装卸、仓储优化配置等物流设备和物流管理技术。从而缩小我国物流企业与世界物流企业的差距。

(2) 利用信息网络技术优化企业物流管理

我国企业物流管理创新应以网络和电子商务为支撑,利用计算机、互联网、信息技术等手段来完成物流全过程的协调、控制和管理。通过集约化、现代化管理将各种软件技术和物流服务融合在一起组成一个动态的、虚拟的、全球网络化的供应链网络。

条形码、电子数据交换、电子自动订货系统、卫星定位系统、地理信息系统等技术在企业供应链管理中得到广泛应用,为我国企业提供强大的技术支撑,来弥补我国物流企业的不足。

3. 物流服务内容创新

服务创新是物流创新的核心,因为不管是提升客户价值目标还是获取增量效益目标的实现,最终都归结于物流服务对物流需求的满足程度,所以可以通过对物流服务内容的创新,由物流基本服务向增值服务延伸,来实现物流创新效益。

传统物流服务是通过运输、仓储、配送等功能实现物品空间与时间转移,是许多物流服务商都能提供的基本服务,难以体现不同服务商之间的差异,也不容易提高服务收益。增值物流服务是在完成物流基本功能基础上,根据客户需求提供的各种延伸业务活动。

(1) 增加便利性的服务创新

一切能够简化手续、简化操作的服务都是增值性服务。简化是相对于消费者而言的,并不是说服务的内容简化了,而是指为了获得某种服务,以前需要消费者自己做的一些事情,现在由商品或服务提供商以各种方式代替消费者做了,从而使消费者获得这种服务变得简单。

在提供物流服务时,推行一条龙门到门服务、提供完备的操作或作业提示、免费培训、维护、省力化设计或安装、代办业务、24 小时营业、自动订货、传递信息和转账、物流全过程追踪等都是对客户有用的增值性服务。

(2) 加快反应速度的服务创新

现代物流的观点认为,可以通过两种办法使物流过程变快。第一种办法是提高运输基础设施和设备的效率,比如修建高速公路、铁路提速、制定新的变通管理办法、将汽车本身的行驶速度提高等。这是一种速度的保障,但在需求方绝对速度的要求越来越高的情况下,它也变成了一种约束,因此必须想其他的办法来提高速度。

第二种办法,也是具有重大推广价值的增值性物流服务方案——优化配送中心、物流中心网络,重新设计适合客户的流通渠道,以此来减少物流环节、简化物流过程,提高物流系统的反应能力。

(3) 降低成本的服务创新

通过提供增值物流服务,寻找能够降低物流成本的物流解决方案。可以考虑的方案包括:采用 TPL 服务商;采取物流共同化计划;同时,可以通过采用比较适用但投资较少的物流技术和设施设备,或推行物流管理技术,如运筹学中的管理技术、单品管理技术、条形码技术和信息技术等,提高物流的效率和效益,降低物流成本。

(4) 延伸服务

运用计算机管理的思想,向上可以延伸到市场调查与预测、采购及订单处理;向下可以延伸到物流咨询、物流系统设计、物流方案的规划与选择、库存控制决策建议、货款回收与结算、教育与培训等。关于结算功能,物流的结算不仅仅只是物流费用的结算,在从事代理、配送的情况下,物流服务商还要替货主向收货人结算货款。

关于需求预测功能,物流服务商应该负责根据物流中心商品进货、出货信息来预测未来一段时间内的商品进出库量,进而预测市场对商品的需求,从而指导订货。关于物流系统设计咨询功能,TPL 服务商要充当客户的物流专家,为客户设计物流系统,代替它选择和评价运输网、仓储网及其他物流服务供应商。

关于物流教育与培训功能,物流系统的运作需要客户的支持与理解,通过向客户提供物流培训服务,可以培养其对物流中心经营管理者的认同感,可以提高客户的物流管理水平,并将物流中心经营管理者的要求传达给客户,也便于确立物流作业标准。

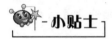
小贴士

互联网共享经济下众包物流的发展与前景

人人快递作为众包配送领导品牌被邀请参加"第五届中国电子商务与物流企业家年会",其创始人兼 CEO 谢勤出席并发表了题为"互联网共享经济下众包物流的发展与前景"的重要演讲。此次盛会同时邀请了阿里、京东、顺丰等电商、物流行业代表企业,共同探讨中国电子商务与物流未来发展前景,是推进中国电子商务物流发展一次重要的思想盛宴。

人人快递在"互联网+"的共享经济体制下诞生,核心就是协调有空余时间的城市居民,利用自己的闲暇时间,顺路捎带,在一定程度上保证了低成本的配送人力需求。人人快递通过定位系统,可以更为精准地发送同城需求,这样在后台进行精准的订单配对也更为节省和便捷。这种点对点的服务,凭借人海战术,完全解决了传统高成本、高消耗的配送问题,让城市真正"快起来"。

三、我国流通产业物流创新的政策建议

1. 规范市场行为,引导流通产业市场的有效竞争

良好的市场竞争格局有益于创新活动及成果的不断诞生。所谓有效竞争,简单地说

就是既有利于维护竞争又有利于发挥规模经济作用的竞争格局。其中,政府的公共政策是协调两者关系的主要方法和手段。

垄断与竞争是经济学中一个永恒的话题,其中较为敏感的问题就是它们对于创新的影响。有人认为竞争的市场结构有利于创新,也有人认为垄断的市场结构有利于创新。到底是大企业还是小企业有利于创新,双方争执不下。

一般认为,竞争才是创新的动力和源泉。但是,过度竞争往往也会产生更为严重的负面效应,典型的问题就是价格战,不利于产业发展。所以,为了促进流通产业的物流创新,政府应该根据市场可能出现的动向,合理采取措施,关键在于引导市场走向有效竞争的格局,既有利于物流创新,又不至于偏袒或伤害到某个企业,而关键问题就在于对"度"的把握。

2. 完善人才培养体系,建立健全培训机制

物流活动不再是"驴做的工作",而是构成竞争战略的重要组成部分。在我国,对专业物流人才的教育培训等相关制度尚存在弱化的倾向。但对掌握现代物流运营管理技能的高级专门人才的培养,恰恰是实现流通方式转变的根本保障,是物流发展与创新的重要前提。流通产业物流发展与创新离不开大量的专业物流人才。

鉴于此,在物流专业人才的教育方面应加大投入,同时积极调整目前的人才培养方案与计划,使之与快速发展的物流业相适应。国家还应当加强应用型专业物流人才的培养,注重实践能力的提高,通过大力发展物流及相关专业(如流通、商贸专业)教育,逐步改变我国流通产业领域,了解现代物流、商贸理论,熟悉现代物流商贸管理人才短缺的状况,为流通产业物流发展与创新提供专业人才支持。

此外,针对我国大量物流从业人员职业素质偏低,缺乏职业教育与资格培训的情况,政府应当拓展教育和培训渠道,鼓励和支持企业、行业协会及大专院校开展多方面、多层次的人才培养和在职培训等工作。同时可以借鉴国外发达国家的做法,建立物流从业人员的培训机制,建立各种规范和激励机制,比如将参加职业培训及获得资格证书作为职工上岗的基本条件等。

3. 加大对物流创新活动的科技及资金扶持力度

有关调查显示,中国物流企业技术水平低、装备落后、物流作业水平低是普遍存在的问题,服务质量满足不了工商企业的现代物流服务需求。除此之外,物流设施和装备的标准化也是物流发展中一个关键性问题。

所以,政府应当在加强物流创新的示范和引导作用,在商业信息化、流通及物流标准化、现代物流体系的构建中的共性技术方面给予科技经费支持。同时应建立社会化的服务平台,为各类型的流通企业服务,引导并鼓励创新。此外,应引导众多创新主体,形成社会化的创新体系。比如将政府承担的职能转向社会中介服务组织,并联合大学和各种研究、咨询机构共同进行技术研发与创新。最后,应引导企业增加物流基础设施和配套设施的投入,加强技术引进和改造,促进信息技术与整个企业的融合。

4. 转变政府职能,消除不利于物流创新的各种体制障碍

各种体制性障碍是物流创新的"拦路虎"。物流的本意就是打破部门分割和条块分割,有利于资源配置,千万不能将物流仅仅局限于原有的部门或者系统。而今,我们看到国内物流业一个最危险的迹象就是各自为政,各个部门只搞自己的物流,这种做法的症结在于大家都从自己的利益出发,而违背了物流的本意,不利于整合资源、优化配置,这也在一定程度上阻碍了流通产业的物流创新。

物流创新需要健全市场的机制,要推动物流创新,政府一方面应该肩负起统筹的责任,引导物流活动的创新;另一方面必须发挥宏观调控职能,消除各种体制性障碍,净化市场环境。

5. 引导企业转变物流观念及物流运作机制

作为物流创新的微观主体,面临的首要问题就是立即转变物流观念。政府应当引导企业从以往的"你生产,我选择"向"你需要,我生产"转变,从以往的供应式物流向订购式物流转变。进而从传统物流观念向现代物流观念转变,用现代物流理念及理论来武装自己,从而实现物流观念的创新。同时,政府应引导企业打破僵化的老机制,规范内部的物流管理体制和组织与运作机制等。

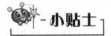小贴士

圆通速递在蓉启动"快递+电商"创新发展模式

2016年9月29日,圆通速递公司在成都举行"快递+电商"创新发展模式推广会。成都市邮政管理局称,该模式串起了快递与电商深度融合的新型产业业态,对促进农产品进城、引导大众创业、促进快递业多元化发展等方面都具有一定示范和借鉴意义。

据了解,依托"快递+电商"创新发展模式,圆通速递今后还将在四川推出"快递+旅游业"发展模式,让快递与旅游业深度结合起来,通过快递渠道、在线平台、实体店等相结合的方式,把旅游景区的特色商品直接快递到游客指定地点,免去游客旅途中携带物品的烦恼。

复习思考

1. 什么是物流服务创新?
2. 物流服务创新的特性有哪些?

3. 物流服务创新的类型有哪些？
4. 创新效益内涵及内容是什么？
5. 可以通过哪些途径实现物流服务创新效益？
6. 如何正确理解一体化物流服务的含义？

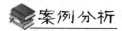 案例分析

雅芳公司：高效率的物流供应链体系

雅芳公司的多元化销售模式使其销售业绩持续攀升。但是，雅芳产品从各地分公司到专卖店、专柜的过程中，却常常发生问题。究其原因，雅芳公司发现是经销商的满意度发生了偏移，而这种偏移主要是物流不畅导致的。雅芳公司规定经销商必须到各地分公司取货，但由于经销商分布很广，取货时，有的经销商常常要坐一整天车才能到达分公司仓库，有些没车的经销商拿到货物后还要租车运回、自行装卸，这给他们造成了很大困难。不仅经销商感到吃力，雅芳公司也感到运作成本太高。为了解决这一问题，雅芳公司决心重组在中国的供应链体系。

经过将近一年的考察、研究，雅芳公司最终拿出了一套叫作"直达配送"的物流解决方案。雅芳在北京、上海、广州、重庆、沈阳、郑州、西安、武汉等城市共设立了8个物流中心，取消了原来在各分公司设立的几十个大大小小的仓库。雅芳生产出的货物直接运输到8个物流中心，各地经销商、专卖店通过上网直接向雅芳总部订购货物，然后由总部将这些订货信息发到所分管的物流中心，物流中心据此将经销商所订货物分拣出来整理好，在规定的时间内送到经销商手中。这其中涉及的运输、仓库管理、配送服务，雅芳全部交给专业的第三方物流(3PL)企业去打理。"直达配送"项目确定以后，雅芳公司还通过招标方式选择了中邮物流和大通国际运输为公司提供3PL服务。

中邮物流重组了雅芳产品销售物流体系，并与雅芳实现了信息系统对接，还开通了网上代收货款服务。到目前为止，共速达与心盟物流也成为雅芳的3PL提供商。

另外，在中国邮政物流与雅芳公司前期成功合作的基础上，国家邮政总局委托重庆市邮政管理局为雅芳产品在重庆市的指定专卖店、分公司所属专柜、经销商管理专柜进行"门对门"的产品配送服务，市邮管局指定邮区中心局全面负责并实施雅芳产品在"重庆分拨中心"的配送任务。这不仅仅是一次为邮政企业创造经济效益的绝好机会，也是邮政物流一次难得的锻炼机遇。中心局精心策划，周密安排，出台了一系列雅芳产品运输、配送、仓储及服务方案：改造整修1 100平方米仓储库房，提供特殊产品恒温保存空间；选派经验丰富、业务素质好的司押人员担负配送任务；制定多种配送流程方案支持雅芳配送时限等。

而且，在配送时间上，实行直达配送前，如果厦门的一家经销商要货，必须先通过雅芳厦门分公司订货，由分公司统计好各经销商的订单后给总部下订单，再由广州工厂将货物运到厦门分公司，分公司通知经销商自提。这样的过程通常需要5～10天。实行直达配送以后，从经销商上网订货到送达只需要2～3天时间，降低了缺货损失。

事实上，在将物流外包到物流公司以后，雅芳开始专注于企业产品的生产和销售方面的业务，各分公司也从过去的烦琐事务当中摆脱出来，专注于市场开拓，一年间产品销售量平均提高了45％，北京地区达到70％，市场份额不断扩大。通过雅芳物流转换的成功，可以看出物流对于企业，尤其是对于跨国企业的重要性。

资料来源：陈企盛.最成功的直销经验[M].北京：中国纺织出版社，2014：67-70.[2021-12-20]

问题思考：

1. 雅芳物流配送创新是哪一种创新？
2. 请归纳雅芳物流配送创新的主要做法。
3. 重庆邮政为雅芳提供了一体化物流服务，它在雅芳物流配送中扮演了什么样的角色、提供了哪些物流服务？
4. 雅芳物流配送创新的意义是什么？

扩展阅读 11-1

电商物流未来发展五大趋势

扩展阅读

循环经济与绿色物流

学习导航

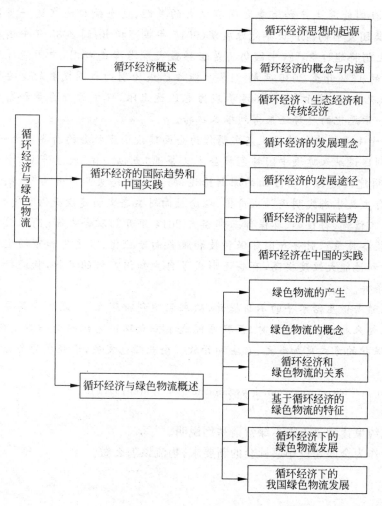

> **知识目标**
> 1. 了解循环经济的概念、循环经济的发展理念与发展方式;
> 2. 掌握绿色物流的概念,理解循环经济与绿色物流的关系;
> 3. 掌握循环经济下绿色物流的内容;
> 4. 掌握我国发展循环经济下绿色物流的制约因素与发展对策。

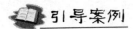引导案例

客观约束让物流不得不绿

从经济环境来看,我国能源生产和消费之间有很大的差距,这个缺口还在进一步增加。2017年年初,BP集团发布的《BP世界能源展望(2017年版)》指出,到2035年中国在全球能源消费中的占比仍将超过25%,中国仍将是世界最大能源净进口国,中国能源进口依存度将从2015年的16%升至2035年的21%。能源已成为制约我国发展的重要因素。同时《2016环境状况公报》显示,我国环境承载力也已达上限,环境污染存量和增量都在延续环境质量进一步恶化的趋势还未得到根本扭转。

从政治环境来看,十七大报告把建设生态文明作为全面建设小康社会的新要求之一,十八大报告将生态文明建设纳入建设中国特色社会主义事业"五位一体"的总布局,十九大报告更是对生态文明建设进行了多方面的深刻论述,将建设生态文明提升为"千年大计"并首次提出了"社会主义生态文明观",从价值、理念层面对生态文明建设提供了支撑。

从技术环境来看,工信部、科技部、环保部三部委自2014年开始联合发布《国家鼓励发展的重大环保科技装备目录》,引导我国环保科技和服务向专业化、多元化和市场化转变,我国环保产品质量和性能大幅度提高,有些还形成了自主知识产权的品牌,物流行业具备绿色发展的技术条件。

从社会环境来看,随着低生活水平的不断提升,从求温饱到盼环保,从谋生计到要生态,老百姓的环保意识越来越强。与此同时,互联网促进了公众环境意识的进一步觉醒,也使得公众参与环境保护的方式更加多元、自主和开放。企业绿色发展,已经成为企业重要的社会责任。

资料来源:百川网.http://www.ayijx.com/news/infodetail/7478.html,2019-02-18

引例思考:
1. 如何理解客观约束让物流不得不绿?请举例说明。
2. 建设生态文明作为全面建设小康社会的新要求,物流该怎么做?

第一节　循环经济概述

一、循环经济思想的起源

循环经济(cyclic economy)的思想起源于可持续发展,最早可以追溯到20世纪60年代美国生态学家蕾切尔·卡逊(Rachel Carson)对于环境保护的研究。1962年他发表了《寂静的春天》一文,其中提到"人类一方面在创造高度文明,另一方面又在毁灭已有的文明,生态环境恶化如不及时遏制,人类将生活在幸福的坟墓之中"。

随后,美国经济学家波尔丁(Kenneth E. Boulding)在其专著《宇宙飞船经济观》中首次使用"循环经济"一词,认为在人、自然资源和科学技术的大系统内,在资源投入、企业生产、产品消费及其废弃的全过程中,把传统的依赖资源消耗的线形增长经济,转变为依靠生态型资源循环来发展的经济,即"宇宙飞船经济理论"。他认为地球就像在太空中飞行的宇宙飞船,要靠不断消耗自身有限的资源而生存,如果不合理开发资源、破坏环境,就会像宇宙飞船那样走向毁灭。这便是循环经济思想早期萌芽。

后来这一思想又体现于1972年罗马俱乐部发表的《增长的极限》报告、1987年联合国世界环境与发展委员会发表的《我们的共同未来》报告、1992年联合国环境与发展大会公布的《里约宣言》,自此,越来越多的国家认识到了可持续发展的重要性。尤其是1996年德国《循环经济和废物管理法》的实施,确立了产生废弃物最小法、污染者承担治理义务以及政府与公民合作三原则。

根据该法,循环经济以资源节约和循环利用为特征,并遵循减量化、再利用和资源化的原则,其理念核心是要把整个经济系统作为生态系统的特殊形式来看待,使之能与环境协调发展。

在经济学中,关于循环经济的论述则是从再生产的角度提出的,最早可以追溯到亚当·斯密(Adam Smith)的《国富论》,其中有关于"无形之手"的论证,另外如科斯的"产权理论",认为只要产权明晰,就可以通过谈判的方式解决环境污染问题,并达到帕累托最优。

"环境库兹涅茨曲线"理论认为,环境污染与人均国民收入之间存在着倒U形关系,随着人均GDP达到某个临界值,环境问题会迎刃而解;还有环境资源交易系统的"最大最小"理论;等等。人类越来越认识到当代资源环境问题,因而,提出人类社会应该建立一种以物质闭路循环流动为特征的循环经济。

二、循环经济的概念与内涵

什么是循环经济?学术界已从资源综合利用的角度、环境保护的角度、技术范式的角度、经济形态和增长方式的角度、广义和狭义的角度等不同角度对其作了多种界定。普遍认为循环经济是按照生态学物质循环和能量流动规律,把清洁生产、资源综合利用、生态设计和可持续消费融为一体,把经济系统纳入自然生态系统的物质循环,形成"资源—产品—再生资源"的闭路循环。

在我国,社会上普遍推行的是国家发改委对循环经济的定义:"循环经济是一种以资源的高效利用和循环利用为核心,以'减量化、再利用、资源化'为原则,以低消耗、低排放、高效率为基本特征,符合可持续发展理念的经济增长模式,是对'大量生产、大量消费、大量废弃'的传统增长模式的根本变革。"

1. 减量化

所谓减量化(reduce),即在生产、流通和消费等过程中使用较少的原料和能源投入来达到既定的生产目的或消费目的,减少资源消耗、废物产生,从而节约资源和减少污染。例如,我们使产品小型化和轻型化;使包装简单实用而不是豪华浪费;使生产和消费的过程中,废弃物排放量最少。

2. 再利用

所谓再利用(reuse),要求制造的产品和包装容器能够以初始的形式被反复使用,或将废物直接作为产品或者经修复、翻新、再制造后继续作为产品使用,或者将废物的全部或者部分作为其他产品的部件予以使用,从而延长产品和服务的时间,而不是简单的更新换代。例如,啤酒瓶。

3. 资源化

所谓资源化(resource),即再循环(recycle),要求生产出来的物品在完成其使用功能后能重新变成可以利用的资源,或者对废物再次资源化以减少最终处理量。属于生产输出端。再循环过程包括原级再循环和次级再循环。

原级再循环是废品被循环用来产生同种类型的新产品,例如报纸再生报纸、易拉罐再生易拉罐,等等;次级再循环则是将废物资源转化成其他产品的原料。原级再循环在减少原材料消耗上面达到的效率要比次级再循环高得多,是循环经济追求的理想境界。

4. 3R原则

"减量化、再利用、再循环"被称为循环经济的"3R"原则。这一排序是人们在环境与发展问题上思想进步的反映。人们在认识到以环境破坏为代价追求经济增长的危害后,要求对于废弃物的处理应该是"末端治理净化废弃物";当意识到环境污染的实质是资源浪费,对于废弃物的处理随即升华到"再利用和再循环"的阶段;但是若要实现环境与发展协调的最高目标,则必须实现从利用废弃物到减少废弃物的飞跃。

5. 3R原则的实质

"3R"原则所反映的实质是人们对于资源的三种不同的使用方式:一是线性经济与末

端治理相结合的传统方式;二是仅仅让再利用和再循环原则起作用的资源恢复方式;三是包括整个"3R"原则且强调避免废弃物的低排放甚至零排放方式。这也是循环经济的根本目的,即要求在经济流程中尽可能减少资源投入,并且系统地避免和减少废物,废弃物再生利用只是减少废物最终处理量。

三、循环经济、生态经济和传统经济

1. 循环经济与生态经济关系密切

循环经济与生态经济紧密联系,但又各有特点。生态经济要求在经济与生态协调发展的思想指导下,按照物质能量层级利用的原理,把自然、经济、社会和环境作为一个系统工程统筹考虑,立足于生态,着眼于经济,强调经济建设必须重视生态资本的投入效益,强调的核心是经济与生态的协调,注重经济系统与生态系统的有机结合,要实现经济发展、资源节约、环境保护、人与自然和谐四者的相互协调和有机统一。

2. 循环经济强调社会资源的循环利用和生态效率

循环经济侧重于整个社会物质循环应用,强调的是循环和生态效率,资源被多次重复利用,并注重生产、流通、消费全过程的资源节约。物质循环不仅是自然作用过程,而且是经济社会过程,实质是人类通过社会生产与自然界进行物质交换。也就是自然过程和经济过程相互作用的生态经济发展过程。确切地说,生态经济原理体现着循环经济的要求,正是构建循环经济的理论基础。

3. 传统经济与循环经济的区别

与传统经济相比,循环经济的不同之处在于:传统经济是一种由"资源—产品—污染排放"单向流动的线性经济,其特征是高开采、低利用、高排放。在这种经济中,人们高强度地把地球上的物质和能源提取出来,然后又把污染物和废物大量地排放到水系、空气和土壤中,对资源的利用是粗放的和一次性的,通过把资源持续不断地变成为废物来实现经济的数量型增长。与此不同,循环经济倡导的是一种与环境和谐的经济发展模式,其特征是低开采、高利用、低排放,所有的物质和能源要能在这个不断进行的经济循环中得到合理和持久的利用。

关于循环经济的研究几乎都认为,循环经济在本质上是一种生态经济,它是按照生态规律利用自然资源和环境容量,将清洁生产和废弃物综合利用融为一体,以实现经济活动的生态化转向。也可称是一种绿色经济。它要求把经济活动组成为"资源利用—绿色工业(产品)—资源再生"的闭环式物质流动,注重推进能源节约、资源综合利用和清洁生产,以便把经济活动对自然环境的影响降低到尽可能小的程度。

第二节　循环经济的国际趋势和中国实践

一、循环经济的发展理念

循环经济既是一种新的经济增长方式,也是一种新的污染治理模式,同时又是经济发展、资源节约与环境保护的一体化战略。主要发展理念有新系统观、新经济观、新价值观、新生产观和新消费观五个方面。

1. 新系统观

循环是指在一定系统内的运动过程,循环经济的系统是由人、自然资源和科学技术等要素构成的大系统。循环经济观要求人类在考虑生产和消费时不能把自身置于由人、自然资源和科学技术等要素构成的大系统之外,而是要将自己作为这个大系统的一部分来研究符合客观规律的经济原则。

要从自然—经济大系统出发,对物质转化的全过程采取战略性、综合性、预防性措施,降低经济活动对资源环境的过度使用及对人类所造成的负面影响,使人类经济社会循环与自然循环更好地融合起来,实现区域物质流、能量流、资金流的系统优化配置。

2. 新经济观

在传统工业经济的各要素中,资本在循环,而唯独自然资源没有形成循环。循环经济观要求运用生态学规律来指导生产活动,而不是沿用19世纪以来机械工程学的规律来指导经济活动。经济活动要在生态可承受范围内进行,超过资源承载能力的循环是恶性循环,会造成生态系统退化。只有在资源承载能力之内的良性循环,才能使生态系统平衡地发展。

循环经济是用先进生产技术、替代技术、减量技术和共生链接技术以及废旧资源利用技术、"零排放"技术等支撑的经济,不是传统的低水平物质循环利用方式下的经济,要求在建立循环经济的支撑技术体系上下功夫。

3. 新价值观

循环经济在考虑自然资源时,不再像传统工业经济那样将其作为"取料场"和"垃圾场",不仅视其为可利用的资源,而且要将其作为人类赖以生存的基础,是需要维持良性循环的生态系统;在考虑科学技术时,不仅考虑其对自然的开发能力,而且要充分考虑到它对生态系统的维系和修复能力,使之成为有益于环境的技术;在考虑人自身发展时,不仅考虑人对自然的改造能力,而且更重视人与自然和谐相处的能力,促进人的全面发展。

4. 新生产观

传统工业经济的生产观念是最大限度地开发利用自然资源,最大限度地创造社会财富,最大限度地获取利润。而循环经济的生产观念就是要从循环意义上发展经济,用清洁、环保的要求从事生产,要充分考虑自然生态系统的承载能力,尽可能地节约自然资源,不断提高自然资源的利用效率。并且从生产的源头和全过程充分利用资源,使每个企业在生产过程中少投入、少排放、高利用,达到废物最小化、资源化、无害化。

例如:上游企业的废物可以成为下游企业的原料,实现区域或企业群的资源最有效利用。并且用生态链条把工业与农业、生产与消费、城区与郊区、行业与行业有机结合起来,实现可持续生产和消费,逐步建成循环型社会。

同时,在生产中还要求尽可能地利用可循环再生的资源替代不可再生资源,如利用太阳能、风能和农家肥等,使生产合理地依托在自然生态循环之上;尽可能地利用高科技,尽可能地以知识投入来替代物质投入,以达到经济、社会和生态的和谐统一,使人类在良好的环境中生活。

5. 新消费观

循环经济观要求走出传统工业经济"拼命生产、拼命消费"的误区,提倡绿色消费,也就是物质的适度消费、层次消费,是一种与自然生态相平衡、注重环保的消费模式。在消费的同时也应该考虑到废弃物的资源化,在日常生活中,鼓励多次性、耐用性消费,减少一次性消费,建立起循环生产和循环消费的观念;绿色消费也是一种对环境不构成破坏或威胁的持续消费方式和消费习惯。

另外,循环经济观要求通过税收和行政等手段,限制以不可再生资源为原料的一次性产品的生产与消费,如宾馆的一次性用品、餐馆的一次性餐具和豪华包装等。

二、循环经济的发展途径

循环经济可以从企业、生产基地等经济实体内部的小循环,产业集中区域内企业之间、产业之间的中循环,包括生产、生活领域的整个社会的大循环三个层面来展开。

1. 小循环

小循环即以企业内部的物质循环为基础,构筑的企业、生产基地等经济实体内部的循环。企业生产基地等经济实体是经济发展的微观主体,是经济活动的最小细胞。依靠科技进步,充分发挥企业的能动性和创造性,以提高资源能源的利用效率、减少废物排放为主要目的,构建循环经济微观建设体系。

2. 中循环

中循环即以产业集中区内的物质循环为载体,构筑的企业之间、产业之间、生产区域之间的循环。以生态园区在一定地域范围内的推广和应用为主要形式,通过产业的合理组织,在产业的纵向、横向上建立企业间能流、物流的集成和资源的循环利用,重点在废物交换、资源综合利用,以实现园区内生产的污染物低排放甚至"零排放",形成循环型产业集群,或是循环经济区,实现资源在不同企业之间和不同产业之间的充分利用,建立以二次资源的再利用和再循环为重要组成部分的循环经济产业体系。

3. 大循环

大循环是指以整个社会的物质循环为着眼点,构筑的包括生产、生活领域的整个社会的循环。统筹城乡发展、统筹生产生活,通过建立城镇、城乡之间,人类社会与自然环境之间的循环经济圈,在整个社会内部建立生产与消费的物质能量大循环,包括生产、消费和回收利用,构筑符合循环经济的社会体系,建设资源节约型、环境友好型社会,实现经济效益、社会效益和生态效益的最大化。

需要注意的是,实施循环经济需要的技术、投资和运行成本,是建立在资金流动基础上的。实施循环经济不仅要注意成本、资金要素,还必须注意连接物质、能量循环利用在时间、空间配置上的可能性和合理性。

三、循环经济的国际趋势

与循环经济相关的两个概念就是绿色经济和低碳经济。在三个概念中,绿色经济的范围最广,是相对于人类历史上危害自然生态的所谓"黄色"农业革命和大量消耗化石能源的"黑色"工业革命而言的。循环经济和低碳经济是绿色经济的两个分支,循环经济是相对于经济系统中物质和能量的流动而言的,低碳经济是相对于"高碳"经济的能耗来说的。

三者都是强调资源的节约和环境的保护,尤其是 20 世纪 90 年代以来,循环经济和知识经济成为人类研究的两大趋势,各个国家无一不将循环经济作为经济发展的方向,成为世界主要经济体的发展战略,并正在成为全球性的发展潮流。

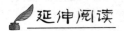

国外循环经济模式

一、德国:双元回收系统模式

德国是世界上发展循环经济最早、发展水平最高的国家之一,包装废弃物收集和处理的双元回收系统(DSD)模式是循环经济运行的典型模式。

德国由 95 家生产厂家、包装物生产厂家、商业企业及垃圾回收部门联合建立了双元回收系统,它接受企业的委托,组织回收者对废弃物进行分类,然后分送到相应的资源再利用厂家进行循环利用,能直接回收的则送返制造商。目前共有 116 万家企业加入了 DSD 系统。该系统的建立大大促进了德国包装废弃物的回收利用,不仅带来了资源的高效利用,产生了积极的生态效应,而且为社会提供了成千上万的就业机会。

二、日本： 立法推进模式

日本是目前世界上循环经济法制最为完善的国家之一，也是国际上较早建立循环经济法律体系的发达国家之一。日本的循环经济法律体系可分成三个层面：

(1) 基础层面是一部基本法，即促进建立循环型社会基本法。

(2) 第二层面是两部综合性法律：固体废弃物管理和公共清洁法、促进资源有效利用法。

(3) 第三层面是根据各种产品的性质制定的 5 部专项法：促进容器与包装分类回收法、家用电器回收法、建筑材料回收法、食品回收法及绿色采购法。

以上法规对不同行业的废弃物处理和资源再生利用作了具体规定，尤其是促进建立循环型社会基本法，从法制上确定了其 21 世纪经济和社会发展的方向，提出了建立循环型经济和社会的根本原则。

三、美国： 循环消费模式（二手货市场）

由于循环消费观念的普及和循环消费社会机制的形成，循环消费已成为美国循环经济发展的主要内容。在美国，每周末，报纸和网站就刊登大量的庭院甩卖分类广告，说明庭院甩卖的地点及主要出售哪类物品等，人们把自己用过但对别人还有用的商品用一种最简单的方式，传到下一个消费者手中，使其继续发挥作用。由慈善机构所办的节俭商店（旧货店）遍布全国，这些旧货店接受捐物和低价出售旧货，所得收入主要用于社会救济。

四、巴西： 拾荒者合作社

多年来，巴西在实践中创造了符合本国国情的循环经济发展模式，其中垃圾等的回收利用工作尤有特色。拾荒者合作社是巴西循环经济模式的一大特色。巴西大城市失业问题严重，很多从农村到城里打工的人没有工作，靠拾荒为生。建立拾荒者合作社投资很少，但经济效益和社会效益很高。合作社由拾荒者实行民主管理，有固定的销售渠道，产品价格也不低，人均月收入可达 200 美元，相当于巴西最低工资水平的两倍。垃圾分拣是劳动密集型工作，合作社可以创造大量就业机会。目前，巴西有约 50 万人从事垃圾回收利用产业。

资料来源：百度文库. http://www.docin.com/p-1090338617.html, 2015-03-12. [2021-10-18]

四、循环经济在中国的实践

我国于 1998 年引入德国循环经济概念，1999 年从可持续生产的角度对循环经济发展模式进行整合，2002 年从新兴工业化的角度认识循环经济的发展意义，2003 年将循环经济纳入科学发展观，确立物质减量化的发展战略；2004 年，提出从不同的空间规模——城市、区域、国家层面大力发展循环经济，此后对于循环经济的理论研究和实践不断深入。

1. 循环经济在中国的发展历程

循环经济在中国的发展大致经历了理念倡导、国家决策、全面试点示范和大力发展四个阶段。

(1) 理念倡导阶段(20世纪末至2002年)

20世纪末,中国正处在开始高度重视转变经济增长方式的经济战略调整时期,这一时期也是循环经济在中国的萌芽时期。从1997年开始,我国发布了一系列推动清洁生产的政策文件,推动清洁生产。1999年启动了生态工业园区建设示范工作,探讨循环经济相关实践的具体做法和经验。2002年颁布了《清洁生产促进法》,循环经济理念受到国家政府的重视。

(2) 国家决策阶段(2003—2005年)

2003年开始,循环经济一词频繁出现在国家领导的有关讲话中,发展循环经济问题正式进入中央政府的决策议事日程。2004年,中央经济工作会议首次明确提出,将发展循环经济作为经济发展的长期战略任务。2005年,发展循环经济问题被纳入"十一五"国民经济和社会发展规划,同年7月,国务院发布了《关于加快发展循环经济的若干意见》。在此阶段,贵阳市、辽宁省和江苏省等数个区域循环经济试点和10多个生态工业园区试点创建成立,为全面推进循环经济实践积累经验。中国开始进入环境与发展的战略转型时期,也是循环经济在中国得到高度关注的时期。

(3) 全面试点示范阶段(2006—2009年)

以《关于加快发展循环经济的若干意见》和"十一五"规划为标志,中国的循环经济发展进入全面试点示范阶段,2005年10月,国家发改委会同国家环保总局等六部委联合发布了循环经济试点工作方案,在重点行业、重点领域、产业园区和省市组织开展循环经济试点工作。2008年8月全国人大常委会通过,2009年1月1日起实施《循环经济促进法》。这一阶段,我国已有10个试点省市、13个试点产业园区、42家试点企业。同时,国家环保总局还确立了17个国家生态工业示范园区。

(4) 大力发展阶段(2010年以后)

2010年中国共产党第十七届中央委员会第五次全体会议通过了《中共中央关于制定国民经济和社会发展第十二个五年规划的建议》,明确提出大力发展循环经济,推广循环经济典型模式。至此,我国循环经济进入大力发展时期。

国家发改委印发《2015年循环经济推进计划》

国家发改委日前制定并印发《2015年循环经济推进计划》(以下简称《计划》),从加快构建循环型产业体系、大力推进园区和区域循环发展、推动社会层面循环经济发展、推行绿色生活方式等方面为扎实推进2015年循环经济工作提出具体实施措施。在加快构建循环型产业体系一项中，深化循环型工业体系建设位列第一任务。其中，推行绿色开采、推动资源集约利用、推进资源综合利用等多项措施涉及国土资源领域。

《计划》总体要求为，以资源高效循环利用为核心，着力构建循环型产业体系，推动区域和社会层面循环经济发展；以推广循环经济典型模式为抓手，提升重点领域循环经济发展水平；大力传播循环经济理念，推行绿色生活方式；加强政策和制度供给，营造公开公平公正的政策和市场环境，进一步发挥循环经济在经济转型升级中的作用，努力完成"十二五"规划纲要提出的循环经济各项目标，以及《循环经济发展战略及近期行动计划》提出的目标任务。

2. 循环经济在中国的主要实践形式

目前，中国的循环经济实践活动主要在企业、产业园区和社会三个层面展开，涉及资源开采、生产、流通和消费各环节。

（1）企业层面

企业层次的循环经济，即小循环，一般是通过清洁生产方式，实现企业内部的原料循环利用和能量的梯级利用，提高资源利用效率和减少或不排放污染物。

（2）产业园区层面

在产业园区开展的循环经济活动，即中循环。内容包括新建和对已有各类园区的生态化改造，其中包括在园区内的企业之间搭建生态产业链条（原料—废物—原料链或能量梯级利用率链）和建设高效共享的能源、水等公共资源的园区基础设施体系。

（3）社会层面

在社会层面开展的循环经济活动，即大循环。实践探索包括建立回收、再利用和资源化各类废弃物的产业，相当于日本的"静脉产业"；在消费领域，倡导资源能源节约、合理消费和绿色消费，实施政府绿色采购，开展节能和环境标志产品认证，创建绿色社会等。

第三节 循环经济与绿色物流概述

随着世界生产力的突飞猛进，地球环境的不断恶化和资源的过度消耗给人类的生存环境和经济运行提出了严峻挑战。越来越多的人意识到自己生存的环境正遭到破坏和污染，环境保护问题摆在了全世界各国的面前。

在人们的心中，绿色代表希望，绿色象征生命。人们渴望回复到天蓝地绿、水清宁静的美好生活中去。于是，人们发动了一系列追求"天人合一"的绿色化运动，全球兴起了一股"绿色浪潮"——"绿色食品""绿色标志""绿色产业""绿色营销""绿色消费"等，并正在向各方面渗透。现代物流绿色物流管理正是其中之一。作为经济活动的一部分，物流活动同样面临环境问题，需要从环境的角度对物流体系进行改进，形成绿色物流管理系统。

绿色物流是循环经济在物流业的表现,它抑制了以往非绿色物流对环境与资源的负面影响,实现物流环境的净化,使物流资源得到最充分利用,在循环经济中的地位不可替代,是发展循环经济的重要工具。绿色物流不仅是一种经济学理论,它更是一种科学的可持续发展理论、生态经济学理论和生态伦理学理论。

一、绿色物流的产生

1972年,在斯德哥尔摩召开的人类环境会议,提出了《我们只有一个地球》的报告,发出了人类资源和环境已陷入危机和困境的报告。《世界自然资源保护大纲》也响亮提出:"地球并不只是祖先遗留给我们的,而应属于我们的后代",从而把环境保护问题郑重地提到了全世界各国的面前。

面对人类面临的人口膨胀、环境恶化、资源短缺等重大危机,为了实现人口、资源与环境相协调的可持续发展,在联合国的倡议和引导下,一场旨在保护地球环境、保护自然资源的"绿色革命"在生产、流通、消费领域应运而生,并渐渐风靡全球。

这种"绿色革命"的可持续发展政策同样适用于物流活动,即要求从环境保护的角度对物流体系进行改造,形成一种环境共生型的物流管理系统,改变原来经济发展与物流、消费生活与物流之间的单向作用关系,在抑制物流对环境造成危害的同时,形成一种能促进经济和消费生活健康发展的现代物流系统,即向绿色物流、循环型物流转变。

二、绿色物流的概念

物流的发展,与绿色生产、绿色营销和绿色消费等绿色经济活动紧密衔接。我国2006年版的《物流术语》中对绿色物流(green logistics)给出了明确的定义:"在物流过程中抑制物流对环境造成危害的同时,实现对物流环境的净化,使物流资源得到最充分利用。"

绿色物流融合了环境保护观念,是连接绿色制造和绿色消费的纽带,也是企业降低资源和能源消耗、减少污染、提高竞争优势的渠道。从绿色物流活动范围来看,包括各个单项的绿色物流作业,还包括为实现资源再利用而进行的废弃物循环物流。

人类的经济活动不能因物流而过分地消耗资源、破坏环境,以免造成重复污染,因此绿色物流的最终目标是可持续发展。同时物流的绿色化、节能、高效、少污染,可以带来物流经营成本的大幅度下降。绿色物流活动的范围涵盖产品的整个生命周期,体现了资源的可持续利用。

绿色物流可分为正向物流和逆向物流。正向物流是指物料流从生产企业向消费者流动的物流,这是物流流向的主渠道,称为正向绿色物流。绿色供应物流、绿色生产物流和绿色销售物流都属于正向物流。物料流从消费者向生产企业流动的物流称为逆向物流,它包括回收、分拣、净化、提纯、商业或维修退回、包装等再加工、再利用和废弃物处理等,故称为逆向绿色物流。

绿色物流是现代物流业可持续发展的必然,也是可持续发展的一个重要环节。可持续发展的现代物流模式包括:改变目前的单向物流模式,构建循环物流系统;尽可能地减少物流系统自身运作过程中对生态环境的负面影响,实现物流系统的绿色化;提高物流系统的运作效率,在最大可能的范围内构建社会物流服务体系,大力发展第三方物流。

三、循环经济和绿色物流的关系

1. 循环经济和绿色物流有共同的理论基础

可持续发展理论和生态经济学理论是其共同的理论基础。

(1) 可持续发展理论

可持续发展理论的内容包括生态持续、经济持续和社会持续。可持续发展是生态—经济—社会三维复合系统的可持续。在这个可持续生态、可持续经济、可持续社会组成的三维复合系统中,是以生态可持续为基础、经济可持续为主导、社会可持续为根本的可持续发展。可持续发展的原则之一,是使今天的商品生产、流通和消费不致影响到未来的商品生产、流通和消费的环境及资源条件。

绿色流通尤其是绿色物流是可持续发展的一个重要环节,它与清洁生产和合理消费共同组成了节约资源、保护环境的绿色经济循环系统。

循环经济是一种可持续的经济发展模式,其资源流动方式是资源—产品—再生资源,表现为经济增长、资源利用效率提高、污染物排放减少、经济发展充分考虑资源和环境的承载能力,是实施可持续发展战略的必然选择。而绿色物流将"绿色"和"环境意识"理念融入物流,使得企业乃至整个供应链实现节能高效少污染,是现代社会实现可持续发展的一种有效途径。

(2) 生态经济学理论

生态经济学理论是研究再生产过程中,经济系统与生态系统之间的物流循环、能量循环和价值增值规律及其应用的科学。物流是社会再生产过程中的重要一环,物流过程中不仅有物质循环利用、能源转化,而且有价值的实现。因此,物流涉及经济与生态环境两大系统,理所当然地架起经济效益与生态环境效益之间彼此联系的桥梁。

循环经济要求运用生态学规律来利用自然资源和环境容量,实现经济活动的生态化和绿色化转向,把清洁生产、资源综合利用、生态设计和可持续消费等融为一体。绿色物流涉及经济与生态环境两大系统,以经济学的一般原理为指导,以生态学为基础,谋求生态平衡、经济合理、技术先进条件下的生态与经济的最佳结合以及协调发展。

2. 绿色物流的发展是循环经济的内在要求

循环经济的内在要求是实现物流的良性循环和资源的减量化,减少环境污染,在降低废弃物流比例的同时,尽量提高逆向物流的比例。建立良好的绿色流动,是生态工业和循环经济的内在要求,是现代化企业的本质特征。循环经济强调的是流通和资源的循环利用,而绿色物流则充当其中的主角。

3. 绿色物流是循环经济实现的重要途径

物流是国民经济的大动脉,无论是企业内部的生产活动,还是企业间的物能交换,乃至整个社会的经济活动,都不能脱离物流。绿色物流是对物流的进一步提升,要进一步实施循环经济,必须进一步研究和大力发展绿色物流,这对循环经济的实施与发展具有举足轻重的作用。

四、基于循环经济的绿色物流的特征

1. 物流活动的减量化

物流活动的减量化是减少物流环节中的资源投入,高效利用资源,减少物流活动,降低物流成本,实现对物流废弃物的源头控制。如合理规划网点及配送中心,优化配送路线,提倡共同配送,提高往返载货率等减少货流和空载率,达到减少物流活动的目的。

2. 资源高效化

绿色物流包括正向物流和逆向物流,因此绿色物流强调对资源的节约和高效使用,以及废旧物品的回收和再生资源的循环使用,这样就形成了一个"原材料采集—产品产生—消费—回收—再生产"的闭环物流系统,实现资源的充分利用。

3. 物流活动的再使用

物流活动的绿色化是要尽量采用环保的、可重复再使用的绿色物资,着眼于积极开发新能源、可再生能源和替代材料。同时可以采取环保型、资源节约型运输工具,如长距离运输、大批量货物运输,尽量通过航运运输或者铁路运输等低成本、资源节约型运输工具,提高企业的营运能力和技术水平,最大限度地降低物流的能耗和货损。

4. 系统标准化

为实现整个物流系统的高度协调统一,加快物流过程中运输、装卸的速度,降低保管费用,减少中间损失,必须在绿色物流系统的运输、配送、包装、装卸、保管、流通加工、资源回收及信息管理等各个环节,制定标准,以获得最佳秩序和社会效益。

5. 目标协调性

在可持续发展目标下,绿色物流注重对生态环境的保护和对资源的节约,通过对物流管理方法的改进和技术的进步减少物流对环境的负面影响,促使经济与生态的协调发展,追求企业经济效益的同时,注重消费者利益、社会效益与生态环境效益目标的协调发展,使全社会的福利水平得到提高。

五、循环经济下的绿色物流发展

1. 集约资源

集约资源是绿色物流的本质内容,也是发展物流的主要指导思想之一。通过整合现有资源,优化资源配置,企业能够提高资源利用率,减少资源消耗和浪费。这正是可持续发展所提倡的,也是我国发展绿色物流亟待逾越的障碍。

2. 绿色采购

绿色采购与供应是绿色供应链中的一部分,以减少资源消耗,降低污染为目标。因此在实践中,主要是增加对供应商进行选择和评价的环境指标,即对供应商的环境绩效进行考查。

3. 绿色运输

绿色运输,即减少运输过程中的燃油消耗和尾气排放。如合理选择运输工具、运输路线,消除交错运输、迂回运输,合理布局货运网点、配送中心,提倡共同配送、降低空载率。同时改进内燃机技术和使用清洁燃料,防止运输过程中的泄漏,有效降低物流运输环节对资源的消耗和对环境的污染,从而减少企业经济成本和社会环境成本。

4. 绿色仓储

绿色仓储要求仓库布局合理,以节约运输成本。布局过于密集,会增加运输的次数,从而增加资源消耗;布局过于松散,则会降低运输的效率,增加空载率。仓库建设前还应当进行相应的环境影响评价,充分考虑仓库建设对所在地的环境影响。

5. 绿色包装

"绿色包装"包括包装材料的绿色化、包装方式的绿色化、包装作业过程的绿色化。绿色包装要求提供包装服务的物流企业进行绿色包装改造,包括使用环保材料、提高材质利用率、设计折叠式包装以减少空载率、建立包装回用制度等,是企业构建绿色物流体系的重要一环。

同时,提高运输包装的强度,做到物品销售之前只用一次外包装。采用大容量的包装及简装,减少因流通加工带来的小包装的增多。物品在最终到达销售商之前应该在物流中心做整体处理,去除外包装,将物品装入类似于集装箱的可重复使用的货箱中送达销售现场。商品的销售包装采用可回收反复利用的玻璃、陶瓷、铝质、复合材料、复塑材料的包装,或者采用新型的可降解的包装如纸质、新型塑料等作包装容器,提高材料的可降解度,减轻固体污染和资源消耗。

6. 绿色流通加工

绿色流通加工是指在流通过程中,出于环保考虑无污染地继续对流通中的商品进行生产性加工,以使其成为更加适合消费者需求的最终产品。主要分两个方面:一方面变分散加工为专业集中加工,以规模作业方式提高资源利用效率,以减少环境污染,如餐饮服务业对食品的集中加工,减少家庭分散烹调所造成的能源浪费和空气污染;另一方面是集中处理加工中产生的边角废料,以减少分散加工所造成的废弃物污染,如流通部门对蔬菜的集中加工减少了居民分散垃圾丢放及相应的环境治理问题。

7. 绿色装卸

在装卸过程中进行正当装卸,避免商品的损坏,从而避免资源浪费以及废弃物对环境造成污染。另外,绿色装卸还要求消除无效搬运,提高搬运的灵活性,合理利用现代化机械,保持物流的均衡顺畅。

同时,在物流中心安装柔性化的装卸系统,减轻装卸震荡对物品的毁坏及烟尘的产生;针对物品的不同性状,采用集装箱、桶、纸箱等容器存放、运输及装卸,并与物品同时移动,避免造成散落垃圾的产生及有害物质的泄漏;物流园区应该建设污水处理系统,装卸前后清洗物品及运输工具的污水应当得到沉淀、消毒等无害化处理,杜绝乱排乱放,控制污染。

8. 绿色信息搜集和管理

绿色物流要求对绿色物流系统的相关信息能够及时有效地进行收集、处理,并及时运用到物流管理中去,促进物流的进一步绿色化。绿色信息的搜集和管理是企业实施绿色物流战略的依据。

9. 废弃物回收

由于废弃物的大量产生严重地影响人类赖以生存的环境,必须有效地组织废弃物回收物流,即对于在经济活动中失去原有价值的物品,根据实际需要对其进行搜集、分类、加工、包装、搬运、储存等,然后分送到专门处理场所,使得废弃物得以重新进入生产和生活循环或得到妥善处理。

10. 逆向物流

所有与资源循环、资源替代、资源回用和资源处置有关的物流活动都是逆向物流,它能够充分利用现有资源,常被发达国家作为建设循环型经济的重要举措。实施逆向物流是一项系统的工程,需要有完善的商品召回制度、废弃物回收制度以及危险废物处理处置制度。逆向物流可以在政府的组织下进行,也可以是企业自身的行为。

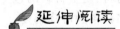
延伸阅读

中国逆向物流成本达万亿元

电商网购、O2O 零售大战,当消费者享受着便利的购物体验时,企业可能正面临着一个巨大的挑战——逆向物流,也就是由于缺陷召回、退换货等引发的从客户端到企业端的物流。

根据专业机构的调研预测,中国物流市场的容量大概在5万亿元,而逆向物流约占其中的20%,也就是说,逆向物流高达1万多亿元。目前我国很多企业逆向物流的成本占到了总成本的20%以上,远远高于发达国家企业4%的平均水平。实际上,逆向物流现在已经成为我国企业发展的"瓶颈"。

首先,大量的逆向物流来自电商网购带来的退货。根据国家邮政局的预测,2018年"双十一"期间(11月11—16日),全行业处理的邮件、快件业务量将超过7.8亿件,最高日处理量可能突破1.6亿件。这也将会产生巨大的退货量。

其次,与网购相似,线下零售也存在同样问题。比如沃尔玛、家乐福、大润发等。汽车业也会有大量的逆向物流,包括汽车零部件退货、汽车召回、报废汽车资源再利用、生产中的废弃物处理等。

虽然我国逆向物流目前处于观念引进的阶段,与美国、日本和欧洲等发达国家相比还存在很大差距,但对于逆向物流的重视,已经开始。国务院印发的《物流业发展中长期规划(2014—2020年)》明确指出,要大力发展逆向物流和绿色物流。2015年7月4日,《国务院关于积极推进"互联网+"行动的指导意见》强调,"充分发挥互联网在逆向物流回收体系中的平台作用""利用物联网、大数据开展信息采集、数据分析、流向监测,优化逆向物流网点布局"。

资料来源:网易财经.http://money.163.com/15/1224/01/BBIIMPMH00253B0H.html.[2021-10-18]

六、循环经济下的我国绿色物流发展

1. 循环经济下绿色物流在我国发展的主要障碍

(1) 思想观念的束缚

各级政府对于绿色物流的发展缺少合理规划,绿色发展的思想还未完全确立,重视程度有待提高。企业由于以局部效益和短期经济效益为追求目标,往往忽视对环境的负面效应。人们往往关心绿色生产、绿色消费,但对于绿色物流的认识往往不够。

(2) 政府政策支持不足

绿色物流的发展离不开政府的引导与支持,目前我国尚缺乏相应的扶持政策,物流业的条块分割管理,影响各种物流服务的协调发展,妨碍物流社会化、集约化进程,导致物流资源的严重浪费。

(3) 相关法律制度不完善

目前,我国治理环境污染方面的政策法规等相对来说,有了长足发展,但专门针对绿色物流的相关法律制度还很少;部分地区政府在制定本地区物流规划制度时,也往往只考虑本辖区的利益,缺乏整体性,造成资源的浪费,不利于绿色物流的协调发展。

(4) 基础设施发展薄弱

尽管我国物流基础设施已有较大的改善,但与发达国家相比,仍存在着较大的差距。如运输系统缺乏科学设计、交通拥挤,仓储设施落后,机械化、自动化水平有待进一步提高。基础设施的发展缓慢,严重影响了物流系统的效率和效益。

(5) 技术水平落后

我国先进物流信息技术开发应用滞后,缺乏必要的公共物流信息平台,这在一定程度上制约了绿色物流的发展。绿色物流的各个环节都离不开如订单管理、货物跟踪、库存查询等,而这些环节如果技术水平发展缓慢,将严重制约绿色物流的运行效率和服务质量。

(6) 物流人才的制约

物流人才的匮乏是制约我国现代绿色物流业发展的瓶颈。当前我国现有的物流从业人员整体素质比较低,物流学历教育与培训认证工作滞后,缺乏懂管理懂技术的复合型人才。物流人才的制约成为绿色物流快速发展的障碍。

2. 促进我国循环经济下绿色物流发展的对策建议

(1) 政府宏观政策的支持

① 政府加强宣传,努力在全社会树立绿色物流理念,使得各级政府、企业、个人从思想上认识绿色物流发展的重要性,树立集体协作、节约环保的团队精神,将节约资源、减少废物、避免污染等目标作为企业的长远发展目标,为绿色物流的实施营造良好的舆论氛围和社会环境。

② 制定绿色物流产业发展政策,促进绿色物流与其他产业的协同发展。绿色物流业是一个新兴的复合型产业,涉及运输、仓储、装卸、联运、加工、整理、配送、信息、环保等行业,为确保政府部门间政策的协调一致,以及各产业的协调发展,政府须制定相应的产业政策,建立必要的政府部门协调机制,促进循环经济下绿色物流的健康发展。

③ 建立绿色物流的法律保证体系。各级政府要严格实施已有的环境保护法等相关法律规定,并不断完善有关环境法律法规,对废气排放量、噪声及车种进行限制,采取措施促进使用符合限制条件的物流运输工具;普及使用低公害物流运输工具,在宏观上对物流体制进行管理控制;对物品的包装应制定相关政策,采取行政措施,限制包装污染,鼓励采用可回收利用的包装,并对产生污染的包装采取严厉的惩罚措施,促进资源的循环利用。

④ 完善绿色物流公共基础设施建设。重视现有物流基础设施的利用和改造,合理规划物流网点布局,促进共同配送;扩大交通基础设施投资规模的同时,防止重复建设,统筹物流中心,加快完善综合交通运输网络,大力发展多式联运,提高配送的效率,达到环保的目的;引进先进的设备,提高机械化、自动化水平,使绿色物流在更广泛的领域获得发展。

⑤ 政府发挥引导作用，建设现代化的物流管理信息网络。引导企业利用先进的信息技术和管理技术，加强条形码、电子数据交换、全球定位系统等先进技术的应用，推进网上物流信息和商务平台的建设，促进绿色物流的发展。

(2) 企业自身建设发展

绿色物流对中国物流企业是一个巨大的机遇与挑战。积极发展绿色物流，必将有利于企业竞争力的提升。因此，物流企业应审时度势，发挥其自身作用，促进绿色物流的实施。

① 建设共同配送，发展第三方物流。节约资源，在企业之间建立共同配送，最大限度地提高人员、物资、资金、时间等资源的利用效率，取得最大的经济效益。充分利用第三方物流，简化配送环节，避免物流带来的资金占用、运输效率低、配送环节烦琐和城市污染加剧等问题。

② 倡导绿色包装。逐步实现循环经济下的绿色物流的发展，实现绿色包装、绿色仓储、绿色流通加工、建立废弃物的回收再利用系统，最终实现逆向物流。

企业不仅要考虑自身的物流效率，还必须与供应链上的其他关联者协同起来，从整个供应链的视野来组织物流，最终在整个经济社会建立起包括生产商、批发商、零售商和消费者在内的循环物流系统。

(3) 加快物流人才培养

在政府的大力支持下，加强企业、高等院校、科研机构之间的合作，形成产学研相结合的良性循环。对于物流人才的培养，除了鼓励高等院校开展本科、研究生等多层次学历教育外，积极推进职业培训和资格认证工作，优化师资，提高物流教育素质，从而提高我国物流从业人员的整体素质与管理水平，促进循环经济下的绿色物流的发展。

复习思考

1. 什么是循环经济？其内涵是什么？
2. 什么是循环经济发展的 3R 原则？
3. 循环经济的发展理念有哪些？发展途径是什么？
4. 简述循环经济在我国的发展历程与实践方式。
5. 什么是绿色物流？
6. 简述绿色物流与循环经济之间的关系。
7. 简述循环经济下绿色物流发展的内容。
8. 说明循环经济下的绿色物流在我国发展的制约因素与对策。

案例分析

阿里的绿色物流举措

随着网购发展日益繁荣,快递垃圾的回收处理问题逐渐成为一个社会性难题。按2015年我国快递业务量206亿件核算,仅去年一年就消耗编织袋29.6亿条、塑料袋82.6亿个、包装箱99亿个、胶带169.5亿米、缓冲物29.7亿个——这些包材几乎没有回收,塑料快递袋也无法降解,造成大量浪费和污染。环保人士不禁呼吁,希望从快递物流源头解决这一问题。

近日,这一问题的解决终于有了一些眉目。阿里巴巴负责人表示,目前阿里正在制定"绿色物流"标准。同时表示"我们正在尝试推出可重复使用的安全塑料材质的环保箱,逐步替代快递纸箱。买家签收取货后,快递员把箱子收回,按链路流程回到发货仓库。"

与此同时,从阿里旗下物流平台菜鸟网络了解到"绿色物流"具体包括环保快递箱、环保快递袋、环保快递车等产品。目前菜鸟网络平台运行着23万辆快递合作伙伴的运输车。环保快递车项目是用新能源车逐步取代传统货车,降低运输环节的碳排放量,首批最快年内投入使用。

菜鸟网络相关负责人表示,环保箱4月将先在上海试用,计划年底推广到菜鸟联盟"当日达"覆盖的20个城市。

据悉,马云已在企业内部多次提及加快推进"绿色物流",期待菜鸟联盟推动几大快递公司合作,解决包装业"绿色化"问题。

不少人士还指出目前网购包装的成本大多是由商家自己承担,环保包装的实行是否会带来成本的上升?对此菜鸟网络负责人表示:"包装材料的环保化会导致成本上升,我们希望得到卖家和物流合作伙伴的支持,菜鸟网络也会有专门的投入。光凭菜鸟网络不能完全做好'绿色物流',我们会说服商家与合作伙伴一起来做。"

据悉,因塑料环保箱可重复使用,成本上升不是特别明显,推行中最可能遭遇成本障碍的将是环保快递袋。对此菜鸟网络也作出回应,表示:"我们正在和政府部门、行业协会、企业研究生产可降解的环保袋,它会在一段时间内在土壤中自然分解,避免污染——这种环保袋的成本是现在塑料快递袋的数倍。"

资料来源:第1物流.http://www.cn156.com/article-68659-1.html,2017-05-30

问题思考:
1. 结合案例,谈谈你对于循环经济下绿色物流的理解。
2. 绿色物流对社会经济发展的重要意义体现在哪里?

扩展阅读 12-1

"互联网+"高效物流重在闲置资源的复用

扩展阅读

参考文献

1. 魏际刚.物流经济分析——发展的角度[M].北京:人民交通出版社,2005.
2. 沈明.物流企业实现服务创新的动力研究[J].消费导刊,2009:46.
3. 陈兰芳,张燕.垃圾分类回收行为研究现状及其关键问题[J].生态经济,2012(2).
4. 刘丹.物流企业服务创新特性与类型[J].中国流通经济,2013(5):28-34.
5. 王海文.新编物流设施设备[M].北京:清华大学出版社,2014.
6. 刘徐方.物流经济学[M].第2版.北京:清华大学出版社,2016.
7. 张远.物流成本管理[M].北京:北京大学出版社,2017.
8. 李志文.物流实务操作与法律[M].第4版.大连:东北财经大学出版社,2017.
9. 李玉.物流仓库的造价编制及经济分析[J].水运工程,2018,10.
10. 杨洪所,胡双.全球半潜船运输行业竞争格局与前景[J].设备管理与维修,2018(23).
11. 蔡敬伟.全球多用途重吊船市场分析[J].船舶物资与市场,2018(04).
12. 王海兰,张帅.物流标准与法规[M].第2版.上海:上海财经大学出版社,2018.
13. 舒辉.物流经济学[M].第3版.北京:机械工业出版社,2019.
14. 张天宇,姜玉宏.新时期军事供应链发展研究[J].指挥控制与仿真,2019,41(02).
15. 旬烨.军事物流学[M].北京:中国财富出版社,2019.
16. 王瑞君,曾艳英.会展物流[M].北京:高等教育出版社,2019.
17. 李联卫.物流案例精选与评析[M].北京:化学工业出版社,2019.
18. 赵群海.某冷链园区投资项目定位分析与研究[J].中国水运,2020,20(06):46-48.
19. 高茜,马兆良,班苑苑.进出口贸易实务[M].南京:南京大学出版社,2020.
20. 李旭东,王芳.突发公共卫生事件下基于区块链应用的应急物流完善研究[J].当代经济管理,2020,42(04).
21. 王爽.基于区块链的应急物流体系建设[J].市场周刊,2020(06).
22. 李峰,刘海.浅析5G技术在现代军事物流中的应用[J].物流技术,2020,39(04).
23. 李兴举.工程物流实务[M].北京:人民交通出版社股份有限公司,2021.
24. 陈静,刘玨玨.生鲜农产品冷链物流的研究与探讨[J].中国储运,2021(7).

教师服务

感谢您选用清华大学出版社的教材！为了更好地服务教学，我们为授课教师提供本书的教学辅助资源，以及本学科重点教材信息。请您扫码获取。

≫ 教辅获取

本书教辅资源，授课教师扫码获取

≫ 样书赠送

物流与供应链管理类重点教材，教师扫码获取样书

清华大学出版社

E-mail：tupfuwu@163.com
电话：010-83470332 / 83470142
地址：北京市海淀区双清路学研大厦B座509

网址：http://www.tup.com.cn/
传真：8610-83470107
邮编：100084